Mosaik bei
GOLDMANN

Buch

Für alle Genießer, Hobby- und Profi-Köche kocht Hans Gerlach sich durchs Alphabet: Ob A wie Apfel, T wie Tamarinde oder Z wie Zander – zu jedem Buchstaben weiß der Profi-Koch Spannendes zu berichten und verrät mindestens ein exquisites Rezept, das garantiert immer gelingt. Hier wird der Leser wahrlich eingeweiht in die Geheimnisse der Kochkunst, denn darin ist der Autor Meister.

Autor

Hans Gerlach hat sieben Jahre als Koch in europäischen Sterne-Restaurants gearbeitet. Der Spezialist für Foodstyling und Rezeptentwicklung hat mehrere sehr erfolgreiche Kochbücher verfasst. Bekannt wurde er durch die Kolumnen »Kochen ohne Rezept« und »Gerlachs Alphabet der feinen Küche« im Magazin der Süddeutschen Zeitung.

Von Hans Gerlach außerdem bei Mosaik bei Goldmann
Kochen (fast) ohne Rezept (39097)

Hans Gerlach

Alphabet der feinen Küche

Wissenswertes für Genießer
Das Lesebuch mit den besten Rezepten

Mosaik bei
GOLDMANN

FSC
Mix
Produktgruppe aus vorbildlich bewirtschafteten Wäldern und anderen kontrollierten Herkünften

Zert.-Nr. SGS-COC-1940
www.fsc.org
© 1996 Forest Stewardship Council

Verlagsgruppe Random House FSC-DEU-0100
Das für dieses Buch FSC-zertifizierte Papier *Munken Print* liefert Arctic Paper Munkedals AB, Schweden.

1. Auflage
Originalausgabe Dezember 2007

Umschlaggestaltung: Design Team München
Umschlagfoto: Masterfile, Mike Randolph
Fotos: Olive: Südwest Verlag/Newedel; Zitrone: Südwest Verlag/Rees; Salbei: Südwest Verlag/Sperl; Thymian: Südwest Verlag/Newedel
Satz: Uhl + Massopust, Aalen
Druck und Bindung: GGP Media GmbH, Pößneck
CH · Herstellung: Han
Printed in Germany
ISBN 978-3-442-16965-8

www.mosaik-goldmann.de

Vorwort

von Wolfgang Joop

Sehr verehrte Freunde,

mit dem Verfasser des Buches, das Sie gerade in Ihren Händen halten, habe ich etwas gemeinsam: Wir kochen ohne Rezept. Ich kann aber nicht anders, Herr Gerlach vielleicht schon. Er hat seine rezeptlosen Rezepte in einem früheren Werk schon mal vorgestellt. Aber das wissen Sie wahrscheinlich schon. Jedenfalls, wenn Sie Leser seiner Kolumnen im »Magazin der Süddeutschen Zeitung« waren.

Ich selbst koche fast täglich so für mich hin. Mit manchmal überraschendem Ergebnis. Ich habe gelernt, meine Zutaten zu befragen, wie sie behandelt werden wollen, und gemeinsam begeben wir uns in eine fast meditative Trance. Aus der ich mürrisch erwache, wenn mich jemand nach dem Thema oder Namen meines Gerichts fragt. (»Gericht« – welch doppelsinniges Wort!) Sollte ich noch mal ein Kochbuch schreiben und es dann den Titel »Moral mit Morcheln« tragen wird, werde ich Herrn Gerlach bitten, für mich das Vorwort zu schreiben. Auch deshalb schreibe ich seines.

Und da ich glaube, dass dieser Koch außerdem ein Poet ist, gleicht es einer Schmeichelei für mich, seiner Bitte zu folgen. In einem Brief bat er mich mit lockenden, ja zärtlichen Worten. Zärtliche Worte, das wissen Sie selbst, müssen genau dosiert werden. Nicht etwa das Süßholzraspeln mit seinen Nebenwirkungen (Triefen, Sabbern, Schmatzen ...) nein, Unterdosiertes, minimalisiert Zusammengefügtes ist zärtlich und trifft zielgenau den so genannten »G-Punkt«. Das G steht für Genuss. Jede Anleitung dafür ist willkommen. Dieses populär-wissenschaftliche Werk zum Thema »verfeinertes Genießen« ist voll kompromissloser, zärtlich genau formulierter Worte. Ein Ausnahmewerk im Sumpf pseudo-trendiger Koch-Schundliteratur. An dieser Stelle möchte ich erwähnen, dass ich selbst Verfasser eines Standardwerkes zum Thema Kochen ohne Rezepte bin (»Hectic Cuisine«, Hölker Verlag.)

Im Gegensatz zu den eleganten Anleitungen zum rezeptfreien feinen Kochen des Hans Gerlach schrieb ich mein Kochbuch quasi aus Notwehr. Aus eigener Erfahrung glaubte ich zu wissen, dass Vorköche uns absichtlich mit unverständlichen Maßeinheiten, exotischer Mangelware und endlosen Vorbereitungszeiten ins kulinarische Abseits – ja, in die pure Verzweiflung – treiben wollen. Ich stellte mir damals vor, dass ein eventueller Gast eine halbe Stunde zu früh in der Haustür stehen würde und der Privatjet mit dem Bananenblatt, in das ich den Monk-Fisch wickeln sollte, noch gar nicht in Tempelhof gelandet wäre. So erdachte ich »Grüne Heringe à la Potsdam«.

Als Visionär lag ich – retrospektiv betrachtet – öfter daneben. Nie hätte ich zum Beispiel gedacht, dass Köche im neuen Jahrtausend zu Popstars avancieren würden. Nach Jahrzehnten kulinarischer Ignoranz ist heutzutage selbst der simpel gestrickte Fernsehzuschauer zum hysterischen Gourmet geworden. Wir Deutschen – ich schließe mich natürlich mit ein – neigen eben zu Übertreibungen. In den Küchen begannen diese, soweit ich mich erinnere, Ende der achtziger Jahre. Verständlicherweise hatte der Neuzugang aus dem Osten Nachholbedarf an Fast

Food wie Burger, Döner, Pizza und Sushi. Doch nun wäre es an der Zeit, dass unsere Nation sich wieder beruhigt. Sie hat nun in fast alle Töpfe der Welt geschaut und diese auch geleert. Ich bin zwar gegen jede Art von Prohibition, aber Überdosierungen sind ungesund und im Endeffekt asozial.

Meine mit Crème fraîche angereicherten Mitmenschen verharren allzu oft bewegungsarm, lediglich schluckend, vor dem Fernseher um Marathon-Wettkämpfe im Hummerknacken, Austernöffnen und Weinsorten-Raten zu verfolgen. Vom »perfekten Dinner« wird man entweder sinnlos hungrig oder appetitlos. Sendungen wie diese machen etwa so viel Sinn wie ein Soft-Porno. Man fühlt sich nicht eingeladen mitzumachen, und die Darsteller können alles besser und machen eine außerdem bessere Figur als man selbst.

Für eine behutsame Führung an den eigenen Herd sollten wir also dankbar sein. Das, was man unterlassen darf, ist ebenso wichtig wie das, was man unbedingt tun sollte. Technik und Know-how liegen vor dem Genuss wie der Pudding-Berg vor dem Schlaraffenland. Ohne Vorbereitung der Geschmacksnerven schmeckt Kaviar wie Salzhering und Champagner wie Hefebrause. Übertretungen aller Regeln, sogar ein bisschen Vulgarität, steht nur denen, die die Regeln kennen.

Angeblich ist der Hungrige ja von jeder Frage nach »Benimm« befreit. »Erst kommt das Fressen, dann kommt die Moral«, sagte Bertold Brecht. Aber als fühlender, aufgeklärter Mensch sollte man sich schon mal fragen, ob das, was man runterschluckt, nicht zu seiner Lebenszeit ein Recht auf ein paar Sekunden Respekt, Zärtlichkeit und Sonnenschein hatte. Sollten wir nicht lieben lernen, was wir uns in den Mund stecken? Man stelle sich den ganzen Akt einmal andersherum vor … »So schön ist dieser

Mund nun auch wieder nicht, dass ich von ihm ganz verschlungen werden will.«

In Hamburg war ich Mitte der Neunziger zum Dinner for four in einem Penthouse for one geladen. Der Gastgeber war seinerzeit schlank, ledig, vermögend. In seiner angelesenen Kochkunst hatte er sich selbst massiven Eitelkeitsattacken ausgeliefert. Der Esstisch aus Palisander mit Elfenbeineinlage war mit weißem KPM-Geschirr gedeckt. Tischschmuck waren weiß-grünliche Frauenschuh-Orchideen. Ein floraler Hinweis auf den einzigen weiblichen Gast, der erwartet wurde. Der kam leicht verspätet. Schön, blond, vermögend, nervös. Der Gastgeber servierte eine Suppe »Crevette in ihrem Algen-Schaumbett, mit einem Hauch Zitronengras« Dann kündigte er die folgenden Gänge an: »... gleich kommt der Lachs auf seiner Haut gebraten mit Zuckerschoten, karamellisiert, dann das Milchlamm, dann ...« Die junge Frau unterbrach: »Du, ich bin seit gestern satt. Tut mir leid. Außerdem esse ich nichts mehr, was einen Schatten wirft. Das gilt auch für Gemüse. Hat jemand was dagegen, wenn ich mir eine »Line« lege? Das hab ich zwar schon seit Ewigkeiten nicht mehr getan, aber jetzt, ich meine, du hast dir Mühe gegeben, aber bei all den Morden, die du aufgezählt hast, wird mir ohne das Pulver einfach jetzt schlecht ...«

Die Essenz dieser Anekdote möchte ich erklären: Ungebremster Hedonismus wirkte schon damals überholt und belastet die Atmosphäre. Reduktion zum Maximum lautet die moderne Devise.

Ein letzter Grund warum ich dieses Vorwort schreibe? Es geht mir um Luststeigerung durch Vereinfachung und eine neuere Definition von Erotik in der Küche. Im Überangebot dessen, was verdaulich ist oder nur scheint, möchte ich innehalten wie zum

Tischgebet. Mores und Moden haben etwas gemeinsam: Sie gehen einem auf die Nerven, wenn alle sie befolgen. Eingeladen wäre ich gern bei jemandem, der seine Küche gelassen und ohne Eitelkeit betritt. Wie ein Bauer, der zum Erntedankfest vor den Altar seiner Kirche tritt. Er hat genommen, er dankt. Er weiß, was er tut.

Ihr Wolfgang Joop
Potsdam, April 2007

Bedienungsanleitung für den Leser

Kochen bedeutet nicht nur schneiden, brutzeln oder rühren. Genauso wichtig sind die Arbeiten von Produzenten und Händlern, lange bevor ein Lebensmittel den Weg in Ihre Küche findet. Neben den Vorgängen in und um den Kochtopf (die ich in dem Buch „Kochen (fast) ohne Rezept" beschrieben habe) entscheiden die Eigenschaften der Zutaten über den Geschmack des Essens auf Ihrem Teller. Es lohnt sich also herauszufinden, wo zum Beispiel Salat, Balsamessig oder Kalbfleisch herkommen und wie sie entstehen. Die Suche ist spannend, manchmal nicht ganz einfach, aber sie führt immer zu Menschen, die mit großer Begeisterung wunderbare Lebensmittel herstellen – einige Adressen finden Sie im Anhang.

Die Rezepte funktionieren natürlich sehr gut, wenn Sie sie genau befolgen – sind aber offen gedacht, als Anregungen und Beispiele zu den jeweiligen Texten. Ändern Sie die Rezepte, entwickeln Sie sie weiter. Lassen Sie die Fischsauce weg, wenn Sie keine mögen, und ersetzen Sie Quatre épices durch Piment oder ein anders Gewürz, das Sie besonders schätzen.

Alles fürs Gelingen Wichtige steht in meinen Rezepten, ob Sie ihre Kräuter waschen oder nicht, können Sie gerne selber entscheiden.

Die Rezepte sind für 4 Personen gedacht, es sei denn es ist anders angegeben. Dabei sind die Mengen für einen Hauptgang größer als die für eine Vorspeise – wenn Sie eine Vorspeise also als Hauptgang servieren, dann sollten Sie die Mengen etwas erhöhen.

Altbier

Die Hure sprach: »Iss das Brot, Enkidu, das gehört zum Leben! Trink das Bier, wie's Brauch ist im Lande!« Es war ein Altbier, das Enkidu im Gilgamesch-Epos vom Naturwesen zum Menschen und zum Gefährten des Zweidrittelgottes Gilgamesch machte. Denn Altbier bedeutet vor allem: Bier nach alter Brauart.

Bevor Carl von Linde 1873 den Kühlschrank erfand, gab es fast nur obergärige Biere. Hefen, die in ungekühlten Kellern bei Temperaturen zwischen 15 und 20 Grad Celsius am besten arbeiten, steigen gegen Ende der Gärung nach oben. Ein Nachteil obergäriger Biere war ihre kurze Haltbarkeit – sie eigneten sich weder für das Lager noch für den Export. In Bayern halfen Eisblöcke aus den Alpen und Kastanien über den Kellern schon im Mittelalter untergäriges, haltbares Bier herzustellen. Untergärige Hefen lieben es kühl und sinken nach beendeter Arbeit nach unten. In Deutschland trinken wir heute drei obergärige Biere nach »alter Brauart«: Weiß- oder Weizenbier aus Bayern oder Berlin, Kölner Kölsch und Altbier aus Düsseldorf und vom Niederrhein. Letztere sind hopfenbetont, also etwas bitterer als bayerisches Bier, weil Hopfen das empfindliche Bier konserviert. Beide Biere sind klar. In Kölner und Düsseldorfer Gaststätten zapft man sie meist direkt aus dem Holzfass.

Was unterscheidet nun die Biere? Ich habe Kölner und Düsseldorfer Freunde befragt, alle schworen, das jeweils fremde Bier sei irgendwie süßer, milder – Frauenbier eben. Diese Antworten sagen mehr über die Befragten als über das Bier. Ich bat also Michael Schnitzler, den Chef der Düsseldorfer Hausbrauerei

Uerige, um objektivere Unterscheidungsmerkmale: »Auf den ersten Blick liegt der Unterschied zwischen Alt und Kölsch vor allem in der Farbe – Kölsch ist hell, Altbier dunkel. Während die Kölner Brauer nur helles Pilsener-Malz verwenden, mischen wir für unser Altbier das helle Malz mit zwei dunklen Sorten: Karamellmalz für den vollmundigen Geschmack und ein bis zwei Prozent noch dunkleres Röstmalz für die Bernsteinfarbe. Der feinherbe Hopfenanteil im Altbier ist deutlich höher als bei unseren Nachbarn. Kleine, aber entscheidende Unterschiede! Wobei man zugeben muss, dass das Kölsch dem momentanen Trend des ›sehr hellen Bieres mit wenig Geschmack‹ voll entspricht.« – Liebe Kölner, richten Sie Ihre Leserbriefe bitte direkt an Herrn Schnitzler, aber erst, nachdem Sie sein Bier probiert haben.

Hochrippe in Altbiersauce

- **Rustikaler Hauptgang**

3 Zwiebeln, 2 Möhren, 1 EL Fenchelsamen,
1,2 kg Hochrippe vom Rind, Salz, Pfeffer, 1 EL Öl,
1 EL Butter, 1 Lorbeerblatt, 3 EL zerkrümelte
Schwarzbrotkruste, 1 EL Zucker, 330 ml Altbier,
1 TL Essig

Zwiebeln und Möhren schälen und grob würfeln. Die Fenchelsamen grob hacken, die Hochrippe mit Salz, Pfeffer und Fenchelsamen würzen. Mit je 1 EL Öl und Butter von beiden Seiten anbraten.

Das grob gewürfelte Gemüse, Lorbeerblatt und die zerkrümelte Schwarzbrotkruste zugeben, mit Zucker bestreuen und im

Ofen bei 200 Grad (Umluft 180 Grad) 90 Minuten schmoren. Dabei nach und nach mit dem Bier begießen – falls nötig, gegen Ende etwas Wasser zugeben.

Den fertigen Braten auf einer Platte 10 Minuten ruhen lassen. Die Sauce mit ein paar Tropfen Essig abschmecken. Mit grünen Bohnen oder Spargel und Kartoffeln servieren.

Alginat

Woran denken Sie bei E 415, E 331, E 509 oder E 401? An die Zutatenliste einer Tütensuppe? Richtig. Aber auf Chemikalien wie Xanthan, Natriumzitrat, Kalziumchlorid oder Natrium-Alginat gründet auch die so genannte Molekularküche, die spanische Speerspitze der Kochkunst. Ihr Erfinder, Ferran Adrià, hat als erster Koch seine Kunst auf der Documenta präsentiert.

Warum gilt gerade Adrià als echter Künstler im Unterschied zu den Kunsthandwerkern in traditionellen Spitzenrestaurants? Ein deutscher Drei-Sterne-Koch in Rom versuchte vergangenes Jahr, seine gefüllten Zucchiniblüten patentieren zu lassen. Zu Recht vergeblich, denn das Konzept »Gefüllte Zucchiniblüte« kennt keinen individuellen Urheber. Wie stark sich die Blüten des Starkochs von anderen unterscheiden, entscheidet sich nicht im Rezepttext, sondern auf dem Teller in seinem Restaurant. Anders liegt der Fall bei Adrià. Seine Konzepte erfindet er selbst. Die Konstruktionsbeschreibungen, also die Rezepte, sind so eindeutig, dass sich die fertigen Gerichte beliebig reproduzieren lassen. Adriàs verblüffender Kunstgriff: Der Koch, der unverwechselbare Kochkunst produziert, bedient sich der Mittel der Industrie.

Für eine erste Annäherung haben wir Alginat in der Praxis getestet. Das Verdickungsmittel aus Braunalgen löst sich in wässrigen Flüssigkeiten und geliert im Kontakt mit Kalziumchlorid. Die einfachste Anwendung ist ein Melonenkaviar, kleine Kügelchen aus Melonensaft. Von einer dünnen Haut umgeben, zerplatzen sie im Mund wie der Rogen von Forelle oder Saibling. Im Test tauchen zwei Fragen auf. Erstens: Muss ich das hübsch abgepackte Produkt des Meisters verwenden, oder tut es auch preiswerteres Natrium-Alginat, wie ich es in jeder Apotheke bestellen kann? Wir haben beide probiert und konnten keinerlei Unterschied im Kaviar schmecken. Zweitens: Die Pülverchen der Molekularküche werden sehr genau dosiert. Was tun, wenn keine Drogenwaage zur Hand ist? Suchen Sie sich einen sehr kleinen Messlöffel und wiegen Sie auf einer gewöhnlichen digitalen Küchenwaage 50 mit einem Messerrücken exakt gestrichene Löffel Alginat ab. Teilen Sie das Ergebnis durch 50 und Ihr Löffel ist ziemlich gut geeicht. Teilmengen bilden Sie mit Hilfe von Rasierklinge und Augenmaß auf einer Glasplatte. Übrigens: Sobald der Geliervorgang beginnt, ist er nicht mehr zu stoppen. Servieren Sie Ihren Kaviar innerhalb von 20 Minuten.

Melonenkaviar mit Speckstreifen

- **Molekulare Mini-Vorspeise für 4–6 Personen**
  800 g Cantaloup-Melone oder eine andere süß-aromatische Melonensorte, 2 g Natrium-Alginat, 5 g Kalziumchlorid, 12 Streifen dünn geschnittener Bauchspeck (Frühstücksspeck), 1/2 TL Kreuzkümmel, außerdem: eine Einwegspritze mit einer großen Öffnung und ca. 60 ml Fassungsvermögen

Die Melone schälen und entkernen, das Fruchtfleisch im Mixer pürieren, dann durch ein Passiertuch in eine Schüssel abtropfen lassen. Zum Schluss das Tuch zusammendrehen und auspressen. 250 ml Saft abmessen, ein Drittel davon mit 2 g Alginat mixen. Restlichen Melonensaft zugeben und kalt stellen.

5 g Kalziumchlorid in 1 l Wasser lösen. Die Einwegspritze mit Melonensaft füllen, Tropfen für Tropfen ins Wasser geben, 1 Minute ziehen lassen. Melonenkaviar mit einem Sieblöffel aus dem Wasser heben, gründlich kalt abspülen.

Den Speck in einer beschichteten Pfanne knusprig braten und auf Küchenpapier abtropfen. Den Kreuzkümmel mit einem großen Messer grob hacken oder im Mörser zerkleinern. Je 1 TL Kaviar auf einen gebratenen Speckstreifen geben und mit einer Prise geschrotetem Kreuzkümmel gewürzt servieren.

Spangenbergs Weinempfehlung

2004 Altenberg Alte Reben Riesling (trocken), Van Volxem, Saar

»Dieser Riesling ist das Resultat von hoher Reife, geduldiger Weinbereitung, sehr alten Rebstöcken und der Idee, den Weinberg in der Flasche einzufangen. Die leichte Restsüße und die hohe Komplexität, die sich sowohl in Dichte als auch in Feinheit ausdrückt, fängt das Gericht in all seinen Nuancen auf.«

Reihenfolge

Sie haben sicher bemerkt, dass Alginat in diesem Buch eigentlich an erster Stelle stehen müsste. Ich habe Altbier vorgezogen, weil mir die spanische E-Nummern-Küche zu spröde ist. Zu spröde für den Einstieg in ein Buch, mit dem ich ihre sinnliche Wahrnehmung von Düften, Geschmäckern und Konsistenzen steigern will. Duft, Geschmack und Konsistenz des Melonenkaviars sind allerdings gar nicht spröde, sondern vortrefflich. Der im Text beschriebene Gegensatz zwischen industrieller Vorgehensweise und künstlerischem Ergebnis lässt sich nicht so einfach lösen.

Alte Reben

Als mir der Weinkellner auch beim dritten Besuch im Münchner Restaurant »Le Barestovino« zu unterschiedlichen Menüs immer wieder den gleichen Mosel-Riesling empfahl, fragte ich mich: Was meint der Mann mit alten Reben? Ein Gespräch mit Teja Heise, Weinhändler auf www.alte-rebe.de, liefert erste Hinweise: Weinstöcke können Jahrhunderte leben, ab 40 Jahren nennen wir sie alt. Der Ertrag von Rebstöcken und die Größe ihrer Trauben nehmen mit dem Alter ab. Dafür können Geschmack und Gesundheit der Früchte außergewöhnlich gut sein. Die alten Pflanzen haben tiefes, weit verzweigtes Wurzelwerk. Mit dem transportieren sie auch bei großer Hitze noch genügend Wasser und reichlich Mineralstoffe, also Aroma, in die wenigen Trauben. Bei starken Regenfällen werden die kleinen Trauben prall, platzen aber nicht auf. Sobald es aufhört zu regnen, schrumpfen die Trauben wieder ein – alte Reben bleiben bei Wetterschwankungen cool.

Ihre Trauben eignen sich besonders gut für die spontane Gärung: Dafür wird das Lesegut gequetscht und ohne Zugabe von Reinzuchthefen vergoren. So vermehren sich nur natürliche Weinbergshefen aus den Traubenschalen und der Weinkellerflora. Damit aber die richtigen Hefen die Oberhand behalten, müssen das Lesegut sehr gesund und der Lesezeitpunkt ideal sein, ein zu hoher oder zu niedriger Säuregehalt fördert Fehlgärungen. Weil die Mikroflora in jedem Weinberg und in jedem Keller unterschiedlich ist, betont Spontanvergärung die Eigenschaften des Terroirs im Wein. Terroir ist ein kämpferisches Konzept von Winzern, die sich gegen internationalen Einheitsgeschmack wehren. Es beschreibt das Zusammenspiel lokal begrenzter Faktoren wie Mikroklima und Bodenbeschaffenheit in dem Wein. Europäische Winzer müssen Terroir-Weine machen, denn nur unverwechselbare Weine können sich gegen Riesenbetriebe aus Übersee behaupten.

Markus Molitor, der Winzer des oben erwähnten Mosel-Rieslings, kennt noch wichtigere Gründe für die Pflege seiner alten Reben: Reben, die jahrzehntelang Unwettern und Krankheiten standhalten, bieten eine natürliche Auswahl des besten Genmaterials einer Sorte. Viele Winzer roden nach 20 oder 30 Jahren, wenn die Traubenausbeute sinkt, ihre Weinberge und pflanzen dann gekaufte Klonsorten auf ertragreichen Unterlagen neu an. Molitor verwendet für neue Pflanzungen Edelreiser, also dünne Zweige, seiner besten alten Weinstöcke und veredelt diese auf besonders schwachwüchsigen Unterlagen, damit die neuen Reben auch ja nicht zu viele Trauben tragen. Eine Auswahl der Alte-Reben-Winzer, die mir im vergangenen Jahr begegnet sind, finden Sie auf S. 333.

Kalbsschnitzelchen mit Petersilie

• **Schneller Hauptgang**

2 Bund Petersilie, 2 Schalotten, 100 g Pilze,
3 EL Butter, 8 kleine Kalbsschnitzelchen
(z.B. aus dem Rücken, je 50–60 g),
Salz, Pfeffer, 6 EL aromatischer Riesling
(siehe oben)

Petersilie, Schalotten und Pilze hacken, mit 1 EL Butter zugedeckt 5 Minuten bei schwacher Hitze dünsten, abschmecken.

Die Kalbsschnitzelchen mit je 1 EL Petersiliengemüse füllen, zusammenklappen und mit Zahnstochern verschließen. Mit Salz und Pfeffer würzen.

2 EL Butter in einer großen Pfanne zerlassen, Schnitzel bei großer Hitze von beiden Seiten je 2 Minuten braten. Fleisch aus der Pfanne nehmen und warm stellen.

Den Bratensatz in der Pfanne mit dem Wein löschen, kurz aufkochen und abschmecken, eventuell ein Flöckchen Butter unterschwenken. Die Schnitzelchen in der Sauce kurz erhitzen und servieren. Dazu passen die Kürbisnocken auf S. 114.

Reisetipp

Im slowenischen Maribor und in Prissian bei Meran stehen die beiden ältesten bekannten Rebstöcke. Beide sind fast 400 Jahre alt und tragen heute noch jedes Jahr genügend Trauben für 50 Liter Wein in Maribor bzw. 500 Liter Wein auf »Castel Katzenzungen«.

Apfel

Ein Apfelstück blieb in Schneewittchens Hals stecken, Newtons Apfel fiel ihm auf den Kopf. Um den goldenen Zankapfel der Eris stritten sich die Göttinnen Aphrodite, Athene und Hera und lösten damit den Trojanischen Krieg aus. Nichtsdestotrotz sind Äpfel enorm gesund. Vor allem bekannte Zutaten wie Vitamin C, Kalium, Kalzium, Phosphor oder Eisen stärken das Immunsystem, regulieren den Wasserhaushalt und helfen bei der Blutbildung. Unzählige weniger bekannte Inhaltsstoffe machen unsere Lieblingsfrucht zur Allzweckwaffe im vorbeugenden Kampf gegen Zivilisationskrankheiten.

Zwei Beispiele: Pektin in Gelierzucker und Konfitüren bindet Wasser, dabei entsteht ein halbfestes Gel, die gekochten Früchte werden beim Abkühlen streichfähig. In unserem Verdauungsapparat passiert Ähnliches: Das Apfelpektin bindet dort allerdings nicht nur Wasser, sondern auch etwaige Schwermetalle oder überschüssige Gallensäuren (Gallensäuren sind zwar wichtig für die Fettverdauung, gleichzeitig aber auch beteiligt an der Produktion von Cholesterin). Die Gelbildung verlangsamt zudem die Verdauung, was speziell nach süßen Speisen auch die Schwankungen des Blutzuckerspiegels dämpft und damit verhindert, dass wir zu schnell wieder Hunger verspüren.

Sekundäre Pflanzenstoffe oder Bioaktivstoffe sind etwas modische Bezeichnungen für eine unüberschaubar große Gruppe von Stoffen, die vor allem gemein haben, dass sie in Pflanzen vorkommen und dort so unterschiedliche Funktionen ausüben wie die Steuerung des Wachstums bis hin zur Schädlingsabwehr.

Manche dieser Stoffe werden seit einigen Jahren erforscht und scheinen teilweise sehr gesund zu sein. Äpfel enthalten das Pigment Quercetin. Quercetin ist hitzebeständig. Es wirkt nicht nur als Antihistamin, sondern auch entzündungshemmend, so kann es allergische Reizungen auf Pollen verringern, Heuschnupfen und Asthma lindern. Im Blutkreislauf schützt Quercetin das »böse« LDL-Cholesterin vor der Oxidation und verhindert so, dass Zerfallsprodukte unsere Adern verstopfen und irgendwann zum Infarkt führen. Der Stoff kann sogar das Wachstum mancher Krebszellen hemmen. Ein Wundermittel.

Aber: Konventionell angebaute Äpfel werden bis zu zwanzigmal gespritzt, unreif geerntet (das erkennen Sie am fehlenden Stiel), weit transportiert, mit verschiedenen Mittelchen aufpoliert und anschließend bis zu einem Jahr in ULO-Kellern gelagert (Ultra Low Oxygen). Das spricht für heimische Äpfel aus umweltschonendem Anbau – sonst bleibt wenig übrig vom medizinischen Wunder.

Apfelchutney

- **Dip**

2 Äpfel, 1 Zwiebel, 1 Knoblauchzehe,
3 cm Ingwerwurzel, 1 Chilischote, 1 Bio-Limette,
200 g frische Cranberries (oder Preiselbeeren),
3 EL getrocknete Cranberries (oder Rosinen),
1 TL Korianderkörner, 1/2 Zimtstange, 100 g Zucker,
1 TL Salz, 100 ml Apfelsaft

Äpfel und Zwiebel schälen und klein würfeln. Knoblauch und Ingwer ebenfalls schälen, zusammen mit der Chilischote fein hacken. Etwas Schale von der Limette abreiben, den Saft auspressen. Alle Zutaten mit frischen und getrockneten Cranberries, Koriander, Zimt, Zucker, Salz und Apfelsaft in einem Topf mischen. Wenn möglich, eine halbe Stunde ziehen lassen, damit schon etwas Fruchtwasser austritt.

Zugedeckt aufkochen, den Deckel abnehmen und bei mittlerer Hitze 12–15 Minuten kochen, dabei oft rühren. Die Konsistenz soll am Ende marmeladenartig sein. In 2–3 Tagen verbrauchen oder in kochend heiß ausgespülte Schraubdeckelgläser füllen und kühl und dunkel aufbewahren. Das Chutney passt am besten zu gegrilltem oder gebratenem Fleisch, wie Ente, Reh oder Würstchen (Rezept S. 146), aber auch zum gebackenen Zander auf S. 312.

Das Apfeljahr

Der Infodienst Verbraucherschutz, Ernährung und Landwirtschaft (aid) schreibt: Weltweit gibt es rund 20 000 Apfelsorten, von denen mehr als 1000 in Deutschland wachsen. Sie lassen sich grob in Sommer-, Herbst- und Winteräpfel einteilen. Erstere reifen im Juli und August und sind nicht zum Lagern geeignet. Zu den Sommeräpfeln gehören der Klar- oder Augustapfel, James Grieve und Gravensteiner. Von September bis Anfang November können Sie klassische Herbstäpfel wie Goldparmäne, Renette oder Alkmene genießen. Bei diesen Äpfeln fallen Pflück- und Genussreife zusammen. Auch Winteräpfel wie Boskoop, Bohnapfel oder Boikenapfel werden im Herbst geerntet, doch sind sie dann eben noch nicht gleich genussreif. Erst nach ein paar Wochen Lagerung hat sich ihr Aroma voll entwickelt.

Avocados

Avocado- gibt es fast so viele wie Apfelsorten; wenn also »Hass« heute den Weltmarkt beherrscht, dann ist das eher ein Zufall. Die schwarzgrünen Früchte des kalifornischen Züchters Rudolph Hass wachsen heute in fast allen tropischen und subtropischen Regionen der Welt. Sie sind mittelgroß, und ihr Fleisch löst sich gut von der Schale. Wichtiger als die Sorte ist aber die richtige Reifung. Im April kommen aus Israel häufig hervorragende Avocados, ihr Name: Fuerte. Avocados reifen nicht am Baum, sondern erst nach dem Pflücken – ein Enzym in den Stängeln verhindert, dass die Früchte weich werden. Das ist gut, weil auch eine Avocado, die ihren optimalen Fettgehalt erreicht hat, ein bis zwei Wochen transportfähig ist – im Gegensatz etwa zu einer reifen Mango. Allerdings lässt sich von einer harten Avocado kaum sagen, ob sie noch ein paar Tage nachreifen muss, oder ob sie, weil sie zu früh geerntet wurde, auch bei Nachreifung nur noch schrumpelig, braun und gummiartig wird. Kaufen Sie am besten reife Früchte beim Gemüsehändler Ihres Vertrauens. Soll das Fleisch der kleinen, grünen Fettbombe dann noch einen Hauch cremiger werden, können Sie sie bei Zimmertemperatur zusammen mit einer Banane oder einem Apfel in eine Papiertüte legen, das hilft. Ursprünglich kommen Avocados aus Mexiko, aber auch im australischen Queensland wachsen sie, mit fast doppelt so vielen Avocadoölen wie bei Sorten aus anderen Ländern! Diese nussigen, duftigen Früchte, mit der Gabel zerdrückt, mit einem Spritzer Limettensaft, Salz, Pfeffer und reichlich Koriandergrün gewürzt, wären für mich Grund genug für einen wochenlangen Aufenthalt in Australien. Ziehen Sie kosmetische Anwendungen dem Verzehr vor, so können Sie auf Avocado-Masken ausweichen. Die Öle der Avocado sind sehr »spreitfähig«, d.h., sie verteilen sich auf und in der Haut besonders gut. So bleibt Ihre Haut feucht, jung und faltenfrei.

Ceviche mit warmer Avocadosalsa

• **Edle Vorspeise**
250 g festes Fischfilet (z. B. Wolfsbarsch oder Zander),
1 Avocado, 1 Bio-Limette, 1 TL Fenchelsamen,
3 getrocknete Aprikosen, 1 Bund Petersilie,
4 EL Rapsöl oder Avocadoöl (siehe unten),
Salz, Pfeffer

Fischfilet mit einem scharfen Messer in hauchdünne Scheiben schneiden. Am einfachsten geht es, wenn das Fischfilet noch an der Haut ist und alle Gräten entfernt sind. Das erledigen die meisten Fischhändler gerne für Sie – nur die feinen Brustgräten, die Sie spüren, wenn Sie mit dem Finger über ein scheinbar grätenfreies Filet streichen, müssen Sie meist selber mit einer Grätenzange herausziehen oder mit zwei Schnitten links und rechts der Grätenreihe herausschneiden.

4 Teller mit den Fischscheiben auslegen. Die Avocado halbieren, das Fruchtfleisch in dünnen Scheibchen aus der Schale löffeln. Limette waschen, etwas Schale abreiben, den Saft auspressen. Fenchelsamen und getrocknete Aprikosen mit den Blättchen der Petersilie hacken. Avocadoöl oder Rapsöl mit dem Limettensaft aufkochen, die anderen Zutaten zugeben, vom Herd neh-

men und kurz ziehen lassen – die Avocado darf dabei nicht zu heiß werden, sonst wird sie bitter. Salsa über die Fischscheiben verteilen, mit Salz und Pfeffer kräftig würzen und mit Weizentortillas oder Weißbrot servieren.

Glatte Haut

Avocadoöl gibt es wirklich – zum Beispiel bei Onlineshops, die Zutaten für Cremes und andere Kosmetik anbieten. Sie können das Öl in der Küche verwenden. Es ist bestimmt sehr gesund, jedoch – das teure Öl schmeckt fast neutral. Ein mildes nussiges Öl ist auf jeden Fall die bessere Wahl für unser Ceviche.

Babyartischocken

April ist die Zeit für das beste Gemüse des Jahres: Artischocken, genauer Babyartischocken aus Italien. Schon Mitte März findet das erste der vielen Feste zu Ehren der Artischocke in Uri auf Sardinien statt, im April können Sie zur »Sagra del carciofo« nach Ladispoli bei Rom reisen, um ihr dort zu huldigen. Artischocken gelten als schwierig und – wie alles Schwierige – auch als erotisierend. Wahr ist, dass sie Bitterstoffe enthalten, die Galle und Leber anregen, den Fettstoffwechsel fördern und dem Körper beim Entgiften helfen. Was der Kümmel dem bayerischen Schweinebraten, das ist die Babyartischocke der toskanischen Lammschulter.

Große Artischocken werden oft gekocht und dann Blatt für Blatt ausgelutscht, kleine Artischocken können Sie fast ganz essen. Die Vorbereitung ist nicht schwer, aber der bittere Saft aus den angeschnittenen Artischocken oxidiert schnell an der Luft und färbt dann Frucht und Finger braun. Gegen Farbe und Geschmack an Fingern, Brett und Messer hilft nur schrubben, schrubben, schrubben – oder Gummihandschuhe. Köche verwenden meist Einweghandschuhe aus der Apotheke. Geschwindigkeit und Zitrone schützen Ihre Artischocken vor Verfärbung:

Die oberen zwei Fünftel der Babyartischocken mit einem Sägemesser abschneiden. Zähe äußere Blätter mit einem kleinen gebogenen Messer entfernen. Die Stiele auf etwa zehn Zentimeter kürzen und schälen. Artischocken der Länge nach halbieren, so dass Sie mit einem Teelöffel das »Heu« herauskratzen können – bei ganz kleinen Artischocken ist das nicht nötig. Babyartischocken in Spalten schneiden, mit ein paar Tropfen Zitronensaft mischen. Sofort bei milder Hitze mit etwas Knoblauch, Rosmarin und Olivenöl knusprig braten – göttlich!

Neben den Knospen vom Gemüsehändler können Sie im Frühjahr auch Pflänzchen beim Gärtner kaufen. Deutschland ist zwar kein klassisches Anbaugebiet für diese Disteln, aber schon Goethe hatte das stachelige Bio-Viagra in seinem Garten. Wichtig, damit die mehrjährige Artischocke auch unter unseren Wetterbedingungen gut über den Winter kommen kann: Im Herbst die Pflanze bis zum Boden abschneiden und mit Stroh oder mit Tannenzweigen locker abdecken. Spätestens im zweiten Jahr dann beginnen Ihre Artischocken Knospen anzusetzen, die im Herbst lilafarben erblühen und intensiv duften. Jetzt stellt sich nur die Frage: essen oder ansehen?

Raw Power!

- **Elegante Vorspeise**

1 Hand voll junger Spinat oder Rucola,
2 EL Pinienkerne, 50 g fester Ziegenfrischkäse,
4–8 Babyartischocken (je nach Größe),
1 TL Zitronensaft, Salz, Pfeffer,
5 EL Olivenöl

Am gesündesten, zartesten und exklusivsten sind Babyartischocken roh. Jungen Spinat oder Rucola putzen, dabei dicke Stiele entfernen. Pinienkerne in einer Pfanne ohne Fett rösten, bis sie duften. Den Ziegenkäse zerbröseln. Babyartischocken wie oben beschrieben vorbereiten, aber nicht in Spalten, sondern der Länge nach in hauchdünne Scheibchen schneiden. Babyartischocken mit Zitronensaft und den anderen Zutaten mischen, mit Salz und Pfeffer würzen und mit Olivenöl beträufeln. Sofort servieren – oder zuvor noch ein paar in Süßwein eingelegte Rosinen über den Salat streuen.

Im Fernsehen

Der berühmteste Showkoch der Welt bereitete kürzlich ein kurz angebratenes Carpaccio in einem deutschen Fernsehstudio zu – als Garnitur verwendete er einen Salat aus hauchdünn gehobelten rohen roten und gelben Beten, mariniert wie unsere Artischocken. Sah lecker aus.

Balsamessig

Balsamico-Tropfen sind die Petersiliensträußchen der Gegenwart. Zur Dekoration von Vorspeisen, Fischen, Risotti träufeln Köche Balsamessigsirup über möglichst große Tellerränder. Die Idee ist gut: Indem sie Balsamessig mit Apfelsaft (1:1) dickflüssig einkochen, erzeugen sie ein billiges Produkt, das ein teures simuliert. Aceto Balsamico Tradizionale aus Reggio Emilia oder Modena – kurz ABT oder ABTM – ist ebenfalls dickflüssig und dunkel, aber sehr wertvoll:

Für ein bis zwei Liter Essig wird der Most von 100 Kilo Trebbiano-, Spergola- oder auch Lambruscotrauben auf 30 Liter eingedampft und in offenen Fässern zu Essig vergoren. In der Acetaia, dem Dachboden der Essigwinzer, stehen Fässer in mindestens fünf Größen. Einmal im Jahr füllen sie den Verdunstungsverlust mit Most auf, bis nach zwölf Jahren zum ersten Mal ein Teil des Essigs aus dem kleinsten Fass abgezogen wird. Die fehlende Menge ergänzen Balsamico-Traditionalisten aus dem zweitkleinsten Fass, dieses füllen sie auf mit Essig aus dem drittkleinsten Fass und so weiter.

Auf den ersten »Extra vecchio« warten Sie 25 Jahre. Den fertigen Essig gibt es ausschließlich in 100-ml-Flakons zweier Typen: kugelrund der aus Modena, flaschenförmig aus Reggio Emilia. 1979 schlossen sich die ABT-Winzer zu einem Konsortium zusammen, das so erfolgreich für die edlen Tropfen geworben hat, dass inzwischen ein Engpass entstanden ist – erst jetzt kommen die Essige aus den Gründungsjahren des Konsortiums in den Handel, nur über Jahrzehnte kann die Menge allmählich steigen.

Die Preise beginnen zurzeit bei 500 Euro pro Liter.

Die Flüssigkeit, die wir tagaus, tagein in die Salatsauce rühren, wird ganz anders gebraut. Sie heißt zwar Aceto Balsamico oder Balsamessig. Was wie eine einfache Abkürzung oder Übersetzung des geschützten Begriffs klingt, unterliegt aber keinen Regeln für Herstellung oder Reifung. Die meisten Balsamessige sind einfache Mischungen aus Weinessig und Traubenmost, wobei dieser die Rolle des Zuckers übernimmt, der sonst viele deutsche Salatsaucen verfeinert. An gutem Weinessig ist nichts auszusetzen, verwenden Sie weiter Balsamessig, ob aus Modena oder nicht, achten Sie darauf, dass weder Zuckercouleur noch Zucker und möglichst wenig andere Zusatzstoffe den Essig schönen. Tipp: Die Acetaia Picci füllt einen Teil ihrer traditionell vergorenen Most-Essige schon nach drei Jahren ab, als »Il Novizio«.

Linsenrisotto mit Lauch

- **Zwischengericht oder vegetarischer Hauptgang**

2 Lauchstangen, 1,5 l Brühe,
150 g Risottoreis, 150 g rote Linsen,
1 EL Butter, 80 g gewürfelter Taleggiokäse oder
Gorgonzola, Salz, Pfeffer,
4 TL Aceto Balsamico tradizionale

Lauchstangen putzen, quer halbieren und zusammen mit der Brühe aufkochen, warm halten. Risottoreis und rote Linsen mit 1 EL Butter 2 Minuten unter Rühren rösten. Mit etwas Brühe ablöschen, den Rest nach und nach zum Risotto geben, dabei immer wieder sanft umrühren. Nach 18 Minuten sind die Linsen weitgehend zerfallen, der Reis ist bissfest.

Risotto vom Herd nehmen, den Taleggio, Gorgonzola (oder geriebenen Sbrinzkäse) unterrühren – so dass alle Reiskörner gleichmäßig von der cremigen Käse-Emulsion überzogen werden. Risotto abschmecken und anrichten.

Die Lauchstangen in 1 cm dicke Scheiben schneiden, auf dem Reis verteilen. Jede Portion mit frisch gemahlenem Pfeffer würzen, mit 1 TL »ABT« beträufeln, sofort servieren.

Bergkäse

An glücklichen Schweinen erkennen Sie den besten Käse! Nach einem langen Sommer auf der Alm, in dem Kühe, Ziegen und Schafe mit dem Gebimmel ihrer Glocken Wandererohren erfreuten, Kräutlein und saftige Gräser fraßen und ganze Seen voll der aromatischsten Milch gaben, bringen Senner und Sennerinnen im Herbst ihre Tiere wieder zurück in die Täler: Almabtrieb. Im Gepäck den Bergkäse eines ganzen Sommers.

Käsen ist die älteste Methode, um Milch haltbar zu machen. Dabei wird der Milch viel flüssige Molke entzogen. Was als Käse übrig bleibt, wiegt nur einen Bruchteil der verarbeiteten Milch und lässt sich im Rucksack leichter tragen. Der Käsegeschmack reift im Laufe des Sommers immer mehr aus, während Milch schnell unverkäuflich würde.

Früher wurde im Winter wenig gekäst, denn die Futterqualität und damit die Milchleistung der Kühe reichte während der kalten Jahreszeit nicht für große Milchüberschüsse aus. Heute ist Bergkäse fast überall neun Monate lang ein »Talkäse«, denn die Tiere bekommen auch im Stall genug zu fressen. Aber auch »Talkäse« schmeckt oft sehr gut, denn viele der kleineren Käsereien arbeiten nach den gleichen unkomplizierten Verfahren, die auf den Almen entwickelt wurden. Die Bauern haben eher kleinere Höfe und füttern ihre Kühe mit dem Heu kaum gedüngter Bergwiesen. Trotzdem: Ein echter Bergkäse von der Alm ist besonders würzig, durch das viele Karotin im Grünfutter leuchtet der Käse gelb, der Anteil an ungesättigten Fettsäuren im Milchfett ist höher als sonst, und der ganze Prozess der Käseherstellung dient gleichzeitig der Pflege der Almen – uralten Kulturla… ten. Viel Almkäse wird von Einheimischen wie Touristen sofo… aufgegessen. Der eine oder andere schafft es bis über die Grenze: In München gibt es etwa Vinschgauer Alpkäse bei Dallmayr, den »Allgäuer Bergkäse von der Hochalpe« der Käserei Baldauf finden Sie in der Galeria Kaufhof.

Warum man nun an glücklichen Schweinen guten Käse erkennt? Die meisten Schweine verbringen ihr Leben in engen Ställen. Manche bekommen Molke als Futter, das macht rosige Haut und festen Speck. Und wenn sie sehr viel Glück haben, dürfen die Schweine auch auf Almen grasen – zum Beispiel auf der Alm Campo La Torba ganz am Ende des Maggia-Tales bei Locarno im Tessin. Dort macht Giorgio Dazio seinen Valmaggia-Käse, und der ist unschlagbar.

Älpler Makronen

• **Hauptgang für Bergbauern**
400 g festkochende Kartoffeln,
2 Zwiebeln, 3–4 EL Butter,
400 g kurze Makkaroni,
1 l Brühe, 200 ml Sahne,
200 g Bergkäse, Apfelmus

Kartoffeln schälen und 1 cm groß würfeln. Die Zwiebeln halbieren und in schmale Sicheln schneiden. Mit der Butter in einem Topf 5 Minuten rösten. Makkaroni zugeben, rühren und nach 1 Minute mit 1 l Brühe (oder Salzwasser) aufgießen, aufkochen. Die Hitze reduzieren, mit Deckel bissfest kochen, gelegentlich umrühren.

In der Zwischenzeit den Käse grob reiben. Nach 10 Minuten sollte die Brühe fast verschwunden sein. Sahne und Bergkäse untermischen, abschmecken, mit Schnittlauch bestreuen und mit Apfelmus servieren.

Manche rösten separat eine dritte Zwiebel und streuen die knusprigen Zwiebelstreifen über das fertige Gericht.

Beten

Ein englischer Gärtner begann Ende des 19. Jahrhunderts, Pflanzen aus seinem Garten zu fotografieren. Die Fotos sind tiefenscharfe Arrangements vor hellem Hintergrund, Jahrzehnte bevor die Fotografen der klassischen Moderne ähnliche Stilmittel benutzten. Charles Jones, der Gärtner, signierte und beschriftete seine Silber-Gelatine-Abzüge, aber er stellte die Bilder nie aus. Gegen Ende seines Lebens benutzte er die Glasnegative, um Sämlinge vor Frühjahrsfrösten zu schützen. Ein englischer Fotohistoriker fand einen Koffer voller Abzüge auf einem Flohmarkt, publizierte das Buch »The Plant Kingdoms of Charles Jones« und gab die Bilder einer Londoner Galerie, wo sie sehr schnell sehr teuer wurden.

Warum ich Ihnen davon erzähle? Auf den Fotos von Charles Jones, die mich am meisten berühren, sind Beten zu sehen, gelbe, rote oder weiße, kugelrund oder dick und zylinderförmig. Damals spielten die Mitglieder der *Beta-vulgaris*-Familie offensichtlich eine viel größere Rolle als heute. Das alte englische Wort für Bete ist »*mangoldwurzel*«, Jones unterscheidet »beet«- und »mangold«-Sorten. Die jungen Blätter der Bete können Sie genauso wie den eng verwandten Mangold verarbeiten. Rote Beten aus dem Garten, die Sie im Herbst nicht geerntet haben, schmecken im zweiten Jahr eigentlich nicht mehr, da sich die Knollen dann langsam zurückbilden, während die Pflanze versucht zu blühen. Die ersten Frühjahrstriebe dienen aber immer noch als frühes Blattgemüse aus dem Garten.

Für spezielle Sorten brauchen Sie nicht nur ein Beet, sondern zusätzlich einen Samenhändler, der sich auf alte Gemüse spezialisiert hat: Die rot-weiß geringelte Sorte Tonda di Chioggia soll als Rohkost besonders zart und süß sein. Die gelben Burpee's Golden machen später in der Küche keine Flecken, bei roten Sorten helfen Einweghandschuhe aus der Apotheke.

Ihre intensive Farbe ist die Wurzel für den Mythos, man dürfe Rote Beten nur völlig unverletzt im Ganzen kochen oder wie Folienkartoffeln im Ofen garen, da die Knollen sonst ausbluten und Vitamine und Mineralstoffe verlieren würden. Natürlich verlieren Rote Beten durch Schnittverletzungen Saft, genauso wie andere Gemüse. Wenn der rote Gemüsesaft das Kochwasser färbt, sehen wir es nur besser. Der Duft, der dabei aufsteigt, erinnert nicht zufällig an frische Erde: Der Geruchsstoff Geosmin kommt auch in Pilzen vor und in Kleinstlebewesen, die den Acker bevölkern.

Rote-Beten-Ragout

- **Beilage oder Gemüsegericht**

je 500 g Rote Beten, Möhren und Kartoffeln,
4 Knoblauchzehen, 1/2 Bund Salbei,
2–3 EL Butter Salz, Pfeffer, 350 ml Bier,
150 g Joghurt, 100 g Crème fraîche,
3 EL geriebener Meerrettich (siehe S. 80),
1 Bund Schnittlauch

Einen Bräter oder ein tiefes Backblech im Ofen auf 200 Grad Umluft vorheizen. Rote Beten, Möhren und Kartoffeln schälen, 2 cm groß würfeln. Die Knoblauchzehen mit ihrer Schale leicht quetschen, 1/2 Bund Salbei zupfen. Alles zusammen mit der Butter im Ofen 30 Minuten braten, salzen und pfeffern. Mit einem großen Schuss Bier ablöschen, 20 Minuten fertig schmoren, dabei nach und nach das restliche Bier zugeben.

Joghurt, Crème fraîche und Meerrettich verrühren. Den Schnittlauch schneiden und untermischen. Die Creme mit Salz und Pfeffer abschmecken und zum Gemüse servieren.

Als Schmorgemüse zu einem Kalbs- oder Schweinsbraten ergibt die Mischung eine umwerfende Sauce. Dafür zuerst das Fleisch im Ofen von allen Seiten langsam anbraten, dann das Gemüse zugeben und wie im Rezept beschrieben garen. 1 Prise Kümmel, Kreuzkümmel oder Fenchelsamen rundet den Geschmack ab.

Butter

Butter ist die Crème de la Crème, die fette Essenz der Milch. Butter steht für Reinheit, Reichtum und Energie. Gute Buttermädchen sind stark und schnell, mit kühler Hand kneten sie die fertige Masse, bevor sie in ihren Händen schmilzt – schreibt Margaret Visser in »Mahlzeit!«, ihrem empfehlenswerten Buch über kulturelle Bedeutungen eines nordamerikanischen Abendessens.

Zu Zeiten der Buttermädchen schwankte die Qualität stark mit dem Futter der Kühe, der Lufttemperatur und sogar dem Rhythmus des Butterstößers. Aromatische Butter aus Sauerrahm war die Regel, milde Süßrahmbutter aus frischer Sahne musste stark gesalzen werden, um sie haltbar zu machen. Salz dient heute nur noch als Gewürz, die Back- und Kocheigenschaften von beiden Butterarten unterscheiden sich kaum mehr.

Noch vor wenigen Jahren war Winterbutter durch das Heu im Winter besonders fest – Milchfett, das die Kuh aus jungen Sommergräsern produziert, enthält Fettsäuren mit niedrigem Schmelzpunkt. Butter aus Sommermilch ist also weicher. Trotzdem war Butter aus dem Kühlschrank selbst im Sommer noch zu hart, um sie direkt auf ein Brot zu schmieren. Im dritten Jahrtausend ist die Masse immer streichfähig, obwohl unsere Kühlschränke sogar noch kälter geworden sind. Das hat zum einen damit zu tun, dass Kühe heute nur noch selten Heu bekommen. Im Winter fressen sie Silage – Grünfutter, das ähnlich wie Sauerkraut durch Milchsäuregärung konserviert wird und jungem Gras mehr ähnelt als den verholzten Halmen, die zu Heu getrocknet werden. Manche Edel-Käser behaupten, dass Silage-Fütterung die Milch beeinträchtige, ich persönlich habe aber noch nie Sauerkrautgeschmack im Butterbrot bemerkt.

Der zweite Grund liegt in der Butterstruktur. Im Kuheuter sitzen Zellen, die kleine Fetttröpfchen produzieren. Jedes Tröpfchen nimmt ein Stück Zellmembran mit, wenn es die Zelle verlässt, und wird von dieser Membran umhüllt und geschützt. Beim Buttern werden manche Fetttröpfchen zerschlagen, freies Fett und Emulgatoren aus der Membran legen sich um intakte Tröpfchen und um winzige Luft- und Wasserbläschen. Während die fertige Butter abkühlt, bilden sich zusätzlich Fettkristalle. Diese Kristalle härten die Butter, ihre Größe und Menge können Molkereien inzwischen aber sehr gut über den Temperaturverlauf während des Butterns steuern.

Auch in der Osterbäckerei spielt Butter eine große Rolle: Für ein Lamm aus Rührteig als friedliches Osteropfer finden Sie mein Rezept weiter unten. Für einen geflochtenen Osterkranz eignet sich das Rezept fürs Neujahrsbrot auf S. 177.

Hans Haas' weltbeste Grießknödel

• **Dessert**
1/2 l Milch, 120 g Butter,
60 g Zucker, 1 Pckg. Vanillezucker,
Salz, 150 g Hartweizengrieß,
1 TL geriebene Zitronenschale,
2 Eier (M)

Milch und 120 g Butter mit Zucker, Vanillezucker und 1 Prise Salz aufkochen. Den Hartweizengrieß einrühren. Die Hitze reduzieren und unter Rühren »abbrennen«, bis sich die Masse vom Topfboden löst. Vom Herd nehmen, in eine Schüssel umfüllen.

Die Zitronenschale zugeben und nacheinander die beiden Eier unterrühren, bis die Masse bindet. Im Kühlschrank abkühlen. Einen großen Topf mit leicht gesalzenem Wasser aufkochen, mit feuchten Händen 12 Knödel formen, bei schwacher Hitze 10 Minuten kochen.

Mit in Butter gerösteten Semmelbröseln, Zimt und Zucker bestreuen und mit frischen Früchten oder Fruchtkompott servieren.

Gebackene Osterlämmer

- **Für 2 Lämmer**

200 g Butter und Butter für die Formen, 200 g Zucker, 4 Eier, 2 cl Rum, 100 g Mehl, 50 g gemahlene Mandeln, 75 g Stärke, 1 TL Backpulver, Zitronenschale, Vanillemark, Salz, außerdem: 2 Backformen für Osterlämmer (die Teigmenge reicht für zwei »Mutterschafe«, also die Standardgröße für Osterlamm-Backformen, es gibt aber auch kleinere und größere Formen, dann muss man die Mengen und Backzeiten eventuell anpassen), Puderzucker zum Bestreuen und evtl. traditionelle, weiße Fähnchen aus Papier mit einem roten Kreuzsymbol aus dem Haushaltswarenhandel

Alle Zutaten sollen Zimmertemperatur haben, nehmen Sie Butter und Eier einige Stunden, bevor Sie mit dem Backen beginnen aus dem Kühlschrank.

Den Backofen auf 200 Grad (keine Umluft) vorheizen, die Backformen mit Butter ausstreichen. Mit einem Rührgerät 200 g Butter und 150 g Zucker weiß-schaumig schlagen – das dauert fast 10 Minuten. Die Eier trennen, Eigelb und Rum nach und nach unter die Buttercreme rühren, Eiweiß mit dem restlichen Zucker steif schlagen. Mehl, geriebene Mandeln, Stärke und Backpulver mischen und auf die Butter sieben, je eine Prise geriebene Zitronenschale, Vanillemark und Salz zugeben. Das Mehl kurz unterrühren, den Eischnee behutsam unter den Teig ziehen.

Den Rührteig löffelweise bis ca. 2 cm unter dem Rand in die Formen füllen und auf der zweituntersten Schiene im Ofen ca. 45 Minuten backen.

Die Lämmer aus dem Ofen nehmen, 10 Minuten in der Form abkühlen, dann die Formen umdrehen und öffnen. Osterlämmer vollständig auskühlen lassen, mit Puderzucker bestreuen und mit Fähnchen dekorieren.

»Schwarze Schafe«:

Für ein schwarzes Schaf 20 g Kakaopulver mit 6 EL Milch verquirlen und unter eine Hälfte des Teiges rühren. Das fertige Schaf mit Kakaopulver und wenig Puderzucker bestreuen.

Champignons

Ludwig XIV. war einer der ersten Gourmets, die in den Genuss von gezüchteten Champignons kamen. Jean-Baptiste de la Quintinie, Vater der Gemüsegärten in Versailles, Stargärtner und ehemaliger Advokat, hat die Champignonzucht Ende des 17. Jahrhunderts erfunden. Seine ersten Pilze wuchsen auf einem Haufen Pferdemist für die königlichen Melonen, zufällig. In den folgenden 100 Jahren bauten Bauern die Pilze wie jedes andere Gemüse im Freien an. Geerntet wurde nur im Winter, denn wenn es zu warm wurde, verschimmelten die Kulturen.

Um 1810 machte vermutlich ein frustrierter Bauer die zweite große Entdeckung: Er kippte eine Ladung scheinbar missglückter Champignonkulturen in einen aufgelassenen Tunnel in einem der vielen Steinbrüche, die seit der Römerzeit dazu dienten, Paris mit Baumaterial zu versorgen. Er war der Erste, der kurz darauf mitten im Sommer »Champignons de Paris« erntete und damit einen Boom auslöste. Erst als die Métro kam, zogen sich die *champignonnistes* zurück in Tuffsteinhöhlen, die für den Bau der Loire-Schlösser gegraben worden waren.

In Saumur liegt heute noch das Zentrum des französischen Champignonanbaus, nicht zuletzt weil die französische Staatsreitschule Cadre Noir hier reichlich Pferdemist liefert. Halb verrottet und dabei durch Milchsäurebakterien von unerwünschten Mikroorganismen befreit, bildet er zusammen mit Weizenstroh noch heute die Grundlage der Champignonzucht. Franz Schmaus, Vorsitzender des Bundes deutscher Champignonzüchter, erklärt, worauf es in der Küche ankommt:

Braune und weiße Champignons sind zwei Sorten derselben Art, so wie Cox Orange oder Elstar bei den Äpfeln – die braunen wurden vor etwa 30 Jahren in Kultur genommen. Da die braunen ihrer Wildform noch mehr ähneln, enthalten sie weniger Wasser, dafür mehr Aroma als die weißen. Viele Verbraucher lieben knackige, kleine, weiße Knopfchampignons, deren Hüte völlig geschlossen sind, besonders gut schmecken sie roh in dünnen Scheibchen auf dem Salat. Doch ausgewachsene, geöffnete Pilze – wir nennen sie »aufgeschirmt«, sind aromatischer: Weiße Riesenchampignons oder große, braune »Portobello«-Champignons schmecken gegrillt oder mit Kräutern, Knoblauch und ein paar Tropfen Olivenöl in Folie gebacken.

Pilze sind empfindlich, der Weg ins Supermarktregal sollte kurz sein. Sie können sorgfältig gekühlte Pilzgerichte aber genauso wie andere eiweißhaltige Lebensmittel problemlos aufwärmen. Pilze dürfen Sie nicht waschen, sonst saugen sie sich voll – in Bayern heißen Pilze Schwammerl.

Champignon-Pies

- **Brotzeit**

100 g kalte Butter, 200 g Mehl, Salz,
1 Knoblauchzehe, 400 g Champignons, Pfeffer, 5 EL Crème fraîche, 1 Bund Schnittlauch, 12 Blätter Melisse,
außerdem: 8 Muffin- oder 4 Tortelettformen (Durchmesser ca. 10 cm)

80 g Butter würfeln, mit 200 g Mehl, 1 Prise Salz und 5 EL Wasser verkrümeln. Zu einem Teig kneten, 30 Minuten

ruhen lassen. Den Backofen auf 180 Grad Umluft vorheizen.

Die Knoblauchzehe schälen und hacken. Champignons in Scheiben schneiden, mit Knoblauch, 1 EL Butter, Salz und Pfeffer 5 Minuten dünsten. Crème fraîche zugeben, cremig einkochen.

Muffin- oder Tortelettformen buttern, den Teig ausrollen, die Formen damit auslegen. Restlichen Teig ausrollen, rund ausstechen. 1 Bund Schnittlauch und 12 Blätter Melisse schneiden, mit den Pilzen auf dem Teig verteilen, die Teigränder befeuchten. Deckel auflegen, die Ränder mit einer Gabel andrücken und auf der zweituntersten Schiene 30 Minuten backen.

Lauwarm oder kalt servieren. Mit einem großen Salat wird daraus ein Hauptgericht.

Spangenbergs Weinempfehlung

2006 Grauburgunder QbA trocken, Markus Schneider, Pfalz

»Als bodenständiger und aromatischer Grauburgunder akzentuiert der Wein mit seinen erdig-würzigen und frischfruchtigen Aromen diese Speise.«

Chufanuss

Chufanüsse, auch Erdmandeln oder Tiger Nuts genannt, gibt es im Bioladen. Meine Frau Susanna streut jeden Morgen Chufaflocken über ihr Frühstück. Sie ist in ihrer Ernährung eher pragmatisch, es muss also physiologische Gründe für die teuren Flocken geben.

Chufa ist der spanische Name der Erdmandel. Die Bezeichnung wird auch im Deutschen gebraucht, vermutlich weil Spanien eines der wenigen Länder ist, in denen Chufanüsse angebaut und auch in der Küche verwendet werden. Die wasserliebende Pflanze aus der Gattung der Zyperngräser ist mit dem ägyptischen Papyrus verwandt. Sie kann zum äußerst gefährlichen Unkraut werden, wenn sie mit Blumenzwiebeln aus dem Mittelmeerraum eingeschleppt wird und einheimische Äcker überwuchert – in Holland gibt es staatliche Bekämpfungsprogramme dagegen.

In der Küche geht von Chufanüssen keine Gefahr aus: Sie sind ballaststoffreich und schmecken gut, ein wenig nach gesüßten Mandeln. Ballaststoffe sind eine Gruppe von Faser- und Quellstoffen, die dem Körper keine Energie geben, aber trotzdem eine wichtige Rolle im Stoffwechsel spielen. In verschiedenen Nahrungsmittelgruppen kommen ganz unterschiedliche Ballaststoffe vor. In Obst etwa stecken Pektine – lösliche Ballaststoffe, die im Körper Wasser binden. Ballaststoffe aus vielen Hülsenfrüchten werden im Dickdarm teilweise von Bakterien abgebaut, was zu den bekannten unangenehmen Nebenwirkungen führen kann (Ausnahme: Soja). Ballaststoffe aus Erdmandeln wirken überwiegend als unlöslicher, sättigender Füllstoff. Praktisch alle Verdauungsfunktionen können wir durch Wasser und Ballaststoffe stärken. Aber obwohl ein paar Scheiben Vollkornbrot, etwas Obst und ab und zu eine Nuss oder ein Linsengericht unseren Bedarf decken würden, essen die meisten von uns zu wenig Ballaststoffe. Produkte wie Weizenkleie gleichen den Mangel aus, aber es ist kein Zufall, dass Kleie normalerweise ins Viehfutter wandert – wir essen ja auch kein Heu.

Um den leichten und trotzdem sättigenden Effekt eines ballaststoffreichen Frühstücks zu verstärken, könnten Sie versuchen, Ihren Insulinspiegel zusätzlich vor Schwankungen zu bewahren. Das heißt: Zuckern Sie Kaffee oder Müsli nur wenig, denn Zucker geht zu schnell ins Blut. Zucker aus Früchten oder Chufas nehmen wir viel langsamer und gleichmäßiger auf, der nächste Hunger kommt später. Zusatztrick: Kombinieren Sie Ihr Frühstück mit einem eiweißhaltigen Lebensmittel, das verlangsamt die Nährstoffaufnahme.

Susannas Apfel

- **Gesundes Frühstück**

1 großer oder 2 kleine Äpfel,
3–4 EL Joghurt, 1 EL Weizenkeime,
2 EL Chufaflocken (= Erdmandelflocken),
evtl. 1 TL Ahornsirup oder Honig

Fürs Frühstück die Äpfel waschen, vierteln, entkernen und in Scheiben schneiden. Mit Joghurt, Weizenkeimen und Chufaflocken mischen. Je nach Tagesform zusätzlich mit 1 TL Ahornsirup oder Honig süßen.

Paradiesisch

Wenn Sie bis zum Sommer – unterstützt durch Susannas Apfel-Frühstück – Ihre Bikinifigur perfektioniert haben und sich dann an spanischen Stränden in der Sonne aalen, trinken Sie dort doch einmal eine erfrischende Erdmandelmilch.

Hans-Ronald N. schrieb mir: »Ich kenne Chufas aus Spanien, wo vor 20 Jahren noch ein sehr leckeres Erfrischungsgetränk verbreitet war: Horchata de Chufa. Kalt und mit milchartiger Konsistenz, im Geschmack irgendwo zwischen Kokosmilch und Marzipaneis. Man bekam es im offenen Straßenverkauf in Horchaterias, und ich bin mit meinen Eltern manchmal in den Ort gefahren – nur um eine Horchata trinken zu können.«

Couscous

»Eines Tages lag eine schwere Hungersnot über dem Land, in dem die Berber lebten. Die Engel im Himmel sahen zu, wie die Menschen verhungerten, und vor lauter Mitgefühl fingen sie an zu weinen. Als ihre Tränen auf die Erde fielen, wurden daraus kleine Getreidekörner – so kam der Couscous in die Welt.«

Diese kleine Geschichte ist verwandt mit der biblischen Legende vom Manna in der Wüste. Erzählt hat sie mir der algerische Schriftsteller Hamid Skif. Die Zensur in seiner Heimat trieb ihn nach Hamburg. Für seinen aufregenden Briefroman »Sehr geehrter Herr Präsident!« bekam Skif den »Literatur im Exil«-Preis der Stadt Heidelberg. Abends kocht er gern, auch Couscous: »Instant-Couscous ist ein Albtraum! Der Grieß muss langsam im heißen Dampf quellen, sonst wird er nicht locker und entfaltet keinerlei Geschmack!«

Couscous ist grober Hartweizengrieß, der mit Salzwasser gemischt und so lange gerieben wird, bis die einzelnen Körnchen annähernd rund sind – dadurch bekommt er seine besondere Struktur. Anschließend wird der Grieß sofort gedämpft oder – für den Handel – getrocknet. Früher gehörte dies zu den täglichen Aufgaben der Frauen, noch heute bildet die gemeinsame traditionelle Zubereitung von Couscous ein Ritual zum Hochzeitsfest.

Dafür mischt man getrockneten Couscous mit der gleichen Menge lauwarmen Wassers und einer Prise Salz. Einige Minuten quellen lassen. Dann über einem Topf mit kochendem Wasser garen, in der Couscoussière oder in einem Dämpfeinsatz:

dazu den Einsatz mit einem Tuch auslegen, das Getreide einfüllen und 20 Minuten dämpfen. In einer großen, flachen Schüssel mit ein paar Löffeln zerlassener Butter und etwas lauwarmem Wasser mischen. Mit den Händen schonend lockern – schonend für den Grieß, nicht für die Hände –, eine Gabel tut es auch. Anschließend noch einmal genauso lang dämpfen, auflockern und mit einer passenden Sauce servieren.

Dazu Skif: »In Tunesien wird Couscous im Dampf der Sauce gegart. In Algerien dämpfen wir den Couscous über kochendem Wasser. So bleibt der Grieß neutral. Sie können zum Beispiel ein wenig Couscous aufbewahren und mit einem Milchkaffee zum Frühstück essen.« Normalerweise gibt es dazu Ragouts mit Lamm, Fisch oder geschmortem Gemüse, kräftig abgeschmeckt mit Kreuzkümmel, Fenchel oder Koriander. Aber wenn die Sauce schön würzig ist, muss sie nicht unbedingt aus Afrika sein.

Esterházy-Gulyás mit Couscous

- **Hauptgang, auch für größere Feste geeignet**

300 g Couscous, 1 kg Rinderschulter, je 200 g Zwiebeln, Karotten, Petersilienwurzeln und Knollensellerie, 4 EL Schmalz, 4 Knoblauchzehen, 6 Thymianzweige, 1 Lorbeerblatt, 1 Stück Bio-Zitronenschale, 2 EL Paprikapulver, 2 EL Kapern, 150 g Sauerrahm, 1 Bund Petersilie

Couscous wie oben beschrieben zubereiten. Rinderschulter in 3–4 cm große, 1 cm dicke Scheiben schneiden. Zwiebeln, Karotten, Petersilienwurzeln und Knollensellerie schälen, dünn schneiden. Zwiebeln im Schmalz goldgelb schwitzen, das Gemüse zugeben und 5 Minuten dünsten. Den Knoblauch schälen und hacken und mit Rindfleisch sowie Thymian, Lorbeerblatt, Zitronenschale und Paprikapulver zugeben. Salzen, mit wenig Wasser ablöschen. Zugedeckt 2–3 Stunden dünsten, ab und zu kleine Mengen Wasser dazugeben.

Zum Schluss die Petersilie zupfen und grob hacken, 2 EL Kapern unter das Gulyás rühren, abschmecken und mit einem Schüsselchen Sauerrahm, gehackter Petersilie und Couscous servieren.

Gulyás, Pörkölt und Paprikas

Das Rezept entwickelte ich aus dem österreichischen Esterházy-Gulyás für eine Lesung von Peter Esterházy, dem ungarischen Schriftsteller und Spross der Adelsfamilie, die der Garnitur »Esterházy« ihren Namen gab:

In der klassischen europäischen Küche gaben die Namen der Garnituren an, wie eine Hauptzutat zubereitet wurde, für Profis brauchte es kein zusätzliches Rezept. »Müllerin« bedeutet zum Beispiel, dass ein ganzer Fisch gemehlt, in Butter gebraten mit gehackter Petersilie bestreut und mit brauner Butter übergossen wird. Die Garnitur gilt nicht nur für Forellen, für die wir die Bezeichnung heute noch verwenden, sondern auch für Seezungen oder andere Fische. Esterházy-Fleischgerichte wie der geschmorte Rostbraten Esterházy zeichnen sich durch eine Beilage aus feiner gedünsteter Wurzelgemüse-Julienne, also Wurzelgemüsestreifen, mit Sauerrahm und Kapern aus.

Dem Dichter mundete das Essen, er wies mich aber darauf hin, dass *Gulyás* in Ungarn einen Rinderhirten oder aber eine Suppe bezeichnet, während das, was wir Gulasch nennen in Ungarn *Pörkölt* heißt (oder *Paprikas* wenn Sahne drin ist). Und da seine Familie ungarischer Herkunft sei, müsste ich das Gericht anders nennen. Er hat natürlich recht, allein – das Esterházy-Gulyás ist eine gebräuchliche Variation des Wiener Saftgulyás, das archetypische österreichische Rindergulasch. Auf dem Weg von den ungarischen Steppen in die k.u.k-Hauptstadt änderten sich Rezept und Wortbedeutung – der ursprüngliche Zusammenhang ging verloren.

Cocktails

Hummer Thermidor, Tournedos Rossini oder Consommé Dubarry – die standardisierte französische Küche des europäischen Großbürgertums verschwand, als der Besuch von Restaurants für breite Bevölkerungsschichten bezahlbar wurde. Das elitäre Wissen um den komplizierten Code der Speisekarten verlor seine abgrenzende Funktion. Bocuse und seine Mitstreiter schufen eine neue Küche und – vor allem – den individuellen Kochkünstler. Heute ist er ein Popstar am Herd. Aber warum gab es nie eine ähnliche Entwicklung in den Cocktailbars?

Die Kultur der amerikanischen Bar erblühte in den privat geführten Grandhotels des frühen 20. Jahrhunderts. Die Hotelbar war von Anfang an eine anonyme, für regelmäßige Gäste gleichzeitig intime Hülle. Ein exklusiver Ort auf einer Insel am Rande der Wirklichkeit. Der Cocktail aus Spirituosen von vorhersehbarer Qualität ist ein weltweit abrufbarer Ritualbegleiter.

In den achtziger Jahren machte Tom Cruise im Film »Cocktail« die Bar zum Zirkus, im richtigen Leben wurden »American Bars« zum Massenphänomen. Aber den Versuchen, die Bar vom Hotel zu lösen, fehlte etwas: die Aura unbehauster Reisender, die wissen um den richtigen Drink für den richtigen Augenblick. In der gleichen Zeit verloren viele berühmte Bars ehemals privater Grandhotels ihren Charakter in großen Hotelketten.

Zeit für die Revolution? Popstars hinter den Tresen? – Nein, denn anders als im Restaurant hängt die Kultur der Bar fast ausschließlich von ihren Nutzern ab. Im Restaurant geht es heute um individuelle Interpretation, dabei werden die Rezepte der Kochkünstler oft sehr komplex. In der Bar hingegen kann auch der beste Barchef keinen umfassend neuen Stil schaffen, denn gute Cocktails beruhen auf Reduktion und Standardisierung. Wenn es also keine ernsthaften Trinker mehr gibt – dann gibt es auch keine Bar mehr.

Wenn Sie helfen wollen, den Mythos »Bar« neu zu beleben, dann rühren und schütteln Sie sich durch Manhattan und Champagner-Cocktail, denken Sie auch an James Bonds Wodka Martini, Marlowes Gimlet und an Hemingways Daiquiri. Das alles schmeckt ein bisschen nach alten Schwarz-Weiß-Filmen – stören Sie sich nicht daran. Der Erfolg moderner Mischungen wie Caipirinha oder Erdbeer-Limes ist auf den Sandstränden des Werbefernsehens gebaut.

Tokyo Martini

Trotzdem können wir auch heute noch große neue Cocktails erfinden – dazu ist zuerst eine gewisse Nonchalance im Umgang mit Getränken verschiedenster Herkunft nötig. Damit der neue Drink sich dann auch durchsetzt, braucht es aber vor allem große Trinker. Im weltweiten Netz fanden wir den Tokyo Martini:

Tokyo Martini

- **Für 1 Glas**

6 cl Wodka, 2 cl Noilly Prat, 1–2 Spritzer Green Tea Bitter (den können Sie selbst ansetzen: 1 EL grüne Teeblätter mit 100 ml Wodka übergießen, 1 Tag ziehen lassen, abseihen, in einer kleinen Flasche aufbewahren), 1 lange, schmale Scheibe Ingwerwurzel, Glas: Cocktailschale

Wodka mit Noilly Prat und einigen sehr kalten Eiswürfeln in einen Mixbecher geben, dazu 1–2 Spritzer Green Tea Bitter. Kräftig schütteln und in die gekühlte Cocktailschale abgießen, mit der Ingwerscheibe servieren.

Weltruhm

Zu dieser Kolumne bekam ich einige schöne Briefe: »Der Tokyo Martini folgt einem bewährten Prinzip (Spirituosen + Bitters), das seinen Ursprung im Drink ›Martinez‹ hat (mit Orange Bitters). Ich würde allerdings keine Anleihen bei James Bond nehmen, das Schütteln erscheint mir doch ein bisschen brutal, außerdem verwässert der Drink dabei – das Schönste an einem Martini aber sind die ›Tears‹, die Tropfen und Schlieren, die sich am Glasrand zeigen, wenn Sie die Flüssigkeit nach kurzem intensivem Rühren eissplitterfrei und unheimlich viskos in ein gekühltes Glas gießen.« Das schrieb Helmut Adam, Chef der »Salz-Bar« in Berlin – gemeinsam mit seinem Partner Jens Hasenbein wurde er vom Restaurantführer »Gault Millau« zum besten Barkeeper 2005 gewählt.

Ana Marcia P.-G. aus München war freundlich entsetzt: »Als Brasilianerin kann ich auf keinen Fall durchgehen lassen, dass Sie die Caipirinha als moderne Mischung in einem Atemzug mit dem Erdbeer-Limes nennen. Denn modern ist bei der Caipirinha nichts. Übersetzt heißt es so etwas wie kleiner Bauer oder Hinterländler. An den Zutaten merkt man das schon, Cachaca ist der billigste Alkohol, den man in Brasilien bekommen kann. Limetten wachsen im Hof. Rohrzucker war eines der ersten Exportprodukte des Landes. Übrigens wird in Brasilien in der Regel weißer Rohrzucker für die Caipirinha verwendet. Die obere Mittelklasse (Classe média alta) hat lange von der Caipirinha Abstand gehalten, das war für arme Leute. Man war mehr dem Import-Whisky zugeneigt als der gemeinen Cachaca. Mindestens eine Caipirowska (mit Wodka) musste es sein – das klingt kosmopolitischer. Umso mehr wunderte ich mich, als Anfang/Mitte der 90er die Caipirinha zum Modedrink in Deutschland avancierte – ein ehrliches, bescheidenes Getränk aus meiner Heimat. Einerseits kann man das der exotischen Komponente zurechnen. Andererseits schmeckt es einfach prima!«

Deutscher Spargel

Von Pörnbach bis Winsen an der Luhe prahlen deutsche Spargelbauern mit der besonderen Qualität ihrer weißen Stangen. Ist Deutschland als Spargelstandort wirklich einsame Weltspitze? Torsten Hartmann, Leiter der Spargelabteilung bei der Südwestdeutschen Saatzucht in Rastatt, erklärt, warum der deutsche Spargel so gut schmeckt:

In Deutschland bevorzugen wir helle, leicht süßliche Spargelsorten mit kräftigem Spargelaroma und nicht allzu vielen Bitterstoffen. Franzosen lieben auch etwas herbere Sorten, deren Köpfe ruhig schon etwas rosalila sein dürfen, durch einen Farbstoff, der im Spargel entsteht, sobald die Morgensonne ihn küsst. Amerikaner wollen den Spargel passend zur Cola, dort werden besonders süße Sorten angebaut.

Spargel wächst in Sandböden, aber auch in lehmigen Böden. Sandböden wärmen sich im Frühjahr schnell auf – die Ernte kann früh beginnen. Heute werden Spargelpflanzungen oft mit schwarzer Folie bedeckt, um den Boden aufzuheizen (siehe Seite 59: Fotokunst). Ist der Spargelpreis wegen zu großer Mengen auf dem Markt gerade niedrig, dann decken die Bauern ihre Böden mit weißer Folie ab, um dadurch das Wachstum der Stangen zu bremsen.

Vor allem aber wird Spargel auf sandigen Böden angebaut, weil die Stangen dort mit der Hand leicht auszugraben sind. Temperatur, Feuchtigkeit und die Zusammensetzung der Böden wirken sich auf Geschmack und Zartheit aus. Entscheidend sind aber zwei Dinge:

1. Die Sorten: Deutscher Spargel wird oft direkt vermarktet, Direktvermarkter pflanzen Ravel, Ramada oder den Schwetzinger Meisterschuss, Spargelsorten, die besonders gut schmecken – sonst kommen die Kunden nicht wieder. Ausländische Spargelproduzenten lernen ihre deutschen Kunden nie kennen, ihnen kommt es vor allem auf die Ertragsstärke der Spargelsorten an.

2. Frische und gute Lagerung: Kein deutscher Gemüsehändler befindet sich weit entfernt von einem Spargelanbaugebiet, daher findet das Gemüse in wenigen Stunden seinen Weg vom Feld in den Topf. Wenn nicht, dann können Sie Spargel mit einem feuchten Tuch umwickelt 2 bis 3 Tage im Kühlschrank aufbewahren. Katastrophal wirkt eine lange Reise von Spanien oder Griechenland bis in den Supermarkt.

Fairerweise sei erwähnt, dass die Kühlketten und damit die Qualität von Import-Spargel immer besser werden. Allerdings kommt es auch immer öfter vor, dass Spargel gestochen und bis zu 4 Wochen knapp über dem Gefrierpunkt gelagert wird, um niedrige Verkaufspreise in der Hauptsaison zu vermeiden. In künstlicher Atmosphäre mit wenig Sauerstoff und mehr Kohlendioxid hält der Spargel noch länger. So ein Lagerspargel kollabiert dann, sobald er wieder Frischluft atmet – im Laden oder spätestens auf dem Weg nach Hause.

Holländische Sauce, Schinken und Schnitzel dominieren die deutsche Spargelküche, hier mein neuer Vorschlag für Ihr Repertoire:

Spargel mit Salzzitronen-Fenchel-Sauce

- **Edles Gemüsegericht**

1,5–2 kg Spargel, Salz, Zucker, 6 EL Olivenöl, 1/8 Salzzitrone (aus dem Orientladen, nach dem Rezept unten oder durch 1 TL geriebene Zitronenschale ersetzen), 5 Sardellenfilets, 3 Datteln oder getrocknete Aprikosen, 1/2 Fenchelknolle, 3–4 TL Zitronensaft, Pfeffer, 4 EL Pinienkerne

Den Spargel schälen. In einem großen Topf Wasser aufkochen, gut salzen, mit Zucker leicht süß abschmecken. 1 TL Olivenöl zugeben, Spargel 10–12 Minuten fast weich kochen. Um den idealen Garpunkt festzustellen, ein Stück abschneiden und probieren!

Für die Sauce Salzzitrone, Sardellenfilets und Datteln hacken, die Fenchelknolle fein würfeln. Mit Zitronensaft und etwas Salz und Pfeffer 15 Minuten marinieren. Inzwischen die Pinienkerne hellbraun rösten, hacken. Restliches Olivenöl in die Sauce geben. Abschmecken, mit dem heißen Spargel servieren, dazu passen Polenta oder Kartoffeln.

Marrokanische Salzzitronen

- **Aromazutat**

1 EL schwarze Pfefferkörner, 12 mittelgroße Bio-Zitronen, 200 g Meersalz, 8 frische Lorbeerblätter, 4–6 EL Olivenöl

Die Pfefferkörner im Mörser oder mit dem Boden eines kleinen Kochtopfes quetschen. 8 Zitronen waschen und vierteln. Abwechselnd mit Meersalz, Lorbeerblättern und Pfeffer in heiß ausgespülte Einmachgläser schichten – fest in das Glas drücken!

4 Zitronen auspressen, mit dem Saft die Gläser auffüllen und als luftdichten Abschluss etwas Olivenöl zugeben, die Zitronen müssen vollständig bedeckt sein. Zitronen mindestens 3–4 Wochen an einem kühlen, dunklen Ort durchziehen lassen, perfekt schmecken sie nach mehr als 6 Monaten.

Traditionell werden die Zitronen vor allem verwendet, um Schmorgerichte wie zum Beispiel Lammragout zu verfeinern – es gibt aber noch viele andere gute Anwendungen. Experimentieren Sie mit Gemüsesalaten, Ossobuco oder Polenta.

Fotokunst

Das für mich beeindruckendste Bild eines Spargelfelds fotografierte Andreas Gursky 2007 in Beelitz, einer Spargelgegend bei Potsdam. Auf seinem drei Meter hohen Werk sieht man die scheinbar unendlich wiederholten Bänder schwarz abgedeckter Spargelzeilen. Nur dort, wo polnische Erntehelfer gerade Spargel stechen, sind die schwarzen Folien vorübergehend zur Seite gefaltet. Das Bild war 2007 in der großen Gursky-Ausstellung im Haus der Kunst in München ausgestellt.

Deutsches Sattelschwein

Kinder malen Schweine rosa. Dabei sind die meisten Schweine nicht einfarbig, sondern bunt. Bis vor 200 Jahren lebten domestizierte Wildschweine auf europäischen Bauernhöfen. Erst um 1800 entstanden moderne Schweinerassen aus Kreuzungen chinesischer Schweine mit den heimischen Wildschweinen – noch heute sieht man an Ferkeln Reste der Frischlingsstreifen ihrer wilden Vorfahren. Selbst Tiere der Deutschen Landrasse, empfindliche Turboschweine, die viele unserer Ställe bevölkern, sind mehr weiß als schweinchenrosa. Schwäbisch-Hällische Landschweine werden wegen ihrer Färbung auch Mohrenköpfle genannt. Das Husumer Protestschwein trägt die rot-weiß-roten Nationalfarben der dänischen Minderheit. Die ungarische Wollsau, Mangalitza, gibt es in allen Farben – aber immer dicht behaart.

Als in den sechziger Jahren mageres Schweinefleisch populär wurde, konnten die Züchter der Deutschen Landrasse ihre Schweine am schnellsten in die gewünschte Richtung trimmen, alle anderen wurden in wenigen Jahren verdrängt. Das Deutsche Sattelschwein, gefährdete Nutztierrasse des Jahres 2006, ist ein gutes Beispiel: Nach 1945 züchteten wenige Bauern in der sowjetischen Besatzungszone Schwäbisch-Hällische und die verwandten Angler Sattelschweine. Um den Fortbestand der Rassen im geteilten Deutschland zu sichern, legte man die Bestände zusammen und nannte die Rasse Deutsches Sattelschwein. Als sich auch im Osten Magerschweine durchsetzten, überlebten die schwarz-weißen Schweine in zwei LPGs als Gen-Reserve für neue Züchtungen. Das Ende der DDR wäre beinahe auch das Ende der Sattelschweine gewesen, wenn nicht die Gesellschaft zur Erhaltung alter und gefährdeter Haustierrassen (www.g-e-h.de) mit einigen engagierten Züchtern die letzten 350 Schweine gekauft hätte. Heute gibt es wieder 34 Zuchtbetriebe, in Schleswig-Holstein und im Osten Deutschlands.

Warum der Aufwand für ein paar altmodische, fette Säue? Wegen der Vielfalt und weil das Fleisch der Sattelschweine besonders zart, saftig und aromatisch schmeckt – und zwar nach einem schweinemäßig angenehmen Leben auf der Weide. Der Zuchtverband formuliert es sehr schön: »Zuchtziel ist eine widerstandsfähige, langlebige, milchergiebige Sau von sehr großer Fruchtbarkeit und mit besten Muttereigenschaften ausgestattet. Sie soll frohwüchsig und großrahmig sein, ... eine hervorragende Fleischbeschaffenheit aufweisen und für alle Haltungsformen einschließlich Weidehaltung geeignet sein.«

Überall im deutschsprachigen Raum gibt es Bauern, die sich um fast vergessene Nutztiere kümmern, fragen Sie Ihren Metzger. Das Deutsche Sattelschwein würde sagen: »Iss mich, damit ich überlebe!«

Braten vom Edelschwein

- **Weihnachtsbraten**

1,5 kg Schweineschulter,
je 1/2 TL Kardamom,
Koriander und Pfeffer, 1 Fenchelknolle,
375 ml Dessertwein (z. B. Beerenauslese),
Salz, 250 g Schalotten

Die Schwarte des Bratenstückes mit einem Cutter oder Teppichmesser kreuzweise einschneiden. Kardamom, Koriander und Pfeffer im Mörser zerstoßen, die Fenchelknolle halbieren und in Scheiben schneiden. Fleisch, Gewürze und Gemüse mit dem Dessertwein mischen, über Nacht marinieren lassen.

Anderntags die Marinade in einem Bräter aufkochen, den aufsteigenden Schaum abschöpfen. Den Schweinebraten mit der Schwarte nach unten in den Bräter legen, bei minimaler Hitze 10 Minuten ziehen lassen. Schalotten schälen und halbieren. Das Fleisch umdrehen, salzen, dann die Schalotten zugeben.

Alles im Backofen bei 180 Grad ca. 90 Minuten garen, eventuell noch etwas Wasser zugeben. Mit frisch gestampftem Kartoffelpüree servieren.

Gut im Futter

Neben der Schweinerasse spielt die Haltung der Tiere eine mindestens ebenso große Rolle für die spätere Fleischqualität. Wann haben Sie zuletzt ein Schwein auf der Weide gesehen? In einem Eichenwald nahe dem fränkischen Iphofen leben die überwiegend Schwäbisch-Hällischen Landschweine der Eichelschwein GmbH. Mit mindestens 1000 Quadrameter Wald für jedes Schwein – die EU verlangt 0,8 Quadratmeter. Fleisch, Wurst und Schinken schmecken hervorragend, obwohl das Projekt »Hutwaldbeweidung mit Schweinen« erst 2003 gegründet wurde. Noch ein paar Jahre Erfahrung, dann wird der fränkische Eichelschinken genauso gut sein wie die berühmten spanischen Eichelschinken, Jamón Ibérico de Bellota oder Jamón de Pata Negra.

Dorsch

Wer hat Amerika entdeckt? Kolumbus war es nicht, Erikson vermutlich auch nicht. Baskische Fischer segelten vor Kolumbus jahrhundertelang jedes Frühjahr nach Amerika. Sie fingen den ganzen Sommer Dorsche vor Neufundland, trockneten sie auf dem nahe gelegenen Festland und fuhren im Herbst wieder zurück nach Europa. So schreibt Mark Kurlansky in seinem (leider vergriffenen) Buch »Kabeljau – Der Fisch, der die Welt veränderte«. Kabeljau und Dorsch bezeichnen denselben Fisch. »Kabeljau« stammt vom lateinischen »baculus« für Stock; »Dorsch« leitet sich von »torsk« ab – dem dänischen Wort für Kabeljau. In den kalten Ländern Nordeuropas wird Dorsch bis heute als »Stockfisch« getrocknet. In Südeuropa half die Sonne bei der Salzgewinnung aus dem Meer. Dadurch konnten die Fischer ihren Fang vor dem Trocknen einsalzen. Das Ergebnis schmeckt besonders gut und heißt dann »Klippfisch«.

Frischen Meeresfisch gab es früher nur in Küstennähe – bis die Tiefkühltruhe erfunden wurde. Seitdem sind grätenfreie Fischfilets zum Beispiel als Fischstäbchen oder »fish and chips« ständig überall verfügbar. Anfangs war es praktisch immer Dorsch, der zu Fischstäbchen verarbeitet wurde. Nach und nach ersetzte man den einst billigen Fisch: zuerst durch Seelachs, dann Seehecht und heute vor allem Alaska-Pollack. Da sich der Name des Produkts dabei nicht änderte, fiel lange gar nicht auf, wie sehr die große Nachfrage in Verbindung mit industrialisierter Fischerei den Dorsch gefährdet: In den vergangenen 15 Jahren brachen die Populationen in der Nordsee und vor der kanadischen Küste regelrecht zusammen. Starke Begrenzung der Fischerei ist die einzige Hoffnung, nicht nur für den Dorsch, sondern auch für sehr viele andere Fische. Vor Norwegen und im Nordatlantik haben sich die Bestände nach Fangverboten etwas erholt, in der Nordsee gibt es leider immer noch kein völliges Fangverbot.

Was können wir tun?

1. Die Herkunft der Fische muss beim Händler gekennzeichnet sein: Kaufen Sie Dorsch aus Gegenden mit gesunden Beständen. Das Marine Stewardship Council vergibt sein blaues Fischsymbol für Produkte aus nachhaltiger Fischerei. In Deutschland gibt es sogar Fischstäbchen mit dem Gütesiegel.

2. Seit kurzem kann man vereinzelt gezüchteten Dorsch aus Norwegen kaufen. Die Züchter wollen die Fehler vermeiden, die die Lachszucht zum Umweltproblem gemacht haben.

3. Alle Dorsch-Rezepte können Sie auch mit Schellfisch zubereiten, die beiden sind verwandt und schmecken ganz ähnlich. Schellfisch gibt es im Moment noch genug.

Gedämpfte Fischfilets

• Schneller Fischgang

200 g Zucchini,
4 Stücke Schellfisch- oder Dorschfilet à 150 g,
4 Kumquats, 5 Wacholderbeeren,
1/2–1 TL Pfeffer, 1 TL Korianderkörner,
1 TL Salz, 4 cm Ingwerwurzel,
1 Bund Koriander, 4 EL Olivenöl,
außerdem: ein großer Dämpfkorb

Die Zucchini in hauchdünne Scheiben schneiden und einen großen Dämpfkorb damit auslegen. Den Fisch darauflegen. Die Kumquats halbieren, entkernen, hacken und mit Wacholderbeeren, Pfeffer, Korianderkörnern und Salz im Mörser zerstoßen. Den Ingwer reiben, mit den Gewürzen mischen und auf dem Fisch verteilen. Etwa 10 Minuten dämpfen.

Die Blättchen von 1 Bund Koriander abzupfen. Das Olivenöl erhitzen. Fisch und Gemüse anrichten, das heiße Öl über den Filets verteilen – Vorsicht, das zischt! Mit Koriander bestreuen. Dazu passt Petersilienwurzel- oder Kartoffelpürée.

Spangenbergs Weinempfehlung

2006 Muskateller QbA trocken, Weingut Müller-Catoir, Pfalz

»Diese subtile Spezialität aus der Mittelhaardt ist in der Kombination von Wein und Speise oft spektakulär. Diese Bukettrebsorte vereint ätherischen Zitrusduft mit feinen exotischen Gewürzen und hält so auch aromatischen Fischgerichten stand.«

Ei

Erst wenn durchreisende Zugvögel das Land verlassen haben, dürfen unsere Hühner wieder hinaus auf die Wiese – und werden dort nach jahrzehntealten strengen Regeln überwacht. Regeln, die vor Geflügelpest oder Vogelgrippe schützen. Aber: Seit der Vogelgrippe-Welle im Jahr 2005 kommen während des Vogelzugs auch Freiland- oder Öko-Eier de facto aus Bodenhaltung im Stall, und im Stall ist es eng: Tiere, die mindestens 4 Quadratmeter Auslauf gewohnt waren, müssen sich plötzlich ein Viertel der Fläche mit sieben anderen Hennen teilen. Bei Ställen nach der neuen Legehennen-Verordnung sind es sogar neun Tiere; wenigstens die Batteriehaltung von 18 Hennen pro Quadratmeter wird bis 2011 abgeschafft. Falls die Diskussion über Schutzmaßnahmen dazu führt, dass Hühner zweimal im Jahr für mehrere Monate in den Stall müssen, wird es bald keine Freilandeier mehr geben.

Das Ei ist ein hochwertiges Nahrungsmittel. Unser Stoffwechsel kann Hühnerei-Proteine fast vollständig zu Körpereiweiß umbauen. Eier enthalten fast alle Vitamine, und sogar der Cholesteringehalt ist für gesunde Menschen kein Problem, denn der Körper regelt seinen Cholesterinspiegel weitgehend selber. Zusätzlich zu Wohlgeschmack und Nährstoffgehalt hat das Ei vor allem technische Bedeutung.

Erstens: Eigelb stabilisiert emulgierte Saucen wie Mayonnaise oder Hollandaise. Während Sie die Fetttröpfchen in der Sauce mit dem Schneebesen immer weiter zerkleinern, legen sich Lezithin und andere Emulgatoren in einer hauchdünnen Schicht um jeden einzelnen Tropfen. So können Butter oder Öl nicht mehr zu einem großen Fettauge zusammenlaufen.

Zweitens: In Käsekuchen, Vanillesauce oder Ofenschlupfer bilden ursprünglich separate Eiweißmoleküle ein dreidimensionales Netz, in das viel Wasser eingelagert wird. Wenn das Eiweiß zu heiß wird, verknüpfen sich die Eiweißmoleküle so stark, dass kein Platz mehr für Flüssigkeit ist und die Masse gerinnt. Also: Saucen nicht zu stark erhitzen, den Kuchen nicht zu lange backen.

Drittens: Geschlagenes Eiweiß lockert Kuchen und Soufflees. Mechanische Gewalt und Luftkontakt lassen das Eiweiß teilweise gerinnen, so dass es relativ stabile Hüllen um die kleinen Luftbläschen im Eischnee bildet. Einige Tropfen Zitronensaft helfen dabei. Ein spezielles Protein (Ovalbumin) bildet erst im Ofen eine feste Struktur, die sogar erhalten bleibt, wenn das Wasser aus dem Eischnee verdunstet und die heiße Luft teilweise entweicht.

Schmarren mit Erdbeeren

- **Dessert**

400 g Erdbeeren (oder Kirschen), 3 Eier,
100 g Quark (20 %), 3 EL Milch, 75 g Mehl,
1 Päckchen Vanillezucker,
1 TL geriebene Zitronenschale, Salz,
5 EL Zucker, 2 EL Butter, 1 Msp. Zimt

Erdbeeren waschen, würfeln (Kirschen nur entsteinen). Den Backofen auf 180 Grad (Umluft) vorheizen. Eigelb mit Quark, Milch,

Mehl, Vanillezucker, Zitronenschale und 1 Prise Salz verrühren. Eiweiß mit 3 EL Zucker steif schlagen, unter die Topfenmasse ziehen. Eine beschichtete Pfanne mit 1 EL Butter erhitzen, den Teig hineingießen, kurz anbacken und im Ofen 10 Minuten garen.

Den Schmarren mit zwei Gabeln in große Stücke reißen, wenden. Restliche Butter in kleinen Flöckchen zugeben, 3–4 Minuten fertig backen.

1 Msp. Zimt und 2 EL Zucker über den Schmarren streuen, mischen, der Zucker darf dabei ruhig schmelzen. Die Erdbeeren zugeben, durchschwenken und servieren.

Frage des Küchenalltags

Warum schlagen wir Sauce Hollandaise über einem kochenden Wasserbad?

A – Weil wir gerne warm essen.
B – Weil kalte Butter so hart ist.
C – Weil Eigelbmoleküle Butter binden, während sie allmählich gerinnen.
D – Weil es in der Küche immer irgendwo blubbert.

Antwort: S. 328.

Erdbeeren

Reife Erdbeeren sind noch empfindlicher als Spargel, deshalb gilt verschärft: idealer Erntezeitpunkt, kurze Transportwege, die richtige Sorte! Essen Sie deutsche Erdbeeren, während der Saison, am besten direkt vom Feld. Die holländische Erdbeersorte Elsanta erreicht nahezu 75 Prozent Marktanteil – was ich auch dann verdammen würde, wenn Elsanta die beste aller Erdbeeren wäre und nicht nur die Sorte, die sich am besten transportieren lässt. Hans-Jürgen Koch, ehemaliger Gemüsehändler auf dem Münchner Viktualienmarkt, meint: »Es gibt ja kaum mehr andere … Wenn Elsanta optimal geerntet wird, schmeckt sie schon gut, wenn man zu früh hineinbeißt, erinnert diese Beere an eine rohe Kartoffel.«

Schlimmer noch sind neue »Very long shelf life«-Sorten, die in Spanien oder Marokko angebaut werden, etwa Camarosa oder Camino Real. Für wahres Geschmackserlebnis müssen Sie Ihren Händler nerven, bis er besondere Lieferanten sucht. Oder Sie bauen eigene Erdbeeren an: In den Schrebergärten der ehemaligen DDR hat »Mieze Schindler« überlebt. Die hoch aromatische Sorte wurde 1935 in Dresden gezüchtet und nach der Frau des Züchters benannt. Seit einiger Zeit ist die Mieze für den Anbau im Hausgarten wieder im Handel.

In der Küche vertragen unsere kleinen roten Freunde, meiner Meinung nach, kaum Kreativität. Mit Erdbeeren und Sahne liegen Sie ganz gut, pürieren Sie dafür ein Drittel der Erdbeeren mit wenig Minze und Zucker. Mein Liebling ist das Sorbet: Erdbeeren mit Puderzucker pürieren, mit Zitronensaft und Aprikosengeist abschmecken, in einer Eismaschine cremig gefrieren und am selben Tag schlecken.

Für einen kleinen Erdbeerkuchen hier ein einfaches, wunderbares, angelsächsisches Rezept:

Strawberry-Shortcake

- **Dessert für 4–6 Personen**

250 g Mehl, 80 g Zucker,
1 TL Backpulver, Salz,
100 g Butter, 2 Eigelb,
4 EL Buttermilch,
250 g Erdbeeren, Puderzucker

Backofen auf 200 Grad vorheizen. Mehl mit Zucker, Backpulver und 1 Prise Salz mischen. Mit 80 g Butter verkrümeln. Eigelbe mit der Buttermilch verquirlen und mit den trockenen Zutaten schnell zu einer Kugel kneten. Zu einem 16 cm großen Fladen formen und auf einem Blech mit Backpapier auf der zweituntersten Schiene 15–20 Minuten goldbraun backen.

Den warmen Boden halbieren, mit der restlichen Butter bestreichen. 250 g Erdbeeren in Scheiben schneiden, leicht zuckern und auf dem unteren Boden verteilen. Den zweiten Boden auflegen, leicht andrücken und mit Puderzucker bestäuben. Lauwarm mit geschlagener Sahne servieren.

Esskastanien

Der Maronimann gehört zu den angenehmen Erscheinungen in unseren winterlichen Fußgängerzonen. Je ungemütlicher das Wetter, desto tröstlicher der Genuss seiner heißen Nüsse. In vielen ehemals armen Gebieten der Südschweiz, im Piemont, in Südfrankreich ernährten sich die Menschen bis Mitte des letzten Jahrhunderts in der kalten Jahreszeit fast ausschließlich von Kastanien und Kastanienmehl. In den italienischsprachigen Gebieten heißt die Esskastanie deshalb »albero del pane« – Brotbaum. Und sogar in der Pfalz prägt die Esskastanie immer noch das Landschaftsbild.

Esskastanien brauchen Licht und Luft. Die Wälder gleichen eher Obstgärten, denn das Unterholz muss weg, sonst werden die Bäume verdrängt. Schweine, Ziegen oder Schafe helfen dabei. Sie dürfen nach der Ernte, um St. Martin, unter die Bäume.

Zurück zu unserem Maronimann: Warum schmecken seine Esskastanien immer so schön saftig und lassen sich ganz einfach schälen? Dazu müssen wir uns mit der komplizierten Familie der *Castanea sativa* beschäftigen. Es gibt unzählige Sorten, der Oberbegriff ist Ess- oder Edelkastanie. Manche Sorten werden Kastanien, andere Maronen genannt. Bei den so genannten echten Maronen handelt es sich um besonders schmackhafte Esskastaniensorten. Der Züchter vermehrt sie, indem er Edelreiser – Zweige von besonders guten Sorten – auf eine robuste Unterlage pfropft. Gute Maronen sind im Allgemeinen süßer, größer und lassen sich leichter schälen als Kastanien. Es gibt sie erst Ende Oktober, früher geerntete Sorten sind immer Kastanien. Anders als bei Äpfeln kann aber selbst der Fachmann verschiedene Sorten nur schwer unterscheiden: Maronen sind häufig Einzelfrüchte und damit fast rund; Kastanien sitzen oft zu mehreren in ihrer igeligen Hülle, was die einzelnen Nüsse flacher macht. Maronen sind intensiver gestreift als Kastanien, die Schale ist weicher. Zusätzlich verwirrend sind die Handelsbezeichnungen nach Herkunftsregionen – nicht nach Sorten. Und nicht zuletzt hängt die Qualität der Esskastanien sehr davon ab, wie gründlich der Exporteur seine Nüsse sortiert.

Beim Einkauf von Esskastanien sind wir also auf einen guten Gemüsehändler angewiesen, der seine Lieferanten kennt. Ein kleiner Test, wenn die Nüsse schon ein paar Wochen liegen und sich sogar roh gut schälen lassen: Kosten Sie die rohe Kastanie – sie sollte ähnlich schmecken wie eine frische Haselnuss, nur ein bisschen süßer.

Kürbispüree mit Esskastanien

- **Beilage**

250 g Maronen,
1 kg Kürbisfruchtfleisch (ohne Schale),
2 EL Olivenöl, 2–3 Knoblauchzehen,
1 Rosmarinzweig, 200 ml Milch,
Salz, Pfeffer, Muskat, 1 Bund Petersilie,
2 EL Butter

Die Maronen quer zur Faser einritzen, bei 200 Grad im Ofen 20–30 Minuten garen. In ein feuchtes Tuch wickeln und ruhen lassen, so bleiben sie saftig.

Kürbisfruchtfleisch würfeln, die Knoblauchzehen mit Schale leicht quetschen. Zusammen mit Olivenöl und Rosmarin auf ein Blech geben, würzen und bei 175 Grad ca. 30 Minuten garen, bis der Kürbis weich ist – wenn Sie Reste vom Kürbisschnitzen verwenden: das Fruchtfleisch dabei mit Alufolie zudecken, dann trocknet es nicht aus.

Die Milch in einem kleinen Topf mit Salz, Pfeffer und Muskat kräftig abschmecken, aufkochen. Kürbis mit dem Pürierstab in der Milch pürieren. Maronen schälen, grob zerbröseln. Petersilie zupfen und hacken.

Butter in einer Pfanne aufschäumen, Maronen und Petersilie zugeben, 1 Minute braten, salzen und mit dem Püree anrichten. Das Kürbispüree mit Esskastanien passt gut zum Edel-Schweinebraten auf S. 61, zu Wildgerichten und zu gebratenen Süßwasserfischen.

Feste feiern

Die Kastanienernte ist mühsam und bringt wenig monetären Gewinn – dafür bietet die kurze Zeit der Kastanienschwemme aber reichlich Gelegenheit für ausschweifende Dorffeste. Ein besonders schönes Fest feiern die Bewohner von Ascona am Lago Maggiore. Wenn dort an einem Wochenende im Oktober die Sonne auf dem See hinter den Maronifeuern flirrt, Röstwolken über die Promenade wabern, Einheimische und Reisende entspannt Kastanien pulen, dann scheint die Zeit langsamer zu fließen …

Feldsalat

Baden-Württemberger Ingenieure bauen die besten Werkzeugmaschinen der Welt, ihre Manager ernähren den dichtesten Bestand an Sterne-Restaurants der Republik, und zusätzlich ist Baden-Württemberg führend im Feldsalatanbau. Darum beneide ich dieses Bundesland, denn das Baldriangewächs macht süchtig, das prominenteste Opfer war Rapunzels Mutter.

Mit seinem hohen Gehalt an Vitamin C, Betakarotin, Eisen, Mineralstoffen und Spurenelementen kommt der Feldsalat aromatischen Heil- und Küchenkräutern nahe. Dabei hat er zwei große Vorzüge: Erstens verwenden wir Petersilie, Basilikum oder Salbei nur in kleinen Mengen, Feldsalat dagegen schmeckt auch als Hauptmahlzeit. Zweitens ist Feldsalat ein Wintergemüse; die kleinen Pflänzchen vertragen Fröste bis 15 Grad Celsius unter null, während andere Vitaminspender um die halbe Welt fliegen müssen, bevor sie im Gemüseregal landen. In schneereichen Wintern sehe ich vor meinem inneren Auge eingemummelte Bäuerchen, die zarte Blattrosetten mit bloßen Händen aus meterhohen Schneewehen graben, die Wirklichkeit sieht natürlich anders aus.

Klaus Böhler, Feldsalatproduzent auf der Bodenseeinsel Reichenau, gräbt keine Tunnel, er stellt höchstens welche auf: Wenn Schnee liegt, kommt Feldsalat aus dem unbeheizten Folientunnel. Die Pflanze überlebt zwar tiefe Temperaturen, doch ernten kann man sie nur bis knapp unter null Grad, solange die Blätter noch nicht gefroren sind. Sonst verwelkt der Salat sofort. In Gegenden, wo der Salat ausschließlich auf Feldern steht, setzt die Ernte im tiefen Winter aus. An frostfreien Tagen schneiden unzählige Erntehelfer die einzelnen Röschen ab, putzen sie und legen sie fein säuberlich nebeneinander in die Verkaufskisten. Diese Kisten aus blauem Gitterplastik fahren dann durch ein Sprudelbad, sozusagen einen Salat-Jacuzzi, um Erdreste zu entfernen, ohne die schöne Ordnung in der Kiste zu stören. Wild wächst Feldsalat am Rande von Feldern, Äckern oder Weinbergen, wobei der König der Salate lange Zeit als essbares Unkraut galt.

Wie die meisten Blattgemüse speichert auch Feldsalat Nitrate, die stickstoffhaltigen Salze der Salpetersäure. Der Nitratgehalt von Salaten hängt ab von Düngung und Belichtung: Wenn Salat so viel wie nötig, aber so wenig wie möglich gedüngt wurde, dann enthält er weniger Nitrate als überdüngter Salat. Dabei spielt es keine Rolle, ob der Bauer mit Pferdeäpfeln oder mit Industriedünger arbeitet. Außerdem werden die Stoffe mit Hilfe von Licht abgebaut: Salate auf dem Feld bekommen mehr Licht als ihre Verwandten im Treibhaus. Meine Forderung: Freiland für Rapunzel!

Feldsalat mit Kartoffel-Linsen

- **Vorspeise**

100 g rote Linsen, 4 EL Apfelessig,
100 g Kartoffeln, 75 g Speck,
3 EL Öl, 1 TL Fenchelsamen,
1 Knoblauchzehe, 3 cm Vanilleschote,
2 TL Apfel- oder Quittengelee, 150 g Feldsalat

Linsen in Salzwasser mit 1 TL Essig ca. 10 Minuten bissfest kochen, abgießen, abschrecken. Kartoffeln und Speck klein würfeln. Den Speck mit 3 EL Öl in einer kleinen, beschichteten Pfanne knusprig braten, mit einem Sieblöffel herausnehmen. Die Kartoffeln im ausgetretenen Schmalz bei mittlerer Hitze 8 Minuten zugedeckt braten.

Fenchelsamen mit Knoblauch und 3 cm Vanilleschote fein hacken, mit Apfel- oder Quittengelee in die Pfanne geben. Umrühren, mit dem restlichen Apfelessig und 2–3 EL Wasser löschen, Speck und Linsen unterrühren. Sobald die Sauce lauwarm ist, mit 150 g Feldsalat mischen, abschmecken und sofort servieren.

Frage des Küchenalltags

Wie nennt man Feldsalat auch?

A – Nüssli

B – Mausi

C – Wirbeli

D – Blondi

Antwort: S. 328.

Felsenaustern

Bei einem Strandspaziergang in Sydney öffnete ich einmal zwei oder drei Muscheln mit dem Hausschlüssel und schlürfte sie aus: Die Austern waren klein und knackig, sie schmeckten süß-salzig und dufteten nach Gurken und frischem Meer. Das Wissen um das saubere Wasser mitten in der Stadt machte den Genuss der Sydney-Felsenaustern zu einer Offenbarung.

Bis dahin hatte ich wenig mit Austern zu tun gehabt: In den Gourmettempeln kreativer Köche, in denen ich das Glück hatte, als junger Koch zu arbeiten, spielt diese Muschelart kaum eine Rolle. Wir alten Europäer essen Austern am liebsten roh; Köche können ihre Schaffenskraft also nicht beweisen. Manchmal gab es Ausnahmen: In einem Restaurant auf Sylt servierten wir pochierte Austern mit Rotweinzwiebeln. In Hamburg füllten wir Ravioli mit den gleichen Sylter Austern, die ich roh ziemlich muffig fand.

Entscheidend für den Geschmack ist die Qualität des Wassers, aus dem sich Austern ernähren, wobei sie jede Stunde bis zu 25 Liter Wasser filtern. Viele Austern werden deshalb in ihren letzten Lebensmonaten an nährstoffreichen Flussmündungen gemästet, dort, wo sich Salz- und Süßwasser mischen. In diesen Regionen heißen die Austernbecken Claires, die Mastaustern Fines de Claires. Ich weiß nicht, was Felsenaustern in Sydney fressen – in den Becken von Marennes an der französischen Atlantikküste ist es eine Blaualgenart, die die Muscheln grün färbt und ihnen ein eigenes Aroma gibt.

Auch die Sorte spielt eine Rolle: Als besonders edel gilt die

Europäische Auster, ihre berühmtesten Vertreter kommen aus Belon. Sie sind rund, symmetrisch, flach und glatt. Aber schon vor 100 Jahren waren die europäischen Austernbänke überfischt. Ohne Austernzucht gäbe es die *Ostrea edulis* heute nicht mehr. 1868 kippte ein portugiesisches Schiff eine verdorbene Ladung asiatischer Austern vor Bordeaux ins Meer. Die überlebenden Muscheln vermehrten sich und dominierten als Portugiesische Felsenauster den Markt, bis auch sie vor 40 Jahren durch Seuchen annähernd ausgerottet wurden. Ersatz kam durch die Pazifische Felsenauster: bauchig, geschuppt oder furchig mit asymmetrischen Formen. Sie stellt den Löwenanteil der 30 Milliarden Austern, die von den Menschen jedes Jahr verzehrt werden. Auch auf Sylt, wo die Europäische Auster im kalten Winter 1921/22 ausstarb, wachsen heute ihre pazifischen Schwestern.

Austern öffnen

Vorsicht, Verletzungsgefahr! – Am sichersten ist die Arbeit mit einem Austernhandschuh. Die Auster mit dem Scharnier zum Körper und mit der flachen Seite nach oben auf den Tisch legen. Ein Küchentuch mehrfach falten und auf die linke Seite der Auster legen, mit der flachen linken Hand fixieren. Mit der rechten Hand einen Austernöffner im oberen Drittel der Auster schräg nach unten geneigt zwischen die Schalen schieben. Sie müssen die richtige Stelle erfühlen, dabei hilft es, das Messer leicht hin und her zu drehen, um so die Schale aufzuhebeln. Ohne Gewalt! Sobald Sie einen Spalt geöffnet haben, den Schließmuskel, der genau an dieser Stelle liegt, durchtrennen, die obere Schale abnehmen. Schalenkrümel entfernen, die Muschel aus der unteren Schale lösen. Schlürfen.

Frage des Küchenalltags

Warum sollen wir Austern nur in Monaten mit »r« essen? (September – April)

A – Die Regel stammt aus einer Zeit, als es noch keine Kühlschränke gab. Gilt nicht mehr.

B – Die Regel gilt für europäische Austern, die in den Sommermonaten durch das Laichen geschwächt sind und dann weich und milchig schmecken.

C – Die Regel gilt für europäische Austern, die in den Sommermonaten ihre Larven in der Schale »ausbrüten« und deshalb manchmal sandig schmecken. Felsenaustern brüten nicht.

D – Die Regel gilt nicht mehr, heute gibt es zu jeder Jahreszeit irgendwo auf der Welt hervorragende Austern, und diese landen auch in unseren Fischgeschäften.

Antwort: S. 329.

Fränkischer Meerrettich

Gegen Ende des Zweiten Weltkriegs diente frisch geriebener Meerrettich aus Franken zur Schmerzbetäubung, als in Münchner Lazaretten das Chloroform knapp geworden war. Dabei ist die schmerzstillende Wirkung nur eine von vielen medizinisch wichtigen Eigenschaften der würzigen Wurzel. In der Naturheilkunde weiß man spätestens seit dem Mittelalter um ihre große Heilwirkung: Meerrettich-Kräuter-Wickel fördern die Durchblutung und helfen bei rheumatischen Erkrankungen. Am wichtigsten ist aber die vorbeugende Wirkung gegen Erkältungskrankheiten. Dabei helfen ein hoher Vitamin-C-Gehalt und vor allem die bakterien-, pilz- und virenhemmende Wirkung schwefelhaltiger Senföle im Meerrettich, der Isothiozyanate. Diese Öle wirken wie ein Antibiotikum. Sie werden bereits im Zwölffingerdarm in unseren Blutkreislauf geschleust, gelangen nicht mehr in Dünn- und Dickdarm: Meerrettich wirkt also antibiotisch, ohne dabei die Darmflora zu stören. In fränkischen Meerrettichfabriken gibt es deshalb keinen Krankenstand im Winter! Täglich ein Löffel frisch geriebener Meerrettich mit Honig bringt Sie wahrscheinlich besser über die kalte Jahreszeit als jede Vitaminpille.

Der scharfe Geruch – und damit die heilende Wirkung – bildet sich erst, wenn Meerrettichzellen verletzt werden. Den besten Geschmack und die größte Wirkung hat die Wurzel unmittelbar nach dem Reiben. Zitronensaft oder Fruchtsäuren, etwa aus säuerlichen Äpfeln, verlangsamen den Zerfall – daher der Apfelkren.

Fränkischer Meerrettich wird im Oktober geerntet, in den Wochen danach ist die beste Zeit, die frischen Wurzeln zu kaufen. Schälen Sie den Teil, den Sie verwenden. Wickeln Sie den Rest in ein feuchtes Tuch und lagern ihn im Kühlschrank. Wenn Sie den Meerrettich auf einer normalen Kastenreibe zerkleinern, verwenden Sie die feinste der vier Seiten. Dabei entsteht der Brei, der für Sahnemeerrettich am besten geeignet ist. Die gröberen Meerrettichspäne oder -flocken, die wir gern verwenden, um Rezeptfotos zu verschönern, schmecken eher langweilig. Seit einiger Zeit gibt es sehr scharfe Reiben von den Firmen Cuisipro und Microplane – beide geeignet, um einen wunderbar lockeren Meerrettich-Pulverschnee über Tafelspitz, geräucherte Forellenfilets und Rote-Bete-Salate zu reiben.

Bayerische Gazpacho

- **Kalte Suppe**

500 g Kürbis (Alternativen: Zucchini oder Gurke),
1/2 TL Kümmel, 2–3 EL frisch geriebener Meerrettich,
1/2 l Buttermilch, Salz, Cayennepfeffer,
2 Stängel Bleichsellerie, 80 g Bauernbrot,
2 Knoblauchzehen, 2 EL Butter

Kürbis schälen und entkernen, grob zerkleinern und mit Kümmel und einem Schuss Wasser oder Brühe 10–20 Minuten zugedeckt weich dünsten – die Garzeit hängt von der Kürbissorte ab, die Sie verwenden. Kürbisgemüse mit Meerrettich und Buttermilch fein pürieren und mit Salz und Cayennepfeffer abschmecken, kalt stellen.

Bleichselleriestängel waschen und der Länge nach halbieren. Bauernbrot in dünne Scheiben schneiden, Knoblauchzehen ungeschält mit der Breitseite eines großen Messers leicht quetschen, in einer großen Pfanne mit der Butter erhitzen, die Brotscheiben darin von beiden Seiten goldbraun braten.

Die kalte Suppe in Gläser verteilen, mit Sellerie garnieren und mit Brotcroutons und Cocktailstrohhalmen servieren.

Wenn es draußen kalt ist, schmeckt die Suppe auch warm, wenn es sehr kalt ist, streuen Sie zusätzlich je einen TL frisch geriebenen Meerrettich und einen Teelöffel eingelegte Chiliringe darüber (siehe S. 126, Fritto Misto).

Fenchel

Fenchel, Kümmel, Dill und Kreuzkümmel sind Umbelliferen, »Bauchnabelgewächse«. Die regenschirmartigen Blütenstände dieser Pflanzen haben in ihrer Mitte – dem »Nabel« – oft eine besondere Blüte, fast wie ein kleines Piercing. Alle vier Gewürze sind also aromatische Mitglieder derselben Familie, ihre Aromen wie verschiedene Schattierungen einer einzigen Grundfarbe.

Aber nur Fenchelsamen stehen auf der Liste aktueller Trendgewürze ganz weit oben. Das liegt sicher an dem mild-aromatischen, leicht süßlichen Duft, der blumig wirkt im Vergleich zum härteren, kantigen Geschmack von Kümmel oder Dill. Aber vor allem haben Fenchelsamen das bessere Image: Kümmel schmeckt altdeutsch, Dill nach Schrebergarten, Kreuzkümmel ist asiatouristisch, aber Fenchel ist mediterran, glutvoll und dabei gleichzeitig kultiviert.

Kaufen Sie also im nächsten Bioladen ein Tütchen Fenchelsamen, stecken Sie ein paar davon in die Erde, und bringen Sie den Rest in die Küche. In einigen Wochen können Sie die Sprossen des Gewürzfenchels als Gemüse verwenden, etwas später die fein gefiederten Blätter für Suppen, Salate und Marinaden und im Herbst schließlich die Samen.

Besonders coole Köche besorgen sich die hierzulande seltenen Samen des wilden sizilianischen Fenchels, *Foeniculum vulgare regaleali*. Zum Beispiel für gebeiztes Zander- oder Lachsfilet (ursprünglich stand hier Thunfischfilet – leider ist der Fisch inzwischen so bedroht, dass ich schweren Herzens darauf verzichte). Ersetzen Sie dabei das Dillkraut aus dem klassischen Rezept für gebeizten Lachs durch sizilianisches Fenchelgrün – das Ergebnis ist unschlagbar. Gewürzfenchelpflanzen sind übrigens weitgehend frostfest, mehrjährig und bilden keine Knollen.

Forellen mit Fenchelbutter

- **Fischgang für den Frühling**

1 Knolle (!) junger (!) Knoblauch, 1/8 l Milch,
1 EL Fenchelsamen, 4 EL Butter, 1 Bund Petersilie,
1 Zitrone, 4 küchenfertige Forellen,
Renken oder Saiblinge (je ca. 350–500 g), Salz,
Pfeffer, 2 EL Öl

Die Knoblauchzehen schälen, in der Milch 7 Minuten kochen, abgießen, abschrecken und gut abtropfen. Fenchelsamen mit 2 EL Butter hacken (dann springen die Körner nicht weg). Petersilie waschen, zupfen, ebenfalls hacken. 1 Zitrone mit einem scharfen Messer so schälen, dass dabei auch die weiße Haut entfernt wird. Die Zitrone würfeln.

Forellen, Renken oder Saiblinge waschen, trocken tupfen und mit Salz und wenig Pfeffer würzen. In einer schweren Pfanne 2 EL Öl erhitzen, 2 EL Butter zugeben, die Fische hineinlegen und bei mittlerer bis großer Hitze 5–7 Minuten braten. Vorsichtig wenden, die Knoblauchzehen zugeben und zusammen mit den Fischen weitere 4–6 Minuten goldbraun braten.

Die Fische auf eine Platte legen. Fenchelbutter, Zitronenwürfel und Petersilie in der Pfanne kurz aufschäumen, über die Fische gießen und servieren. Dazu passen neue Kartoffeln.

Bauchnabel und Sonnenschirm

Dr. Pedro Gerstberger, Botaniker am Lehrstuhl für Pflanzenökologie der Uni Bayreuth, korrigierte: »Fenchel, Kümmel, Dill, Kreuzkümmel und auch Koriander sind zwar Doldenblütler, früher Umbelliferen genannt. Doch das lateinische ›umbella‹ bedeutet Sonnenschirm, ›ferus‹ heißt tragend. Die Mitglieder dieser Pflanzenfamilie sind leicht an ihren schirmartigen Blütenständen und an ihren, wenn zerrieben, stark duftenden Blättern zu erkennen. Nabel wäre ›umbilicus‹ gewesen. Es gibt übrigens eine Pflanzengattung der Fettblattgewächse, die tatsächlich Umbilicus heißt und im Mittelmeergebiet vorkommt. Die sieht wirklich wie ein Venusnabel aus, und so heißt sie auch.«

Gans

In allen Kulturkreisen haben Opfertiere ein eher kurzes, aber gutes Leben, sonst verlöre das Opfer seine Großzügigkeit und damit seinen Sinn. Daraus ergibt sich eine klare Zuchtanleitung: Gänse sollen auf der Weide schnattern, nach Lust und Laune Hafer fressen und sich abends in einem geräumigen Stall ausruhen. Die Kosten dafür trägt freudig der, der später die Gans opfert. In der Sprache der Behörden heißt diese Zuchtform »bäuerliche Freilandhaltung« oder »ökologische Geflügelproduktion«, unter anderem kommen dann 80 Prozent des Futtergetreides vom Hof des Gänsezüchters. Bezugsquellen finden sich unter www.huhnund-pute.de oder www.verbraucherzentrale-bayern.de.

»Auslaufhaltung« und »bäuerliche Auslaufhaltung« sind Zwischenformen der Geflügelmast. »Extensive Bodenhaltung« klingt fortschrittlich, bedeutet aber industrialisierte Proteinproduktion mit vielen Medikamenten und sehr beengten Verhältnissen für die Tiere. Steht nichts über die Haltung auf dem Etikett, dann kommt die Gans aus extensiver Bodenhaltung. Ich sprach mit einem Landwirt, der viele Spitzenrestaurants mit seinen Gänsen beliefert. Er möchte nicht genannt werden, denn nach dem letzten Artikel über seine Gänse lag ein Teil der Herde tot im Stall. Es war wohl die Tat neidischer Nachbarn, selbst gefangen in einem Teufelskreis aus Investitionen in Mastanlagen, Schulden und Abhängigkeit von staatlicher Zuwendung. Der Gänsezüchter meinte, Aufklärung sei sinnlos in Zeiten des Preisschildes. Ich denke, er hat unrecht, auch weil das gut gepflegte Opfertier einfach am besten schmeckt.

Die Grundregeln der Zubereitung sind einfach: Die Haut der Gans überall einstechen. Große Fettstücke aus der Bauchhöhle herausnehmen, Gans kräftig würzen. Backofen auf 175 Grad (Umluft) vorheizen. Die Fettpfanne des Backofens mit 500 ml Wasser auf der untersten Schiene mit erhitzen. Gans mit Brust nach unten in die Fettpfanne legen, etwas hin und her bewegen, damit die Haut nicht festklebt, 45 Minuten dämpfen. Falls das Wasser vorher verdunstet ist, noch etwas Flüssigkeit zugeben. Danach beginnt der eigentliche Bratvorgang: 1 Stunde auf der Brustseite liegen lassen, wenden, überschüssiges Fett abschöpfen und in 1–1,5 Stunden fertig braten. Oft mit Bratfett begießen, ab und zu bewegen. Die Gans ist gar, wenn beim Einstechen der Keulen klarer Saft herausläuft und das Fleisch sich dabei weich anfühlt.

Petersilienfüllung für die Martinsgans

300 g mehlige Kartoffeln,
500 g Petersilienwurzel,
3 Knoblauchzehen, 3 Bund Petersilie,
3 cm dünn geschälte Zitronenschale,
1 TL Fenchelsamen, Salz, Pfeffer

Kartoffeln, Petersilienwurzel und Knoblauchzehen schälen und in dünne Scheiben schneiden, mit 4 EL Wasser zugedeckt 10 Minuten dünsten. Petersilie zupfen und mit Zitronenschale und Fenchelsamen hacken. Die Würzmischung zum Gemüse geben, mit Salz und Pfeffer abschmecken. Die Gans füllen und mit Zahnstochern verschließen oder zunähen.

Für die Sauce entweder beim Wenden der Gans Gänseflügel, Gänsehals und 500 g geachtelte Zwiebeln zur Gans geben und 30 Minuten vor Schluss mit Wasser ablöschen oder eine separate Sauce dazu servieren, z.B. das Apfelchutney von S. 21 oder eine Preiselbeersauce:

Preiselbeersauce

500 ml Apfelsaft,
400 g brauner Zucker,
2 Zimtstangen,
700 g Preiselbeeren,
2 Bio-Orangen

Apfelsaft mit Zucker, Zimt und Preiselbeeren in einen Topf geben. Orangen waschen, die Schale abreiben, den Saft auspressen. Orangensaft und -schale zu den Beeren geben, bei mittlerer Hitze 15–20 Minuten kochen, bis die meisten Beeren geplatzt sind. Vom Herd nehmen, möglichst 1 Tag durchziehen lassen. Für längere Haltbarkeit sofort in heiß ausgespülte Gläser oder Flaschen füllen und kühl und dunkel lagern.

Sie können die Preiselbeeren heiß oder kalt servieren, am besten schmeckt die Sauce, wenn sie mindestens einen Tag ziehen kann. Je nach Reifegrad der Beeren kann diese Sauce manchmal etwas zu dick werden – zum Servieren einfach mit etwas Apfelsaft verrühren.

Rezept aus: »Einmachen«. Zusätzliche Tipps für knusprige Enten oder Gänse finden Sie in »Kochen (fast) ohne Rezept«:

Wie die Martinsente wirklich knusprig wird. Siehe Literaturtipps, S. 346.

Spangenbergs Weinempfehlung
2005 Mannberg Hattenheim Riesling QbA trocken, Erstes Gewächs, Weingut Langwerth von Simmern, Rheingau
»Dieser Riesling kann der Gans widerstehen. Eleganter und kraftvoller Wein, der durch seine charaktervolle Fruchtfülle und strukturierende Säure gebratenem Geflügel eine eigene Lebendigkeit verleiht.«

Garnelen

Erschrecken Sie nicht, wenn das Tier Sie in die Zehen beißt, während Sie Ihr Boot vom romantischen Strand in die Bucht zurückschieben. Wahrscheinlich ist die kleine, gefräßige Garnele auf der Suche nach Wattwürmern. Fangen Sie sie lieber, und kochen Sie mit etwas Knoblauch und Tomaten eine leckere Pasta con gamberi daraus. Denn alle Garnelenarten können Sie essen. Sie gehören zu den zehnfüßigen Langschwanzkrebsen. Zum Laichen kommen sie in Lagunen, Flussmündungen oder Mangrovensümpfe, wo die Jungtiere aufwachsen. *Penaeus monodon* lieben die Züchter und verkaufen sie tiefgekühlt als Tiger Shrimp oder King Prawn – oder fälschlicherweise als Scampi. Sägegarnelen aus Wildfang vor Brasilien oder Madagaskar schmecken sehr fein, sie kommen als Gamberi über Italien oder als Crevettes roses über Frankreich zu uns, Länder, vor deren Küsten sie früher gefischt wurden.

Alle Garnelen erkennen Sie leicht an ihrer wenig verkalkten, weichen Schale und an ihrem Körperbau: Sie haben keine Scheren, ihr Schwanz ist immer höher als breit. Die Sprachverwirrung ist groß, Hummer, Languste und Scampi (auch Kaisergranat oder Langostino) sind ebenfalls zehnfüßige Krebse. Diese sind aber hart gepanzert, bis auf die Languste haben sie ausgeprägte Greifscheren, und ihr Schwanzquerschnitt ist rund oder flach.

Mangroven schützen Küsten vor Hochwasser, sie dienen Küstenfischen und wilden Garnelen als Brutgebiet. In Asien und Südamerika gefährdet sie die Garnelenzucht, da für Zuchtbecken große Flächen abgeholzt werden. Fungizide, Algizide, Chlor, Antibiotika und Wachstumsbeschleuniger bringen die Tiere in wenigen Monaten auf Verkaufsgröße. Verseuchte Gülle sammelt sich, nach wenigen Jahren werden die Böden unbrauchbar, der Shrimp-Investor zieht weiter. Was sind die Alternativen?

Erstens: In Ländern wie Thailand gibt es seit kurzem strengere Regeln für Garnelenzüchter.

Zweitens: Moderne Produzenten nutzen brachliegende Flächen für nachhaltige Garnelenzucht, zum Beispiel bei Öko-Garnelen aus Ecuador und Vietnam. Bremer Forscher arbeiten an einer Zuchtanlage ohne Chemie oder Gülle. In einem geschlossenen Kreislauf bereiten sie das Wasser in biologischen Filteranlagen auf. Mit zunehmender Nachfrage werden sich solche Techniken verbreiten.

Drittens: Es klingt zynisch, in manchen Meeren haben wilde Garnelenbestände zugenommen, da ihre natürlichen Feinde weggefischt wurden (siehe Dorsch, S. 63). Tiefseegarnelen aus dem Nordatlantik, auch Grönlandshrimp oder Eismeergarnele genannt, können Sie beruhigt essen.

Zitrnengras-Garnelenspieße

- **Vorspeise, mit Reis wird daraus ein Hauptgang**

500 g rohe Garnelen, 100 g Speck,
1/2 TL Salz, 1 Knoblauchzehe,
3 (Thai-)Schalotten, 1/2 Chilischote,
je 1 EL Zucker, Mehl und Fischsauce,
12 Zitronengrasstängel,
1 EL Öl, 1 Limette,
Fischsauce zum Dippen

Garnelen schälen, jeweils der Länge nach halbieren und den dunklen Darm entfernen. Garnelenfleisch mit Speck und Salz im Blitzhacker oder mit dem Messer fein hacken, aber auf keinen Fall pürieren. Knoblauch und Schalotten ebenfalls schälen und zusammen mit der Chilischote hacken.

Die Garnelenmasse mit den gehackten Gewürzen und je 1 EL Zucker, Mehl und Fischsauce verkneten. In 12 Portionen teilen und diese dann mit feuchten Händen um 12 Zitronengrasstängel herumformen. Anschließend mit wenig Öl bestreichen und von allen Seiten etwa 6–8 Minuten grillen. Die Garnelenspieße mit Limettenschnitzen und Fischsauce zum Dippen servieren.

Frage des Küchenalltags

Wie heißen die Krabben, die in der Nordsee gefangen, in Marokko oder Polen gepult und dann in Deutschland gegessen werden?

A – Da die Nordseegarnele sich sehr schnell fortbewegt, wurde sie kurz bevor die Mauer fiel in Nordseekrabbe umbenannt. So wollte die SED ein letztes Mal ihren gesamtdeutschen Anspruch dokumentieren.

B – Krabbe ist eine falsche Bezeichnung, in Wirklichkeit handelt es sich um junge Langusten, die noch in der Wachstumsphase stecken und deshalb einen weichen Panzer haben.

C – Nordseegarnele ist das richtige Wort. Bei Wattwanderungen sehen wir meist junge Exemplare, ausgewachsene Nordseegarnelen können 8 cm groß werden.

D – Nordseekrabben sind ein frühes Stadium der späteren Strandkrabbe, deren Verwandte, die Taschenkrebse, ein sehr schmackhaftes Fleisch haben.

Antwort: S. 329.

Glück I: Rollen

Ist Glück eine Zutat für feine Küche? Hier eine kleine Betrachtung in drei Teilen. Teil I: Die vietnamesische Glücksrolle.

Für viele Vietnamesen bedeutet Glück ruhige Harmonie. Das ist leicht verständlich, denken Sie nur kurz an die vietnamesische Geschichte. Harmonie, das heißt Einheit von Himmel und Erde, von Frau und Mann, von Ewigkeit und Augenblick. Geometrisch wird diese Beziehung oft durch Kreis und Quadrat symbolisiert – nicht nur in buddhistisch geprägten Gesellschaften, sondern auch im europäischen Kulturkreis: Asiatische Münzen haben oft ein viereckiges Loch, Leonardo da Vincis berühmte Proportionsstudie einer männlichen Doppelfigur versucht die geometrische Quadratur des Kreises, und auch das Thunfisch-Sushi ist rund mit einer quadratischen Fischfüllung.

Der vietnamesische Gourmet rollt sein Essen gern ein: Zu fast jeder Mahlzeit werden halb trockene Reisblätter und große Kräuter- oder Salatblätter serviert. Kleine Stückchen Fleisch, Fisch oder Gemüse werden mit Reisnudeln und vielen frischen Kräutern eingerollt und in aromatische Dips getaucht. So kreiert sich jeder Gast sein eigenes Menü – das ist der runde, himmlische Teil des »Prinzips Glücksrolle«. Quadratisch ist entweder der Teller oder ein Teil der Füllung (siehe Rezept). Übrigens: Das vietnamesische »Goi cuon« heißt in Wirklichkeit »Salat, gerollt«. Wie das Glück also wirklich hineinkommt? Beißen Sie rein.

Glücksrollen mit gegrilltem Huhn

• **Vorspeise, Mengen für 8 Rollen**
1 Stängel Zitronengras, 1 Schalotte, je 1 EL Fisch- und Sojasauce, 1 TL Zucker, 2 EL Öl mischen, 2 Hähnchenbrustfilets, 100 g dünne, runde Reisnudeln (Bun-Nudeln), 1 Kopfsalat, 100 g Sojasprossen, 1 Bund gemischte asiatische Kräuter (z. B. Koriander, Thaibasilikum, Minze oder Perillakraut – japanisch: Shiso), 12 dünne vietnamesische Reisblätter,
für den Dip:
2 milde Peperonischoten, 60 g Ingwer, 1 Knoblauchzehe, 2–3 EL Zucker, 2 EL Limettensaft, 4 EL Fischsauce

Zuerst das Zitronengras und die Schalotte so fein wie möglich schneiden. Mit je 1 EL Fisch- und Sojasauce, 1 TL Zucker und 2 EL Öl mischen. Hähnchenbrustfilets darin 10 Minuten marinieren.

Danach können Sie das Fleisch grillen und den Rest des Rezeptes überspringen oder: Die Reisnudeln 30 Minuten in kaltes Wasser legen. Abgießen und 1–2 Minuten bissfest kochen, wieder abgießen, kurz abschrecken und abkühlen. Den Kopfsalat waschen, dicke Stiele entfernen. Sojasprossen und Kräuter waschen, die Blättchen abzupfen. Hähnchen bei milder Hitze von beiden Seiten je 6–8 Minuten grillen. Abkühlen, in Streifen mit quadratischem Querschnitt schneiden.

12 dünne vietnamesische Reisblätter nacheinander kurz in eine Schüssel mit kaltem Wasser legen, herausnehmen und zwischen feuchten Küchentüchern weich werden lassen, gerissene

Blätter wegwerfen. Das zuerst eingeweichte Reisblatt auf der Arbeitsfläche ausbreiten. Ein Salatblatt in die Mitte legen, darauf 2 EL Reisnudeln legen, außerdem einen Fleischstreifen, 1 EL Sojasprossen und einige Kräuter. Alle Zutaten zu einem 12 cm langen Stapel arrangieren. Die Seiten des Reisblatts nach innen schlagen, so fest wie möglich zusammenrollen.
Jetzt brauchen Sie noch einen Dip: Peperoni grob zerkleinern, Ingwer und Knoblauch schälen und hacken. Alles zusammen mit dem Zucker in einem Mörser zu einer feinen Paste zerstoßen, mit Limettensaft, Fischsauce und 3 EL Wasser mischen.

Lieblingskräuter

Bisher dachte ich, Zitronenverbene wäre mein Lieblingskraut – mit großem Abstand vor den vielen anderen Kräutern, die ich fast alle gerne verwende. Immer wieder spottete ich über die Anhänger der Modekräuter Koriander und Bärlauch. Bis mir Wolfgang G. aus Leinfelden-Echterdingen schrieb: »Auffallend ist die regelmäßige Nennung von frischem Koriander in Ihren Rezepten. Während diese grünen Lecker-Blättchen in Frau Würker-Chongs (sie stammt eigentlich aus Biberach und ist mit einem Chinesen verheiratet) kleinem, feinem Asialaden praktisch immer frisch vorrätig sind, ist das mindestens ebenso oft in Ihren Rezepten vorgeschlagene Perillakraut bei ihr nicht erhältlich. Frau Chong meint, Perilla sei in Deutschland nicht zu kaufen. Stimmt das?«

In großen Städten ist es meist kein Problem, Perillakraut in den größeren Asienläden zu finden – am besten sind die Chancen in vietnamesischen Geschäften, da die vietnamesische Küche besonders differenziert mit vielen unterschiedlichen Kräutern arbeitet, darunter auch Perilla. Unter www.ruehlemanns.de

können Sie *Perilla-frutescens*-Pflanzen oder -Samen bestellen, das Kraut ist recht robust. Und im Bioladen oder Reformhaus finden sie manchmal Shisokresse – das sind kleine Perillapflänzchen.

Glück II: Hostien und Kekse

Seit Mitte des 13. Jahrhunderts feiern Katholiken das »Fest des Leibes Christi«, Fronleichnam. An diesem Tag wird Christus in Gestalt einer geweihten Hostie bei unzähligen Fronleichnamsprozessionen durch Stadt, Wald und Flur getragen. Diese Hostien erinnern sowohl an das letzte Abendmahl als auch an den Auszug der Israeliten aus Ägypten – in der Eile blieb keine Zeit, einen Sauerteig anzusetzen, Hefewürfel gab es noch nicht. Deshalb bestehen auch Hostien nur aus Mehl und Wasser.

Heute backen Mönche oder Nonnen in einigen Klöstern das »Brot des Lebens« für den kirchlichen Bedarf: Ein dünner Teig wird in Hostienbackmaschinen unter großem Druck in wenigen Sekunden zu dünnen Platten gebacken. Diese spröden Hostienplatten werden befeuchtet, übereinandergelegt und mit einem Hohlbohrer ausgebohrt, ähnlich wie bei einer geologischen Bohrung. Der »Bohrkern«, die Hostien, fallen aus dem Bohrer in einen Korb – fertig.

Während Hostien symbolisch für die Erlösung des Menschen durch das Opfer Jesu stehen, geht es bei den Weissagungen im Glückskeks meist um weltliches Glück – auch wenn sich Hostien- und Glückskeksbackmaschinen sehr ähneln. Die ersten chinesischen Glückskekse gab es in China erst 1990 – erfunden wurden sie in den zwanziger Jahren des letzten Jahrhunderts in Kalifornien. Laut einer Legende um ihre Entstehung erfand ein japanischer Landschaftsarchitekt die mit Sprüchen gefüllte Kekse als Propagandawaffe in einem Zwist mit der Stadtverwaltung von Los Angeles. Glückskekse werden zwar von Hand gefaltet, aber maschinell gebacken und dann lang gelagert. Die kulinarische Qualität dieser Kekse entspricht in etwa der Qualität des Essens in vielen deutschen China-Restaurants. Die Sprüche scheinen oft ohne jede Überlegung getextet, sind aber gerade dadurch reizvoll. Ich liebe chinesisches Essen – werde aber erst dann wieder chinesisch essen gehen, wenn hier ein Restaurant eröffnet, in dem der Koch die Glückskekse selbst bäckt (und den Glutamatsack wegwirft). Dann helfe ich sogar gern als Orakel aus.

Glückskekse

- **Für besondere Gelegenheiten**

100 g Mehl, 2 EL Stärke, 75 g Puderzucker,
1 Prise Salz, 100 g zerlassene Butter,
2 Eiweiß, 3 EL Pflaumenwein,
außerdem: 24 Papierstreifen,
dünne weiße Baumwollhandschuhe

Mehl mit Stärke, Puderzucker, 1 Prise Salz, der zerlassenen Butter, Eiweiß und Pflaumenwein glatt rühren, 2 Stunden zugedeckt ruhen lassen. In der Zwischenzeit 24 Weissagungen auf Papierstreifen schreiben.

Dünne weiße Baumwollhandschuhe anziehen. Aus jeweils 1 TL Teig helle Glückskekse in einem Hörnchenbackautomaten backen, in dem der Teig leicht gepresst und wunderbar knusprig wird.

Sobald die Maschine piept, zählt jede Sekunde: Den Keks mit einer Palette oder einem stumpfen Messer aus dem Backautomaten nehmen, mit einer Weissagung zusammenfalten, an den Enden fassen und auf dem Rand eines Glases einbuchten, in einer Tasse abkühlen. Wiederholen, bis der Teig aufgebraucht ist.

Eindruck schinden

Sie könnten die Kekse mit einem leicht veränderten Teig auch im Ofen backen – die Glückskekse aus dem Hörnchenbackautomaten sind aber viel hübscher, knuspriger und leichter zu formen. Die Begeisterung, die Sie mit Ihren Keksen auslösen werden, rechtfertigt meiner Meinung nach die Anschaffung des Gerätes, und im Sommer können Sie damit Ihre eigenen Eiswaffeln backen. Der Preis entspricht dem eines Waffeleisens.

Glück III: Indische Drogen

Neben verbotenen psychoaktiven Substanzen, die nicht nur die Beatles in Indien suchten, gibt es dort auch legale Drogen, die zumindest den Körper in eine Art Glückszustand versetzen: Chilis enthalten Capsaicin, das macht sie scharf. Diese Schärfe verursacht im Mund anhaltende Schmerzen, unser Körper schüttet daraufhin Endorphine aus, und wir fühlen uns toll. Denselben Effekt können Sie auch durch sportliche Dauerbelastungen – etwa Marathonläufe – erreichen, es geht aber eben auch ohne jede Anstrengung.

Sie halten das für einen Witz? Chilis seien nur ein schwer zu dosierendes Gewürz und keine Droge? Gehen Sie bitte in Indien in ein indisches Restaurant und bestellen sich dort ein Curry. Der Effekt ist dem ähnlich, der auftritt, wenn pubertierende Schüler zum ersten Mal eine Wodkaflasche leeren – es haut Sie um. Für die indischen Gäste, die feixend an den Nachbartischen sitzen, schmeckt das Essen völlig normal.

Sobald Sie süchtig sind nach der Lust des Chilischmerzes, stellt sich die Frage: Wie bekomme ich mein Capsaicin möglichst elegant ins Essen? Oder noch genauer gefragt: Gibt es eine goldene Regel des Würzens, die sich hier manifestiert? Es gibt sogar zwei:

1. Frische Chilis, Knoblauch, Zitronengras oder hartlaubige Kräuter (Rosmarin, Thymian, Salbei) klein schneiden und mit etwas Öl kurz rösten. Dabei lösen sich viele leicht flüchtige ätherische Aromaöle im schwerer flüchtigen Bratöl. So werden sie gebunden und können sich später in der Kochflüssigkeit gut verteilen.

2. Getrocknete Chilis, wie alle Gewürze aus Samenkapseln, am besten trocken rösten – im Topf oder im Ofen. Dabei werden die äußeren zellulose- oder ligninhaltigen Schichten der Samenkörner getrocknet, sie werden spröde und lassen sich abgekühlt gut zerkleinern. Im Inneren der Gewürzkörner werden fast alle Zellen gesprengt; leicht flüchtige Aromastoffe und schwerer flüchtige Samenöle verbinden sich im Gewürzkorn selber. Zum Kochen werden die Gewürze zerkleinert, einem Kräuter- oder Knoblauchöl zugegeben, siehe oben, und einmal umgerührt.

Glücksgewürz

2–8 getrocknete Chilischoten (am besten eine Sorte, deren Schärfe Sie gut einschätzen können),
2 TL Koriandersamen, 2 TL Fenchelsamen,
1 TL schwarze Pfefferkörner, 1 TL Senfkörner,
1/2 TL Bockshornkleesamen, 4 Nelken,
die Samen von 4 Kardamomkapseln,
2 EL (Basmati-)Reis

Den Ofen auf 200 Grad vorheizen. Chilischoten mit Koriander, Fenchel, Pfeffer, Senf, Bockshornklee, Nelken, Kardamom und Reis auf einem Blech verteilen. Der Reis gibt dem Gewürz ein Toastaroma. 6 Minuten im Ofen rösten, abkühlen und fein mahlen. Das geht in einer Gewürzmühle, im Mörser oder in einem hohen schlanken Becher mit dem Pürierstab – mit einem Tuch um den Stab herum zudecken, damit es nicht staubt. Das Gewürz hält gut, in den ersten Wochen schmeckt es am besten.

Sie können damit Currys, aber auch Fleisch oder Fisch würzen:

Vier 1 cm dicke Schwertfischsteaks mit Salz und viel Glücksgewürz würzen, von beiden Seiten je 1–2 Minuten braten, mit 1 EL Limettensaft ablöschen, 4 EL Kokosmilch zugeben, aufkochen, mit Shisokresse und Koriandergrün bestreut servieren.

Grünkohl

Im Jahr 2006 hieß der Amtsinhaber Christian Wulff. Otto Schily, Helmut Kohl und Guido Westerwelle waren seine Vorgänger – nein, nicht im Amt des niedersächsischen Ministerpräsidenten, sondern als Oldenburger Grünkohlkönige. Einerseits ist diese Königswahl ein Marketing-Witz der Oldenburger Stadtväter, andererseits ist das seltsame Amt aber auch ein Indiz für die besondere Stellung des Kohls in unserem Land: Wein-, Milch- und Erdbeerköniginnen werden nicht nach ihrer politischen Prominenz ausgewählt.

Im angloamerikanischen Raum werden die Deutschen heute noch »Krauts« genannt. Der Spitzname ist verständlich: Denken Sie sich kurz zurück in einen Gemüseladen, wie er bis Mitte der siebziger Jahre existierte, oder kaufen Sie heute Ihr Gemüse im Winter bei einem Biobauern: Was gibt es da? Knollen und Kohl – Gemüse, die sich einen Winter lang halten. Grünkohl schmeckt sogar besonders gut, nachdem die ersten Fröste einen Teil der in den Blättern gelagerten Stärke in Zucker umgewandelt haben.

Am liebsten essen wir Grünkohl mit Pinkel oder Braunkohl mit Bregen, deftige Gerichte, bei denen der Kohl so lange gekocht wird, bis sich seine Aromen vollständig mit den Düften der mitgegarten Würste vermählt haben. (Für meine süddeutschen Leser: Pinkel ist eine geräucherte Grützwurst, also eine Wurst, die vor allem aus Hafer- oder Gerstenschrot, Schweineschmalz und Zwiebeln besteht. Braunkohl heißt Grünkohl, wenn er gekocht wird, bis er seine Farbe verliert, und Bregen sind rohe oder leicht geräucherte Mettwürste.)

Aber gäbe es nicht auch andere Anwärter für den Ehrentitel »Kraut«?

1. American Krauts: Greens and Pot Likker gehören zu den amerikanischen Südstaaten wie das Southern Cross, die Kriegsflagge der Konföderierten im amerikanischen Bürgerkrieg. Dafür kochen Scarlett O'Haras Enkelinnen geräucherte Schweinshaxen mit Grünkohl, Senfblättern, Brunnenkresse und anderen Wildkräutern. Fleisch und Gemüse servieren sie mit Relish und Essig. Die Garflüssigkeit, Pot Likker, gibt es als Suppe dazu.

2. Krauti italiani: Ribollita, die toskanische Gemüsesuppe, für die es so viele Rezepte gibt wie Gemüsereste im Hause einer armen Landarbeiterfamilie. Zwei Zutaten kommen immer hinein: Weißbrot und Grünkohl. Toskanischer Grünkohl gilt als besonders fein, er heißt auf Italienisch »cavolo nero«, Schwarzkohl.

Die portugiesische Nationalsuppe: Caldo Verde

- **Rustikaler Eintopf**

1 Zwiebel, 4 Knoblauchzehen, 1 Selleriestange,
750 g mehlige Kartoffeln, 4 EL Olivenöl,
500 g große Venusmuscheln, Salz, Pfeffer,
1 Stück Speckschwarte (nach Belieben),
1 Lorbeerblatt, 500 g junge Grünkohlblätter,
100 g portugiesische Paprikawurst (Chorizo)

Zwiebel, Knoblauch, Sellerie und die Kartoffeln schälen und würfeln. Das Olivenöl erhitzen, die Muscheln ins Öl geben, mit Wasser ablöschen, zudecken und 5 Minuten kochen, bis sich die Muscheln geöffnet haben. Venusmuscheln herausnehmen, stattdessen das Gemüse in den Topf geben, mit Salz und Pfeffer würzen und 5 Minuten anschwitzen. 1,5 l Wasser oder Gemüsebrühe zugeben, evtl. auch ein Stück Speckschwarte und ein Lorbeerblatt. 20 Minuten kochen, grob pürieren.

500 g junge Grünkohlblätter waschen, dicke Blattrippen entfernen. Die Kohlblätter aufrollen, in feine Streifen schneiden, 10–20 Minuten in der Suppe fast weich kochen. 100 g portugiesische Paprikawurst (Chorizo) würfeln, kurz anbraten, mit den Muscheln in die Suppe geben. Mit Olivenöl beträufeln.

Nie mit Muscheln?

Carlos L. und Günter R. schrieben: »Als Brasilianer und heftige Portugalbesucher haben wir noch nie (!) eine Caldo verde mit Muscheln im Lokal oder bei Muttern bekommen, selber gekocht, darüber im Kochbuch oder woanders gelesen. Haben wir etwas versäumt, oder haben Sie etwas durcheinandergebracht?«

Die beiden haben völlig recht: Die Anregung für das Caldo-verde-Rezept mit Muscheln stammt aus einem Buch, dass ich sehr schätze: »The cook's companion« von der australischen Köchin Stephanie Alexander, wahrscheinlich keine Expertin für klassische portugiesische Küche. Da mir die Idee aber gut gefällt, habe ich das Rezept darauf aufgebaut – als professioneller Koch und Rezeptautor versuche ich häufig auch bekannte Rezepte weiterzuentwickeln, um den Geschmack zu modernisieren, um schwere Gerichte zu erleichtern oder um Ihnen eine spannende Variante zu präsentieren. Ein bisschen »Gerlach« steckt auch bei klassischen Gerichten meistens mit drin. Für die authentische Suppe können Sie die Muscheln weglassen und stattdessen etwas mehr Chorizo verwenden.

Hagebutte

»Ein Männlein steht im Walde ganz still und stumm. Es hat von lauter Purpur ein Mäntlein um …« Sie denken an Fliegenpilze? Auch der Illustrator meiner Goldenen Liederfibel zeichnete Pilze als Noten zu Hoffmann von Fallerslebens Kinderlied – doch es geht um Hagebutten, die Früchte der Rosen.

Um Auendorf auf der Schwäbischen Alb, ein Dorf in karger Gegend mit dornigen Hecken, sammelten früher junge Mädchen Hagebutten nach dem ersten Frost. Sie halbierten die Früchte, kratzten Kerne und Borstenhaare heraus und trieben Schalen und Fruchtfleisch im Schein trüber Petroleumfunzeln durch feine Kupfersiebe. Später gingen die Dorfbewohner mit dem Haegenmark hausieren. Heute kommt Mitte September der erste Zwanzigtonner mit Hagebutten aus Osteuropa, die Wildfrüchte werden dort immer noch mit der Hand gepflückt, nach Auendorf.

Auch Ernst Clement (www.hagebuttenmark.de) bezieht sie aus dem Osten. Seine Familie beliefert nicht nur den Münchner Viktualienmarkt mit ungezuckertem Mark und dem fertigen Brotaufstrich. Ihr Geheimnis liegt in der schonenden Herstellung: Hagebutten enthalten mehr als ein Prozent Vitamin C, fast so viel wie die tropische Acerolafrucht. Dummerweise ist das Vitamin hitzeempfindlich, es oxidiert leicht an der Luft und verträgt auch keine Kälte. Gekochter Brotaufstrich aus Hagebutten enthält nur noch etwa ein Zwanzigstel der ursprünglichen Menge. Deshalb quetscht Clement die Früchte und lässt sie in dicken Schichten einige Tage weich werden. Anschließend kommen sie in die Passiermaschine: Das erste Sieb entfernt die Kerne, das zweite jene feinen Borsten, die Kinder gern als Juckpulver benutzen. Bei 75 Grad wird das Mark pasteurisiert, so dass zwei- bis dreimal so viel Vitamin C und reichlich Geschmack erhalten bleiben. Brotaufstriche aus dem dicken Püree binden ohne Pektin und langes Kochen.

Alle Rosen bilden Hagebutten, aber die runden großen Früchte der Gartenrosen schmecken bitter. Längliche Früchte von Heckenrosen können Sie selbst sammeln. Lagern Sie die halbierten Früchte einige Tage, oder frieren Sie sie kurz ein, bevor Sie die Hagebutten passieren und dann mit Hilfe eines Thermometers 20 Minuten im Wasserbad pasteurisieren. Vorher aber müssen die Kerne raus: OP-Handschuhe besorgen, die Früchte aufschneiden und mit einem Löffelstiel auskratzen, dieser Teil der Arbeit ist der Grund, warum Hagebutten aus der Mode gekommen sind, obwohl sich das Püree nicht nur für Brotaufstriche eignet, sondern auch in Schmorgerichten und Wildsaucen sehr gut schmeckt. Die dritte Strophe des Liedes fehlt in vielen Gesangsbüchern, denn der Text wird gesprochen: »Das Männlein dort auf einem Bein. Mit seinem roten Mäntelein. Und seinem schwarzen Käppelein. Kann nur die Hagebutte sein!«

Knöchele mit Löchele

• Baden-württembergisches Schmorgericht

250 g Zwiebeln, 250 g Petersilienwurzeln, 4 Knoblauchzehen, 4 Kalbsbeinscheiben, 2 EL Öl, Salz, Pfeffer, 2 EL Zucker, ca. 350 ml Weißwein, 4 EL Hagebuttenmark (ungezuckert), 1 EL Butterstückchen, 1 EL gehackter Thymian

Zwiebeln, Petersilienwurzeln und Knoblauchzehen schälen, vierteln. Beinscheiben mit dem Öl in einem Schmortopf goldbraun braten. Aus dem Topf nehmen, würzen. Das Gemüse kurz anbraten und mit dem Zucker karamellisieren, dann die Beinscheiben wieder dazugeben. Mit einem kräftigen Schuss Weißwein ablöschen, einkochen. Immer wieder ablöschen, bis eine halbe Flasche Wein verbraucht ist.

Mit 400 ml Wasser oder Brühe knapp bedecken und bei geringer Hitze zugedeckt 1,5 Stunden schmoren. Abschmecken, Hagebuttenmark, Butterstückchen und Thymian unterschwenken und mit Spätzle servieren.

Schwäbische Spätzle

- **Beilage**

400 g (Spätzle-)Mehl,
4 Eier, Salz,
1 EL Butter

Für den Spätzleteig in einer Schüssel Mehl, Eier und einen knappen halben Teelöffel Salz mit einem Kochlöffel verschlagen, bis der zäh-dickflüssige Teig Blasen wirft. (Ein etwas gröberes Mehl ergibt den besten Biss in den fertigen Nudeln, die korrekte Bezeichnung ist »Dunst«, manchmal heißt es »Spätzlemehl«.) Falls der Teig zu fest ist, einige Esslöffel Wasser dazugeben.

Teig kurz ruhen lassen und dann portionsweise mit einer langen Palette von einem Holzbrettchen Spätzle in kochendes Salzwasser schaben. Sobald die Spätzle an die Oberfläche steigen, mit einem Schaumlöffel herausnehmen und in einer Schüssel mit kaltem Wasser abschrecken. Sobald alle Spätzle fertig sind, abgießen und mit wenig Butter in einer Pfanne warm schwenken – dabei auf keinen Fall anbraten.

Echt schwäbische Spätzle mit der Hand zu schaben erfordert etwas Übung. Aber geschabt schmecken sie einfach am besten – muss ich, auch als bayerischer Lokalpatriot, leider zugeben. Suchen Sie sich eine schwäbische Schwiegermutter! Einfacher ist es allemal, die Spätzle mit der Spätzlepresse oder dem Spätzlehobel zu machen, in beiden Fällen muss der Teig etwas dünner sein.

Holunderblüten

Es war einmal eine Frau, die hieß Holle und wohnte im Hollerbusch. Ihr germanischer Name war Hulda, eine Fruchtbarkeits- und Totengöttin. Wo sie vorbeikam, schneite es: Holunderblüten. Die Blüten standen für die lichten Seiten der Göttin, die Beeren für die dunklen. Im Zusammenprall mit dem Christentum wurde Hulda dämonisiert, ihr Totenreich zur Hölle. – Die Geschichte klingt heute noch gut, obwohl sie falsch ist. Sie stammt aus dem 19. Jahrhundert, als Philologen begannen, die germanische Götterwelt zu systematisieren. Im Überschwang erfanden sie Götter, die es vorher nicht gegeben hatte: Hulda zum Beispiel. Frau Holle, die Märchenfigur, wohnt auch nicht in dem Busch, ihr Wortstamm ist der gleiche wie in »verhüllen«, während Holunder in einem griechischen Wort wurzelt: *kelainos*, schwarz.

Holunderblüten können Sie nicht kaufen. Aber ein Busch genügt, um duftende Dolden für ein ganzes Jahr zu pflücken. Wählen Sie trockene Blüten, die gerade aufgeblüht sind. Regen spült die Duftstoffe fort, kurzes Waschen schadet kaum, dabei entfernen Sie vor allem den aromaarmen Pollen und die eine oder andere Blattlaus. Zu Hause müssen Sie entscheiden: Ziehen Sie die Blüten durch Pfannkuchenteig, und backen Sie sie in Butter knusprig. Oder Sie kochen 8 bis 10 Dolden mit 1 kg Erdbeeren, 4 EL Zitronensaft und 1 kg Gelierzucker ein. Dabei die Dolden mit einer Gabel aus der fertigen Konfitüre fischen. Sie könnten die Blüten auch trocknen und als hustenlösenden, fiebersenkenden Tee aufbewahren.

Aber noch bevor ich Kücherl backe, Konfitüre rühre oder Tee trockne, koche ich immer einen Sirup: 12 Dolden in eine Schüssel legen, mit Scheiben von 3 Bio-Zitronen bedecken, leicht drücken, mit 600 ml Weißwein begießen. 2 bis 3 Tage kühl ziehen lassen. Den Wein durch ein Sieb gießen, mit 600 g Zucker 2 Minuten kochen, in Bügelflaschen füllen, verschließen. Für Kinder den Wein durch 500 ml Wasser und 100 ml Zitronensaft ersetzen.

Süße Verwendungen liegen nahe: Mein neuer Sommerdrink besteht aus 2 cl Aperol, 2 cl Hollersirup, 4 Eiswürfeln und einem Schluck Weißwein. Jedes Rhabarberkompott, alle Fruchtsaucen und die meisten Quarkcremes bekommen einen Spritzer Sirup.

Verfeinern Sie aber auch Salatsaucen mit dem edlen Saft: Für 1 kg gekochten Spargel 3 EL Sirup mit 1 TL scharfem Senf, 2 EL Essig und einer Hand voll Kerbel in den Mixer geben, kräftig würzen und mit 100 ml Olivenöl pürieren.

Und wenn Sie ein Rehragout zubereiten, ersetzen Sie das Johannisbeergelee für die Sauce einfach durch unseren Sirup.

Risotto mit Holunderzwiebeln

250 g sehr kleine Zwiebeln (z.B. Perlzwiebeln),
3 EL Butter, 2 EL Balsamessig (siehe S. 29),
Salz, Pfeffer, 1,1 l Brühe,
3 EL Holunderblütensirup,
300 g Rundkornreis, 4 EL Vermouth,
50 g harter Ziegenkäse,
1 Bund Petersilie

Zwiebeln schälen und halbieren, in einem kleinen Topf mit 2 EL Butter 5 Minuten braten. Mit dem Balsamessig löschen, salzen, pfeffern und zugedeckt mit 100 ml Brühe bei milder Hitze 15 Minuten garen. Am Ende, wenn die Brühe verdunstet ist, mit Holunderblütensirup glasieren. 1 l Brühe aufkochen, warm halten.

Den Reis in einem dritten Topf mit 1 EL Butter 2 Minuten rösten. Mit Vermouth löschen, einkochen. Nach und nach die Brühe zum Reis geben, immer wieder umrühren. Den Käse reiben, die Petersilie zupfen und hacken. Nach 20 Minuten das Risotto vom Herd nehmen, Ziegenkäse und Petersilie unterrühren. Mit den Zwiebeln sofort servieren.

Frage des Küchenalltags

Hier habe ich eine Frage an Sie, auf die ich bisher keine befriedigende Antwort finden konnte. Es heißt, man solle Holunderblüten mittags (oder abends?) sammeln, wenn der Tau getrocknet sei. Nicht nur Holunder, jede Pflanze duftet zu verschiedenen Zeiten verschieden stark, meist richtet sich der Rhythmus nach den bestäubenden Insekten, nach der Temperatur oder nach dem Lichteinfall. Wie tickt die Duftuhr der Holunderblüte, und was bestimmt ihren Rhythmus? Schreiben Sie mir Ihre Antwort!

Hokkaidokürbis

Amerikanische Kanonenboote landeten 1853 in Edo, heute Tokio, um die Aufnahme von Handelsbeziehungen und die Öffnung des japanischen Marktes für die Westmächte zu erzwingen. Kurz darauf verpflichtete sich Japan (im Vertrag von Kanagawa) dazu, tatsächlich seine Märkte zu öffnen – zwei Jahrhunderte der Isolation gingen zu Ende, die starre japanische Feudalherrschaft wurde 1867 durch eine – damals moderne – Monarchie ersetzt.

Herr Onishi vom Landwirtschaftsministerium in Sapporo, Hokkaido, erläuterte mir die Folgen dieser Geschichte für seine Provinz: »Die japanische Insel Hokkaido war bis dahin ein wenig besiedeltes Gebiet für Fischer und Jäger gewesen. Amerikanische Agrarberater brachten 1878 den ersten Kürbis aus Amerika nach Hokkaido. Die Sorte hieß »Hubbard«, japanisch »Masakari«, und war verbesserungsbedürftig. Wir machten uns an die Arbeit, und im Lauf der Jahre wurde aus dem harten und geschmacksarmen Hubbard der kleine strahlend orangerote Kuri aji, lateinisch *Cucurbita maxima convar. Hubbardiana.*« »Kuri« heißt Kastanie, »aji« Geschmack, und sein Name trifft das wichtigste Merkmal dieses Kürbisses sehr gut – ein nussiges Maroniaroma. Seit er in seiner neuen Form zurück in den Westen kam, wird der Hokkaidokürbis immer beliebter, denn der feine Geschmack ist nur eine seiner vielen guten Eigenschaften:

1. Die Größe von 1 bis 2 Kilo ist familienfreundlich, die Kürbisschale ist sehr dünn und damit essbar.

2. Das Fruchtfleisch zerfällt kaum beim Kochen, ideal für ge-

dünstetes Kürbisgemüse oder ein Risotto. Dafür das Fruchtfleisch mit Schale klein würfeln und 5 Minuten mit Knoblauch, Kräutern und Olivenöl dünsten, bevor Sie den Reis in den Topf geben, kurz mit dem Kürbis rösten und dann mit Wein und Brühe aufgießen (siehe auch Seite 324).

3. Obwohl das Fruchtfleisch so stabil ist, enthält es keine wahrnehmbaren Fasern. Sie können den Hokkaido würfeln und weich kochen oder größere Stücke im Ofen weich backen. Wenn Sie den Kürbis dann nicht mit einer Joghurt-Schnittlauch-Sauce oder mit Koriander und dem Zitronen-Dip von S. 319 servieren wollen, dann pürieren Sie das Fruchtfleisch doch einfach. Ein Hokkaidokürbis-Püree wird glatt wie ein Babypopo. In der zahnlosen Periode der Neuen Deutschen Küche, als Anfang der achtziger Jahre alles Erdenkliche in den Küchenmixer kam, um dann mit Trüffelsößchen serviert zu werden, wäre der Kuri aji ein Knaller gewesen – aber da war er noch in Hokkaido.

Kürbisnocken

1 kg Hokkaidokürbis, 75 g Mehl,
50 g Paniermehl, Salz,
Muskat, 1 Bund Schnittlauch,
3–4 cm Meerrettichwurzel
(oder 2–3 EL geriebener Meerrettich, siehe S. 80),
2–3 EL Butter

Den Backofen auf 170 Grad (Umluft) vorheizen. Hokkaidokürbis waschen, entkernen und in große Spalten schneiden. Auf einem geölten Blech ca. 45 Minuten im Ofen garen. Kürbis schälen, braune Schnittflächen entfernen, 500 g Kürbisfruchtfleisch abwiegen und pürieren, z.B. mit einer Kartoffelpresse. Mehl und Paniermehl unter das Kürbispüree kneten. Mit Salz und Muskat kräftig abschmecken.

Den Kürbisteig auf einer mit Mehl bestäubten Arbeitsfläche zu fingerdicken Strängen rollen, 2 cm lange Stücke abschneiden und mit bemehlten Händen zu kleinen Kugeln formen. In einen großen Topf mit leicht siedendem Salzwasser legen. Sobald die Gnocchi nach oben steigen, die Hitze reduzieren und 5 Minuten ziehen lassen.

Den Schnittlauch schneiden, den Meerrettich schälen und fein reiben. Butter in einer Pfanne aufschäumen, Kürbisnocken darin schwenken und mit reichlich Schnittlauch und frisch geriebenem Meerrettich servieren. Knusprig gebratene Salbeiblätter und geriebener Käse schmecken selbstverständlich auch sehr gut dazu.

Spangenbergs Weinempfehlung

2004 Willi Schaefer Riesling QbA, Weingut Willi Schaefer, Mittelmosel

»In einer der steilsten Lagen reifen die Rieslingtrauben des kleinen Weingutes von Weltruf. Die saftige reife gelbe Frucht dieses leicht restsüßen Moselrieslings harmoniert wunderbar mit der frischen Schärfe von Schnittlauch und Meerrettich.«

Imkerhonig

Wir sind Weltmeister im Honigschlecken. Jedes Jahr isst jeder Deutsche 1400 Gramm Honig, zusammen ein Zehntel der Welternte. Ein Titel, über den wir uns wahrlich freuen dürfen. Honig ist so gesund, dass wir uns die golden gefüllten Gläschen eigentlich in der Apotheke holen müssten.

Die Begriffe Honig, Imkerhonig und Bienenhonig beziehen sich auf dasselbe Produkt: Imkerhonig sagen wir, um die Leistung unserer rund 90000 Hobby- und Nebenerwerbsimker zu loben – sie produzieren fast den gesamten deutschen Honig. Wie der entsteht? Bienen sammeln Nektar aus Blüten oder Honigtau, also die süßen Sekrete von Pflanzensaugern, Blattlauskacke. Beides versetzen die Sammlerinnen schon während des Fluges in ihrem Honigmagen mit Enzymen, die große Zuckermoleküle in kleine Frucht- und Traubenzuckermoleküle zerlegen. Zurück im Stock, wandert der süße Saft von Biene zu Biene, also von Magen zu Magen, und wird dabei jedes Mal mit neuen Enzymen angereichert. Die letzte Biene lässt den halbfertigen Honigtropfen an ihrem Rüssel trocknen und füllt ihn dann in eine Wabe, wo der Honig weitertrocknet und fermentiert. Nach drei Tagen ist der Wassergehalt auf knapp 20 Prozent gesunken, der Honig ist fertig und wird mit einem Wachsdeckel verschlossen. Ein Teil der Blütenduftstoffe oder harzigen Tannenaromen übersteht die Prozedur und gibt dem Honig seinen Geschmack.

Neben Zucker und Wasser enthält Honig eine Vielzahl von Mineralstoffen, Enzymen und Aromastoffen. Er wirkt antibakteriell, hilft bei der Wundheilung und stärkt die Abwehrkräfte.

Sogar die Verunreinigungen im Honig durch Bienenspucke und Blütenstaub stärken wahrscheinlich unser Immunsystem, indem sie es trainieren und so vor Überreaktionen, Allergien, bewahren. Allerdings gibt es auch die gegensätzliche Meinung, dass Pollenspuren im Honig Allergien bei Kleinkindern auslösen könnten.

Zur Allergievorbeugung mit Honig wäre es am günstigsten, Honig zu verwenden, den Bienen in der Nähe Ihres Wohnorts sammeln, der also auch die für Ihre Gegend typischen Pollen enthält. Für Honig aus der Region sprechen noch andere Gründe: Nur bei »Echtem Deutschen Honig« nach den Richtlinien des deutschen Imkerbundes und bei Bio-Honig können Sie sicher sein, dass Ihr Honig bei Bienenstocktemperatur, 37 Grad, geschleudert wird. Konventionelle Import-Honige werden zur Verflüssigung erhitzt, wertvolle Inhaltsstoffe gehen kaputt. Am besten wäre es, wenn Sie den Standort Ihres Imkers kennen, im Umkreis von vier bis fünf Kilometern sollten weder Autobahnkreuze noch Atommülldeponien liegen.

Kokosreis mit Honigmango

- **Dessert**

1 reife Mango, 3 EL Honig,
2–3 Zweige Zitronenthymian, 1 EL Aperol
(oder Campari), 200 g Rundkornreis,
400 ml Kokosmilch, 1 Beutel Vanillezucker,
1 Zimtstange (oder 1 TL Zimtblüten, siehe S. 316)

Die Mango schälen, das Fruchtfleisch in 2 cm große Würfel schneiden, mit Honig, den Blättchen vom Zitronenthymian und

1 EL Aperol marinieren. Den Rundkornreis in Salzwasser 10 Minuten kochen, abgießen. 100 ml Wasser mit der Kokosmilch, 1 Beutel Vanillezucker und 1 Zimtstange mit dem Reis aufkochen, bei schwacher Hitze 12 Minuten fertig garen. Immer wieder umrühren und mit den Früchten servieren.

Ingwer

Für die Olympischen Spiele 1972 in München kauften meine Eltern einen Fernseher. Kurz danach lief eine zehnteilige Serie über südostasiatische Küche im Dritten Programm. Ein Rezept aus dieser Reihe habe ich damals mit großer Begeisterung und der Hilfe meiner Mutter nachgekocht. Ich erinnere mich an Hühnchen, Erdnüsse, Kokosmilch und Ingwer – wahrscheinlich eine Art Saté. Frischen Ingwer gab es nur in einem Asienladen in der Stadt.

Damals begann die Blütezeit des Gewürzes in deutschen Küchen. Genau genommen: die zweite Blütezeit, denn schon vor 1000 Jahren wurde Ingwer im großen Stil über den Mittelmeerraum nach Europa importiert und hier nicht nur für »gingerbread« – also Lebkuchen – verwendet, sondern auch für Fleischgerichte. Dabei hatten die mittelalterlichen Köche zwei Besonderheiten der Ingwerwurzel gut erkannt: Erstens passt Ingwer als eines der ganz wenigen Gewürze genauso gut in die süße wie die salzige Küche. Zweitens wirkt Ingwer antibakteriell, er besitzt ähnliche Eigenschaften für die Gesundheitsvorsorge wie Meerrettich oder Zwiebeln. Zusätzlich hilft Ingwer gegen Übelkeit. Heute gibt es deswegen Ingwerkapseln gegen Reisekrankheit, im Mittelalter war die Wirkung für die Gesundheit wohl eher wichtig im Zusammenhang mit mangelhafter Kühlung bei Fleisch.

Heute gibt es ganzjährig frischen Ingwer, den Sie schälen und dann reiben oder hacken, wenn der Ingwer im Gericht bleibt. Für Suppen oder Saucen, die Sie später passieren, eignen sich Scheiben besser.

Neben ausgewachsenen Ingwerwurzeln mit ihrer sandfarbenen Haut gibt es immer häufiger auch hellen jungen Ingwer mit grünen Trieben. Junger Ingwer schmeckt milder, seine Fasern sind weniger ausgeprägt. Dünne Scheiben aus jungem Ingwer schmecken auch in größeren Mengen fast wie ein Gemüse.

Probieren Sie einmal diesen indischen Salat: 1 Dose Kichererbsen abgießen, abspülen, abtropfen lassen. 100 g jungen Ingwer in hauchdünne Scheiben schneiden, mit dem Saft einer halben Limette mischen, kräftig salzen und pfeffern, 10 Minuten ziehen lassen. Ingwer und Kichererbsen mischen, 3 EL Sonnenblumenöl zugeben und mit 1 Bund Koriander bestreuen.

Ingwerwurzeln sind keine echten Wurzeln, sondern Rhizome, miteinander verflochtene Sprossen, die sich an manchen Stellen verdicken, um Nahrung für die Pflanze zu speichern. Beim Ingwer nennt man Rhizome Hände, bei Kartoffeln Knollen. Korrekt wäre es, wenn Sie auf dem Markt eine Hand Ingwer verlangen. Wenn eine kleine Menge reicht, bricht Ihnen der Händler ein Stück ab. Ist das dann ein Ingwer-Finger?

Ingwerplätzchen

200 g Rohmarzipan, 125 g Puderzucker,
1 EL geriebener Ingwer, 1/2 TL Zimt,
1 TL geriebene Orangenschale, 2 Eiweiß,
2 EL Mandelblättchen,
für die Füllung: 200 g Kuvertüre,
30 g Butter, 60 ml Sahne, 1 TL Rum

Den Backofen auf 180 Grad vorheizen (keine Umluft). Marzipan mit Puderzucker, Ingwer, Zimt, Orangenschale und Eiweiß zu einem weichen Teig verkneten. Mit einem Teelöffel kleine Teigkleckse auf ein mit Backpapier ausgelegtes Blech setzen, mit feuchten Fingern flach drücken und mit Mandelblättchen bestreuen. Auf der zweituntersten Schiene 10–12 Minuten hellbraun backen.

Gefüllt sind die Kekse besonders fein: Kuvertüre hacken, mit Butter, Sahne und Rum in einer kleinen Metallschüssel über einem passenden Topf mit kochendem Wasser schmelzen. Im Kühlschrank abkühlen. Jeweils ein haselnussgroßes Stück Schokoladenmasse zwischen zwei Keksen flach drücken.

Hochprozentig

Hanna E. und Jens W. aus Aachen pflanzen Ingwerknollen in Blumentöpfe, sie schrieben: »Die Ingwerzucht ist (in deutschen Wohnzimmern) sehr langwierig, kostenintensiv, wenig gewinnbringend, aber sehr, sehr beruhigend. In größtem Vertrauen in Ihre Rezeptur kauften wir die doppelte Zutatenmenge ein. Geschmacklich sind die Plätzchen ein wahrer Hochgenuss. Wirklich!! Da jedoch das gemeine Ingwerplätzchen aus vielen süßen Elementen besteht, geben wir an dieser Stelle den wohlwollenden Ratschlag, die Plätzchen mit einem nicht zu knapp bemessenen trockenen Sherry zu genießen. Außerdem haben wir die Kuvertüre statt mit Sahne mit reinem Zuckerrohrschnaps (43 vol.%) gewürzt. Das ist uns recht gut gelungen. Wir sind noch immer erstaunt, dass die Schokoladenfüllung dennoch fest geworden ist. Außerdem ist somit auch für laktoseintolerante Genießer der Keks nun essbar.«

Jalapeños

Kurz nach der amerikanischen Invasion Afghanistans schrieb die indische Schriftstellerin Arundhati Roy den Essay »War is Peace«. Darin heißt es in Bezug auf den amerikanischen Wunsch, eine neue Regierung in Afghanistan einzusetzen: »Kann man sich eine Portion Demokratie bestellen, mit Extra-Käse und Jalapeño-Chilis?« Warum schreibt Roy in diesem Zusammenhang von Jalapeños? Die dicken, grünen Schoten mit dem stumpfen Ende stammen doch aus der Gegend von Xalapa und bilden zusammen mit dem extrem scharfen Habanero-Chili und den milderen Poblano-Chilisorten eine Grundlage der mexikanischen Küche.

Schon vor mehr als 100 Jahren versuchten Züchter der New Mexico State University, milde Versionen mexikanischer Chilisorten zu züchten, um die scharfen Früchte auch für Gringo-Gaumen erträglich zu machen. In den fünfziger Jahren des vergangenen Jahrhunderts verhalf die Sorte New Mexico Nr. 9 der mexikanischen Küche zum Durchbruch, die Tex-Mex-Küche mit Gerichten wie Chili con Carne wurde in den südlichen Staaten der USA geboren. Ein prägendes Gericht sind gefüllte Jalapeños: Ehrgeizige Köche rösten die Schoten bei größter Hitze im Ofen oder über dem Grill, bis sich die Haut löst. Dann werden sie geschält. Sie können die Schoten aber auch roh halbieren und entkernen – so steht es in allen Rezepten, dabei liegt die Schärfe von Chili nie in den Samen, sondern ausschließlich im Fruchtfleisch und im weißen Plazenta-Gewebe im Inneren der Schoten. Anschließend füllen Sie die Chilischoten am besten mit Frischkäse und Kräutern: Zum einen mildern Milchprodukte Chilischärfe;

das Milcheiweiß Kasein löst, fast wie ein Spülmittel, die scharfen Capsaicin-Moleküle von den Schmerzrezeptoren, an die sie andocken. Zum anderen können Sie die Jalapeños mit Hilfe des Frischkäses leicht wieder zusammensetzen und mit Eiern und Maisgrieß oder Brotbröseln panieren und frittieren.

Wenn Sie die panierten Jalapeños einfrieren, laufen die Schoten beim Ausbacken nicht aus, und Sie könnten die gefrorenen Schoten weltweit verschiffen und verkaufen. Das haben amerikanische Fast-Food-Ketten getan und so dafür gesorgt, dass auch Arundhati Roy im fernen Indien Jalapeños mit nordamerikanischer Kultur assoziiert.

Jalapeño-Pfirsich-Salsa

- **Grill-Dip**

4 reife Pfirsiche, 2 EL Limettensaft,
4 cm Ingwerwurzel, 1–5 Jalapeños,
100 g (Thai-)Schalotten,
1 Bund Thaibasilikum
oder Koriander, Salz, Zimt

Die Pfirsiche kreuzweise einritzen, ca. 20 Sekunden in kochendes Wasser geben, dann kalt abschrecken und die Haut abziehen. Das Fruchtfleisch von 2 Pfirsichen klein würfeln, den Rest mit dem Limettensaft pürieren. Ingwerwurzel schälen und in Scheiben schneiden. Jalapeños mit Kernen und Trennwänden (oder ohne, je nach Geschmack) und dem Ingwer fein hacken. Schalotten schälen und würfeln. Die Blättchen vom Thaibasilikum hacken.

Alle Zutaten mischen, salzen und mit einer Prise Zimt abschmecken. Zu gegrillten Würstchen (siehe S. 147), Lammkoteletts oder Auberginenscheiben servieren.

Jerusalem-Artischocke

Überlebende einer Hungersnot unter französischen Auswanderern in Kanada schickten einige der unbekannten Knollen, die ihnen das Leben gerettet hatten, nach Paris, Hauptstadt der Küche. Und in den Vatikan, Zentrale für Wunder. Die Franzosen benannten die Indianerkartoffel nach einem Indianerstamm, der zufällig gerade zu Besuch war: *topinambour*. Päpstliche Gärtner einigten sich auf *girasole articiocco*, »Sonnenblumen-Artischocke«, was ein viel besserer Name ist, denn die Pflanze gehört zu den Sonnenblumen und schmeckt wie eine Artischocke. Engländer konnten *girasole* nicht aussprechen und versuchten es mit *Jerusalem artichoke*.

Eine Weile hießen die Knollen »Diabetikerkartoffel«, das können Sie sofort wieder vergessen, führt uns aber zu einem ihrer wichtigen Inhaltsstoffe: Inulin sättigt, ohne den Insulinspiegel zu beeinflussen. Das langkettige Speicherkohlenhydrat wird erst im Enddarm teilweise zu kurzkettigen Fettsäuren fermentiert. Diese fördern die lokale Bifiduspopulation, also eine gesunde Darmflora. Inulin ist ein prebiotischer Ballaststoff, der wahrscheinlich hilft, Darmkrebs vorzubeugen. Einziger Nachteil: Bei der Fermentation entstehen Gase. Inulin kommt auch in Chicorée, Spargel, Zwiebeln und anderen Gemüsen vor, meiner Meinung nach gibt es keinen Grund, einer ausgewogenen Ernährung Topinambur-Schlankheitspillen und -pülverchen zuzufügen.

Wenn Sie eine Knolle in die Erde stecken, sind Sie bis an Ihr Lebensende mit Jerusalem-Artischocken versorgt, die Pflanze blüht schön wie eine kleine Sonnenblume und wuchert wie verrückt. Im Herbst müssen Sie alle Triebe ausreißen und die Knollen ausgraben. Die Reste, die Sie dabei übersehen, reichen völlig aus, um die nächste Ernte zu sichern.

In der Küche verhält sich die Knolle fast wie eine Kartoffel, Jerusalem-Artischocken schmecken gekocht als Suppe, gebraten als Puffer oder im Herbstfeuer gebacken. Die Schale der Knollen ist so dünn, dass Sie zumindest fingerlange zarte Knollen nicht zu schälen brauchen, es genügt, sie zu schrubben. Leider trocknen die Knollen durch diese dünne Schale aus, bitte kühl und kurz lagern. Anders als Kartoffeln schmecken Jerusalem-Artischocken auch roh, fein geschnitten im Feldsalat, mit ein paar Tropfen Nussöl. Eine gute Beschäftigung für Ihren Trüffelhobel, wenn gerade mal keine Tartufi zur Hand sind.

Fritto Misto

- **Vorspeise**

100 g Peperoni, 100 g Staudensellerie,
5 EL Rapsöl, 1 Bund Salbei,
150 g Jerusalem-Artischocken,
250 g festes Fischfilet (z. B. Steinbeißer),
1 l Öl zum Frittieren, 1 EL Sojasauce, 1 Zitrone

Je 100 g Peperoni und Staudensellerie in Scheiben schneiden, in einer Schüssel stark salzen, nach 6–8 Stunden auf einem Sieb abtropfen lassen, in einem Glas mit Rapsöl begießen (hält ungekühlt 4 Wochen). 1 Bund Salbeiblätter zupfen, die Jerusalem-Artischocken in 1 mm dicke Scheiben schneiden. Fischfilet 1 cm dick schneiden, mit je 1 EL Öl und Sojasauce mischen.

Restliches Öl in einem breiten Topf erhitzen, nach und nach zuerst den Salbei, dann die Jerusalem-Artischocken knusprig frittieren, mit einem Sieblöffel herausnehmen, auf Küchenpapier abtropfen lassen. Den Fisch in ca. 5 Minuten goldbraun und knusprig ausbacken, ebenfalls abtropfen. Alles salzen und mit Peperoni und Zitronenschnitzen servieren.

Spangenbergs Weinempfehlung

2006 Weissburgunder QbA trocken, Weingut Schäfer-Fröhlich, Nahe

»Saftig und feinfruchtig, lebendig und duftig ist dieser grazile Weißburgunder, der aufgrund seiner Cremigkeit die unterschiedlichen frittierten Zutaten angenehm begleitet.«

Joghurt

Als Kind nahmen mich meine Eltern oft mit in eine kleine Joghurtfabrik. Dort gab es zarten Joghurt mit einer dicken Fruchtschicht am Glasboden, und wir packten immer reichlich davon ein. Heute fehlt Joghurts oft diese besondere zarte, doch stichfeste Konsistenz – ganz abgesehen davon, dass das »natürliche« Aroma für den Erdbeerjoghurt in den siebziger Jahren sicher noch nicht aus Stroh und Sägespänen destilliert wurde. Dafür sind moderne Joghurts prebiotisch, probiotisch oder sogar symbiotisch – alles irgendwie gesund.

Wahrscheinlich brachten wilde hunnische Horden den Joghurt nach Bulgarien – und wer dort die Hunnen überlebte, begann, täglich Joghurt zu essen. Die fleißigen Bakterien, die diesen Joghurt produzieren, nennen wir *Lactobacillus bulgaricus*. Vielleicht erklärt der regelmäßige Joghurtgenuss, warum in Bulgarien besonders viele Hundertjährige leben. Aber »biotisch« waren diese Joghurts sicherlich nicht.

Welche Bedingungen entscheiden über die Konsistenz im Plastikbecher? Konrad Kreuzer, Leiter des Fachzentrums für Milch-Analytik der Bayerischen Landesanstalt für Landwirtschaft, erklärt: »Zunächst wird homogenisierte Milch etwa zehn Minuten lang auf 80 Grad erhitzt. Dann dampfen wir die Milch bei niedrigen Temperaturen und Unterdruck etwas ein, um den Gehalt an Trockenmasse zu erhöhen – das Endprodukt wird dadurch stabiler. (Bei niedrigem Druck kocht und verdampft Wasser weit unter 100 Grad.) Bei 42 bis 44 Grad wird die Milch mit Milchsäurebakterien bebrütet, so der Fachausdruck. Für den klassischen, frisch-säuerlichen, stichfesten Joghurt ist das der Lactobacillus bulgaricus. Bebrütet wird im Becher, und nach drei Stunden ist der Joghurt fertig.«

Uns Deutschen ist der echte Geschmack aus Dschingis Khans Jurte heute allerdings zu intensiv. Milder, rechtsdrehender Rührjoghurt liegt im Trend. Konrad Kreuzer erklärt weiter: »Dafür wird die Milch mit anderen Kulturen geimpft, im Tank bebrütet, noch bevor der Joghurt ausgereift ist, cremig gerührt und nach zwölf Stunden abgefüllt.«

Viele Menschen vertragen leider keine Milch, genauer gesagt: den Milchzucker Laktose. Joghurtkulturen entwickeln reichlich Laktase, das Enzym, das den Milchzucker spaltet. Die Reifezeit des Joghurts ist zwar zu kurz, um Laktose vollständig abzubauen, es entstehen aber genügend Enzyme im Joghurt, die den Magen bei seiner Arbeit unterstützen. Joghurt ist deshalb auch bei Milchzuckerunverträglichkeit meist in Ordnung.

Fruchtjoghurt

12 EL Lieblingskonfitüre, 1 l Milch,
1 Joghurt mit Lactobacillus bulgaricus,
außerdem:
6 Schraubdeckelgläser (je 200 ml),
eine passende Schachtel,
Wärmflasche und evtl. ein Thermometer

Zur Familie der überflüssigen Haushaltsgeräte gehört der Joghurtbereiter, denn jeder hat ein Bett:

Spülen Sie die Schraubdeckelgläser heiß aus, und geben Sie in jedes Glas 2 EL Ihrer Lieblingskonfitüre. Milch mit dem Joghurt verrühren, auf 44 Grad erhitzen – das ist die Temperatur von heißem Badewasser. Vorsichtig in die Gläser füllen, in eine Schachtel stellen, eine Wärmflasche mit in die Schachtel legen. Wickeln Sie alles zusammen in Ihre nachtwarme Bettdecke – abends ist der Joghurt fertig.

Jungochsen

Denke ich an Fleisch, Fisch oder Geflügel, bin ich zwiegespalten: Einerseits sind es drei meiner Lieblingsspeisen, andererseits essen wir zu viel davon. Und das ist nicht gut für Umwelt und Gesundheit. Lösungen bieten die Antworten auf Fragen, die ich Erlinger-Fragen nenne: Welche Rolle spielen Tiere in unserem Leben oder unserem Menüplan? Kann das Tier dennoch artgerecht leben? Was kann ich dazu beitragen?

Rinder gehörten früher zum wichtigsten Besitz der Bauern. Kälber sollten zu Milchkühen oder Zugochsen heranwachsen. Erst wenn sie ihre Aufgaben im Betrieb nicht mehr erfüllen konnten, kamen Rinder in den Kochtopf. Nur wenige Tiere wurden direkt für die Fleischproduktion gezüchtet, denn um ein Kilo Rindfleisch zu erzeugen, brauchte es viele Kilo Getreide. Rindermast hatte also immer etwas Verschwenderisches und war für die Oberschicht bestimmt. In Vietnam zum Beispiel gab es Rindfleisch für die französischen Kolonialherren, Vietnamesen bekamen die Knochen – was langfristig zur berühmten vietnamesischen Suppenkultur führte. Auch die österreichische Küche mit ihren vielen Rindfleischgerichten war vor allem die Küche des kaiserlichen Hofstaates. Kein Wunder, dass wir uns so oft wie möglich ein Steak in die Pfanne hauen und uns dabei unbewusst jedes Mal wie ein kleiner Kaiser fühlen.

Durch Wirtschaftswunder und staatliche Förderung der Bullenmast wurde der Sonntagsbraten alltäglich und damit symbolisch entwertet. Praktisch führt das zu großem Kostendruck auf die Bauern und zu großen Mengen an minderwertigem Rindfleisch – trotz Subventionen lohnt sich die Viehzucht immer weniger. Also: Rettet den edlen Sonntagsbraten! Die Fleischqualität hängt von drei Faktoren ab:

1. Es gibt besonders gute Fleischrassen, zum Beispiel Angus-, Eringer, Hereford-, Limpurger oder Pinzgauer Rind.

2. Haltung, Futter, Schlachtung und Fleischreifung spielen eine wichtige Rolle.

3. Das Geschlecht der Tiere beeinflusst die Fetteinlagerung: Junge Ochsen wachsen langsamer als Bullen oder Färsen, dadurch wird ihr Fleisch marmoriert, zart und saftig. Ein gutes Beispiel in München sind die Ochsen vom städtischen Gut Karlshof, die in offenen Ställen mit hofeigenem Futter gemästet werden. Vielleicht kennen Sie die zarten Ochsen schon von der Ochsenbraterei auf dem Münchner Oktoberfest.

Kolonialherrenbraten

- **Edler Hauptgang**

800 g Rinderrücken, Salz, Pfeffer, 1 EL Koriandersamen,
1 EL Öl, 1 EL Butter, 2 Stängel Zitronengras,
100 g (Thai-)Schalotten, 1–2 Chilis, 6 La-Lot-Blätter
(heißen auch Betelblätter oder Pfefferblätter,
Alternativen: 1 Bund Thaibasilikum oder Koriander)
1 Bio-Orange, 100 ml Kalbsfond

Backofen auf 200 Grad vorheizen. Rinderrücken mit Salz, Pfeffer und Koriandersamen würzen. Je 1 EL Öl und Butter in einer ofenfesten Pfanne oder einem kleinen Bräter erhitzen. Den Braten von allen Seiten insgesamt 8 Minuten anbraten. Auf der untersten Schiene im Ofen je nach Dicke 20–25 Minuten rosa braten.

In der Zwischenzeit das Zitronengras mit Schalotten und Chilis fein schneiden, La-Lot-Blätter erst in Streifen schneiden, dann hacken. Die Schale einer halben Orange abreiben, den Saft der ganzen auspressen. Den Braten auf einem Teller ruhen lassen, die Gewürze in die Pfanne geben, umrühren und mit dem Saft löschen. 100 ml Kalbsfond zugeben, abschmecken und zum Fleisch servieren. Dazu passen zum Beispiel Salzkartoffeln.

Kalbfleisch

Ein wichtiges Merkmal von Kalbfleisch ist für uns die Farbe: Hellrosa muss es sein. So sind wir es gewöhnt, denn die meisten Kälber werden unmittelbar nach der Geburt von ihren Müttern getrennt und dann mit Milch, Pulvermilch oder flüssigen Futtermischungen im Stall großgezogen. Dafür gibt es Eimer mit Gummisauger, ähnlich wie bei Babyfläschchen. In Bayern heißt das »Diezi-Kiwe«, Schnullerkübel. Solange aber Kälber nur eisenarme Flüssignahrung zu sich nehmen, bleibt das Fleisch hell, denn der rote Fleischfarbstoff Myoglobin enthält Eisen.

Es gibt einen gegenläufigen Trend: Seit Einführung der Milchquotenregelung 1984 geht der Milchviehbestand in Deutschland zurück, Grünflächen werden frei. Seitdem haben unsere Landwirte einen Teil der Milchkühe durch 693 500 Mutterkühe und ihre Kälber ersetzt – jedes Tier gefördert durch 200 Euro Mutterkuhprämie und 100 Euro Extensivierungsprämie, also die Prämie dafür, dass das Tier auf die Weide kommt. Leider wird der Anteil der Mutterkuhherden an der Gesamtviehhaltung nur noch langsam steigen, denn auch hier gibt es eine Quote, und die ist ausgeschöpft. Die 693 501ste Mutterkuh wird nicht mehr gefördert und bleibt damit unrentabel, zumindest in den Regionen im Westen Deutschlands, in denen die Bevölkerungsdichte hoch und Weideland knapp und teuer ist.

Wahrscheinlich leben Kuh und Kalb draußen zufriedener als im Stall, ganz sicher schmecken sie besonders gut. Trotzdem gelangt ihr Fleisch kaum in die Geschäfte, denn auch kleine Kälber fressen auf der Weide immer wieder eisenreiche Grashalme, so wird ihr Fleisch schnell dunkelrosa, und das sind wir nicht gewöhnt. Um dieses Problem zu umgehen, erfand ein schlauer Werbetexter das »Baby Beef«, die Bezeichnung hat sich aber bis jetzt nicht durchgesetzt. Im Gespräch mit dem Bauern lassen wir uns dagegen leicht überzeugen, dass die Farbe des Fleisches keine Rolle spielt. Deshalb haben viele Bauern Erfolg mit dem Fleischverkauf in ihren Hofläden (Adressen finden Sie über www.gutes-vom-bauernhof.de). Diese Direktvermarkter lieben kleinwüchsige Rassen wie Galloway- oder Highland-Rinder. Weil sie genügsam sind und sogar Disteln fressen, weil ihr geringes Gewicht die Grasnarbe schont und weil kleine Kälber gut zu portionieren sind.

Kalbsragout mit roten Paprika

- **Feines Ragout**

3 rote Paprika, 4 Rosmarinzweige,
3 Knoblauchzehen, 3 Zwiebeln,
1 kg Kalbfleisch (z.B. Schulter oder Hals),
4 EL Öl, Salz, Pfeffer, 250 ml fruchtiger Weißwein,
1 Bund Petersilie, 3 EL Oliven

Paprika vierteln, entkernen, auf einem Backblech 20–25 Minuten bei 220 Grad Umluft backen, bis die Haut beginnt, schwarz zu werden. Die Schoten vom Blech nehmen, mit einem nassen Tuch zudecken, abkühlen und die Haut abziehen, Paprika in Streifen schneiden. Die Nadeln von 4 Rosmarinzweigen abstreifen und mit 3 Knoblauchzehen hacken. 3 Zwiebeln schälen, halbieren und in Spalten schneiden.

Das Kalbfleisch in 4 cm große Würfel schneiden, in einer schweren Pfanne mit 4 EL Öl erst das Fleisch, dann die Zwiebeln in 3–4 Portionen hellbraun braten. Danach alles zusammen mit Rosmarin und Knoblauch zurück in die Pfanne geben, salzen und pfeffern. 2- oder 3-mal mit dem Wein löschen, dazwischen immer wieder einkochen. Paprika zugeben, mit Wasser knapp bedecken, zugedeckt 45 Minuten schmoren, evtl. noch etwas Flüssigkeit zugeben.

Abschmecken, 1 Bund gehackte Petersilie und 3 EL Oliven zugeben, mit Gnocchi oder Reis servieren.

Spangenbergs Weinempfehlung

2005 Parzival QbA trocken, Weingut Rudolf Fürst, Franken

»Diese fränkische Rotweincuvée aus Spätburgunder und Domina hat neben der Finesse des Spätburgunders auch etwas Muskulöses, so passt dieser gut gebaute, frische Rotwein wunderbar zu feinen Schmorgerichten.«

Kärntner Nudelminze

Ravioli, Tortellini, Maultaschen oder Powidltascherl: Es gibt viele verschiedene Nudelteigtaschen und noch mehr Arten, sie alle zu verschließen. Die allerschönste Methode haben sich die Kärntner ausgedacht: Der Rand der schon verschlossenen, eigentlich kochfertigen »Kasnudeln« wird »gekrendelt« – der kunstvoll gefaltete Saum, der dabei entsteht, ist zwar nicht unbedingt notwendig, macht die Teigtasche aber besonders dicht.

Louis Sullivan, Architekt und Urheber des meist aus dem Zusammenhang gerissenen Satzes von der Form, die der Funktion folgen solle, hätte bestimmt gern »gekrendelt«, denn die dekorative Funktion ergibt sich aus dem Wesen der Teigtasche selbst – der Notwendigkeit, die Tasche zu verschließen, und den begrenzten Möglichkeiten, dies zu tun. Es ist nicht willkürlich aufgesetzt wie ein postmodernes »Designelement«.

Andrea Lenzhofer ist Köchin und Besitzerin eines wunderbaren kleinen Hotels im Gailtal (www.landhof-lenzhofer.at). Sie erklärt uns, wie es geht:

Nudelteig und Füllung vorbereiten (Seite 138); aus dem Nudelteig Kreise ausstechen und in die linke Hand legen. Je ein Esslöffel Füllung auf einen Kreis legen und fest andrücken, damit später keine Luftblasen bleiben. Teig halbmondförmig zusammenschlagen, beide Ränder fest gegeneinanderdrücken, so dass ein gut ein Zentimeter breiter Rand entsteht. Jetzt kommt der Trick: Die Kasnudel weiter in der linken Hand halten, die untere Ecke nach oben umlegen, leicht andrücken. Dabei bildet sich eine neue stumpfe Ecke, diese mit dem Daumen wieder von unten nach oben, zur Mitte hin, umlegen. Andrücken, dabei mit dem Zeigefinger von unten dagegenhalten. Wiederholen, bis der ganze Rand gekrendelt ist. Unverwechselbar wird diese regionale Spezialität auch durch ihre Füllung, die mit der besonders milden Kärntner Nudelminze gewürzt ist. Pflanzen bekommen Sie über die Gesellschaft zur Erhaltung der Kulturpflanzenvielfalt Arche Noah (www.arche-noah.at) oder über den Minze-Spezialisten Hermann Rachlinger (www.minzen.com). Sie können auch andere Minzesorten, vorsichtig dosiert, verwenden – dann werden es aber andere, vielleicht Hamburger oder Münchner Kasnudeln.

Kärntner Kasnudeln

• **Klassisches Nudelgericht**
500 g Mehl, 1 Ei (Größe L), 2 EL Öl, Salz,
400 g mehlige Kartoffeln, 1 Zwiebel, 2 Knoblauchzehen,
100 g Lauch, 4 EL Butter, je 1/2 Bund Petersilie
und Kerbel, 4 Zweiglein Kärntner Nudelminze,
150 g trockener Topfen (oder Schichtkäse),
3–4 EL Sauerrahm, Salz, Pfeffer, Muskat, außerdem:
ein runder Teig-Ausstecher mit ca. 8 cm Durchmesser

Für 36 Kasnudeln das Mehl mit Ei, Öl, 180 ml lauwarmem Wasser und 1 Prise Salz zu einem weichen Nudelteig verkneten. Zudecken und ruhen lassen. Die Kartoffeln kochen, pellen, pressen und abkühlen. Zwiebel und Knoblauch schälen und fein schneiden. Den Lauch waschen, klein würfeln; Lauch-Zwiebel-Mischung mit 4 EL Butter und 1 Prise Salz zugedeckt weich dünsten. Petersilie, Kerbel und die Kärntner Nudelminze waschen, zupfen, hacken. Kräuter, Lauchmischung und Kartoffeln mit Topfen und 3–4 EL Sauerrahm mischen, mit Salz, Pfeffer und 1 Prise Muskat abschmecken.

Den Teig mit sehr wenig Mehl bestäuben, dünn ausrollen, 8 cm große Kreise ausstechen und mit je 1 EL Kartoffelmasse füllen. Die Kasnudeln zusammenfalten, einen fingerbreiten Rand gut zusammendrücken – Profis krendeln nun noch den Rand wie oben beschrieben. Währenddessen den ausgerollten Nudelteig abdecken, damit er nicht austrocknet. Teigtaschen in Salzwasser 8–10 Minuten schwach kochen. In Kärnten werden die Kasnudeln mit brauner Butter und Krautsalat serviert – mir sind sie am liebsten in einer kurzen, kräftigen Rinderbrühe, ungefähr 4–5 EL pro Portion.

Kirschen

All die saftigen Kirschkuchen, die Sie im Mai und Juni in Zeitschriften sehen, wurden schon Monate vorher gebacken. Wegen des Produktionsvorlaufs von Redaktionen und Werbeagenturen muss man sie ausgerechnet im März fotografieren: Kurz nachdem der letzte Kirschbaum auf der Südhalbkugel abgeerntet ist, aber bevor die neue Ernte auf der Nordhalbkugel beginnt. Glücklicherweise gibt es in einem kleinen Dorf in Frankreich einen Kirschbaum, dessen Früchte früher reifen als alle anderen. Die Kirschen werden einzeln in weiße Papierkapseln verpackt und zu Pralinenpreisen stückweise verkauft. Food-Fotografen kaufen die Ernte dennoch auf.

Kirschen müssen reif geerntet werden, sie reifen nicht nach – über längere Strecken müssen sie also geflogen werden und sind deshalb nur in der Saison bezahlbar. Doch Vorfreude macht sie wertvoll, und Deutschland ist ein Kirschenland: Das größte Anbaugebiet Europas liegt in der Fränkischen Schweiz, und das, obwohl fast alle Kirschbauern hier andere Hauptberufe haben. Viele der Bäume stehen, anders als in Südeuropa, (noch) nicht in Plantagen, sondern auf Streuobstwiesen mit locker gepflanzten hochstämmigen Obstbäumen und einer Zweitnutzung als Weide oder Heuwiese.

Jedes Jahr kommen die ersten deutschen Kirschen aus den warmen Gebieten am Oberrhein. Eine seltene frühe Sorte heißt sogar Speyrer Maikirsche. Eine andere, badische Spezialität ist fast schwarz: Die Dolleseppler Kirsche löst sich leicht vom Stiel und lässt sich deshalb gut vom Baum schütteln, berühmt ist sie als Schwarzwälder Kirschwasser. Die beliebtesten Sorten pflücken unsere Bauern in ganz Deutschland. Die Reifezeiten liegen in sieben Kirschwochen (KW), die, je nach Jahreswetterlage, frühestens ab Mitte Mai beginnen. Nach einem warmen Frühling kommt die erste Kirschwoche schon früh, dafür ist die Ernte auch schon früher wieder vorbei.

Alle Süßkirschen gehören zu den Herz- oder zu den Knorpelkirschen: Welche Form haben wohl Herzkirschen? Burlat (2. und 3. KW), Regina (6. und 7. KW) oder Große Prinzessin (5. KW) sind weich mit dünner Schale, oft sind sie rot oder hellrot. Schwarze Knorpelkirsche oder Hedelfinger reifen erst ab der vierten Kirschwoche, sie sind deutlich fester und dadurch besser geeignet zum Einkochen. Die besten Kirschen, die ich kenne, reifen in der 3. und 4. Kirschwoche auf einer Wiese am Starnberger See. Die Sorte? Kirschkernspuckend auf einem Ast sitzend meine ich: Egal, süß sind sie.

Ferran Adriàs Kirschen

- **Kompott**

500 g Kirschen,
50 g Zucker,
1 Vanilleschote,
außerdem: ein
Kirschentsteiner

Kirschen entsteinen, ein Drittel davon pürieren und durch ein Sieb streichen, den Rest halbieren. 50 g Zucker mit 3 EL Wasser kochen, bis der Zucker hellbraun karamellisiert. Eine Vanilleschote längs halbieren, das Mark mit einem Messerrücken herauskratzen und mit dem Kirschpüree in den Topf geben – Vorsicht, der heiße Zucker zischt und spritzt etwas. Rühren, bis sich der Zucker ganz gelöst hat. Die halbierten Kirschen zugeben, das Ganze aufkochen, auf ein Blech geben und schnell abkühlen.

In seinem weltberühmten Restaurant »El Bulli« an der Costa Brava serviert der spanische Starkoch Ferran Adrià Vanilleeis und flüssigen Gewürzbrotkrokant zu seinen Kirschen.

Kokosnuss

Von einer 30 Meter hohen Palme schüttelt der Monsunwind eine Kokosnuss. Wie lange dauert der Fall, und mit welcher Geschwindigkeit kommt die Kokosnuss am Boden an? So viel schon vorneweg: Es werden mehr Menschen von Kokosnüssen erschlagen als von Haien gefressen!

Wir sollten den Nüssen zuvorkommen: Schnappen Sie sich eine Kokosnuss, die mit sattem Ton gluckert, wenn Sie sie schütteln. Durchbohren Sie mindestens zwei der drei Augen, das sind die Keimlöcher der Nuss, und gießen Sie das Kokoswasser in ein Glas. Wird das Glas nicht voll, oder duftet das Kokoswasser nicht so, dass Sie sofort Lust bekommen, es zu trinken, dann ist die Nuss alt. Versuchen Sie sie bei Ihrem Händler umzutauschen. Kokospalmen bilden das ganze Jahr pausenlos Kokosnüsse, Frische sollte also kein Problem sein.

Bis vor kurzem war ich eher rabiat beim Öffnen von Kokosnüssen, Sie werden sehen, es ist nicht nötig, alles nur eine Frage der Technik: Nach dem Bohren der Löcher klopfen Sie nun mit einem schweren Messerrücken oder einem Hammer auf die Mitte der Kokosnuss, während Sie die Nuss um ihre Längsachse drehen. Nach wenigen Umdrehungen springt die Schale auf. Zerkleinern Sie sie noch etwas mehr, und heben Sie dann die Schalenstücke ab.

Mir schmeckt Kokosnuss in großen Stücken, wie sie im Urlaub am Strand angeboten wird. Oder als Kokosmilch, die ich bisher immer aus der Dose verwendet hatte. Für Sie wollte ich herausfinden, ob es sich geschmacklich lohnt, Kokosmilch selber zu machen. Also habe ich die dünne braune Haut vom Fruchtfleisch geschält und die Nuss mit etwa derselben Menge warmem Wasser im Mixer fein püriert, anschließend in einem Passiertuch über einer Glasschüssel sehr fest ausgepresst. Nach 20 Minuten hat sich im oberen Teil der Schüssel Kokossahne, im unteren Teil die Milch abgesetzt, ähnlich wie in der Dose. Währenddessen ließ ich zum Vergleich den Inhalt einer Dose Zimmertemperatur annehmen. Das Ergebnis ist eindeutig: Die selbst gemachte Kokosmilch duftet und schmeckt viel frischer. Im fertigen Salat ist der Unterschied gerade noch zu schmecken.

Übrigens: Die Kokosnuss trifft nach zweieinhalb Sekunden mit knapp 90 km/h ins Ziel. Mehr zu dieser schönen Verknüpfung von Kochen und halb vergessenem Schulwissen bei www.lehrer-online.de, einem Projekt von Schulen ans Netz e.V.

Kokossalat mit Huhn

- **Gehaltvolle Vorspeise**

100 g (Thai-)Schalotten, 2 EL Limettensaft,
2 EL Fischsauce, 1 EL brauner Zucker, 2 Chilis,
2 Knoblauchzehen, 4 Kaffir-Zitronenblätter,
1 Bund Koriander mit Wurzeln (aus dem Asienladen),
1/2 TL Salz, 2 Hähnchenbrustfilets, 4 EL Kokossahne,
100 ml Kokosmilch (siehe oben), 200 g Reisnudeln,
2 EL Knabber-Erdnüsse

Schalotten in dünne Scheiben schneiden, mit Limettensaft, Fischsauce und braunem Zucker marinieren. Chilis, Knoblauchzehen, Kaffir-Zitronenblätter und die Wurzeln vom Koriander zuerst grob zerkleinern und dann mit 1/2 TL Salz im Mörser zerstampfen oder im Blitzhacker pürieren. Hähnchenbrustfilets mit der Würzmischung einreiben.

4 EL Kokossahne kochen, bis die Creme beginnt zu braten, Fleisch zugeben, nach 1 Minute wenden, mit Kokosmilch ablöschen. Zudecken und 10 Minuten bei schwächster Hitze dünsten. In der Zwischenzeit Reisnudeln nach Packungsanweisung kochen. Das Huhn in dünne Streifen schneiden, mit Kokosfond, Schalotten und Nudeln mischen, abschmecken. Koriandergrün (evtl. mit 1/2 Bund Thaibasilikum) zupfen, Knabber-Erdnüsse grob hacken, über den Salat streuen, servieren.

Dosen

In vielen Konserven ist die Kokosmilch heute homogenisiert oder emulgiert, damit die Kokossahne sich gerade nicht oben absetzt. In dem Fall braten Sie die Hähnchenbrustfilets mit 1 EL Öl kurz an und geben dann erst ca. 150 ml Kokosmilch dazu.

Lammwürstchen

Ohne Lars Reichardt, Redakteur beim Magazin der Süddeutschen Zeitung, gäbe es dieses Buch nicht, denn er hatte die Idee zum ABC – vielen Dank! In der Vorbereitung auf die neue Kolumne hatte ich große Sorgen, dass das Alphabet meine Themenwahl zu sehr begrenzen würde, Herr Reichardt meinte: »Und wenn Ihnen beispielsweise beim L nichts Sinnvolles einfällt, dann schreiben Sie doch einfach über Lars' Lieblingswürstchen«. Gesagt, getan:

Herr Reichardt genießt seine Würstchen am liebsten in der Münchner Bar von Charles Schumann. Die sind bestimmt gut, ich behaupte aber, jeder Mann sollte nicht nur einen Baum pflanzen, sondern auch einmal selbst Bratwurst machen – jede Frau natürlich auch. Dazu müssen Sie zuerst ein Brät, also die Füllung, herstellen. Das ist ganz einfach, wenn Sie den Tipp beherzigen, den mir Artur Gierstorfer, ein sehr guter Metzger aus Pfatter bei Regensburg gegeben hat: »Schneiden Sie Fleisch und Speck für Ihr Bratwurstbrät klein, und salzen Sie es einige Zeit, bevor Sie das Brät wolfen und kneten. Dadurch tritt Wasser und Eiweiß aus den Fleischzellen aus. Das Eiweiß ist wichtig für die Bindung der Wurstmasse. Im Haushalt hilft ein zusätzliches Ei, dann bindet das Brät besonders gut.« Danach müssen Sie Ihr Bratwurstbrät in Schafssaitlinge einfüllen; die gibt es in einem Darm-Fachgeschäft, meistens in der Nähe von Schlachthöfen. Die Därme sind natürlich gründlich gewaschen, liegen in Salzlake und sehen eigentlich ganz appetitlich aus. Zusätzlich gibt es technische Geräte, die nicht nur den männlichen Spieltrieb befriedigen, sondern auch sehr hilfreich sind. Da wäre etwa das Wurstfüllhorn als Zubehör für Ihren Fleischwolf – gibt es im gut sortierten Haushaltswarenhandel. Wenn Sie häufiger wursten wollen, finden Sie alles, was das Herz begehrt, bei der Firma Salm in Karlsruhe (Tel. 0721/964040). Es geht aber auch mit einem einfachen Spritzbeutel und einer Lochtülle (Größe 10 bis 12): Jeweils etwa einen Meter Wursthülle auf die Tülle schieben, das Brät in die Wursthüllen spritzen. Dabei muss eine zweite Person die Wursthülle bremsen, damit sie nicht zu schnell von der Tülle rutscht.

Lars' neue Lieblingswürstchen

5 m Lammsaitlinge (siehe oben),
600 g Lammfleisch aus der Schulter ohne dicke Fettstücke, 150 g roher Rückenspeck vom Schwein,
13 g Salz (Briefwaage!), 1 TL schwarzer Pfeffer,
2 TL Fenchelsamen, 1 Prise Muskat,
1–2 Knoblauchzehen, 1 Eigelb, 1 EL Sahne, außerdem:
ein Fleischwolf (Scheibe Größe 5, wenn möglich mit Wurstfüllhorn), Küchenmaschine mit Knethaken

Für 2,5 m Bratwurst ca. 5 m Lammsaitlinge in lauwarmes Wasser legen. Lammfleisch mit dem Rückenspeck in Würfel schneiden, mit 13 g Salz, Pfeffer, Fenchelsamen, Muskat vermengen. Den Knoblauch schälen, grob zerkleinern und ebenfalls in die Masse geben. Experimentieren Sie ruhig mit den Gewürzen, auch Ingwer, Kardamom und Zitronenschale sind in vielen Würsten zu finden, manchmal sogar Zimt oder mediterrane Kräuter.

Das Fleisch 30 Minuten ins Gefrierfach stellen, danach durch den Fleischwolf drehen, ein Drittel der Masse ein zweites Mal durchdrehen. Eigelb und Sahne zugeben, mit dem Knethaken einer Küchenmaschine 10 Minuten kneten, bis die Masse bindet. Das Brät in die Saitlinge einfüllen, die fertigen Würste abdrehen oder als Spirale aufspießen und noch am selben Tag grillen.

Gute Bindung

In den ersten Stunden nach der Schlachtung bindet Adenosintriphosphat aus den Muskeln reichlich Fleischsaft, also Wasser. So wird die Wurst nicht nur besonders saftig, sondern auch geschmackvoll. Nach einigen Stunden ist das ATP zerfallen, professionelle Metzger ersetzen es durch allerlei Zusatzstoffe, wie zum Beispiel industriell erzeugte Phospate. Im Haushalt hilft uns ein Ei, siehe oben. Am allerbesten für die Bratwurst wäre es, wenn Sie einen Metzger finden, bei dem Sie das ganz frisch geschlachtete Fleisch kaufen können. Siehe auch Literaturtipps auf S. 345.

Lavendel

Als Kind dachte ich, Zahnarztpraxen hätten einen charakteristischen Duft: ledrig, aber frisch, mit einem Hauch von Lavendel. Jahre später fand ich den Duft in einer Parfümerie, es war das Rasierwasser des Arztes gewesen. Die starke Verknüpfung von Geruch und Situation machte es mir lange schwer, Lavendel als angenehm zu akzeptieren. Vielleicht geht es vielen von Ihnen ähnlich, obwohl Ihre Zahnärztin nach Rosen und Jasmin duftete: Wenn Sie das Gefühl haben, Lavendel sei ein wenig seifig, dann liegt es nur daran, dass der Duft seit Generationen Waschmitteln, Seifen und Kosmetik beigemischt wird.

Doch es lohnt sich, Vorurteile von Zeit zu Zeit zu überprüfen: Pulverisieren Sie die Blüten eines Lavendelstängels (1 TL) mit 2 EL Zucker in Mörser oder Blitzhacker, Halt! Verwenden Sie echten Lavendel, *Lavandula angustifolia*. Die anderen wichtigen Lavendelarten haben ihre Bedeutung in der Aromatherapie, enthalten aber reichlich Kampfer, was sie für die feine Küche disqualifiziert. Sie erkennen sie leicht: Speicklavendel und Lavandin wachsen in wärmeren Lagen unter 600 Meter Höhe, beide haben im Gegensatz zu echtem Lavendel verzweigte Blütenstängel. Lavandin, der Wäschelavendel, füllt übrigens das Duftkissen im Kleiderschrank, denn auch Motten mögen keinen Kampfer. Schopflavendel hat sehr dicke Blütendolden. Echter Lavendel wurde früher in den südfranzösischen Alpen und in norditalienischen oder spanischen Bergen in Höhen über 600 Meter gesammelt, denn wilder Lavendel braucht kalte Winter, heiße Sommer und trockene, kalkige Böden. Heute bauen ihn provenzalische Bauern auf Hochebenen an. Bei uns ist Lavendel eine robuste Pflanze im Kräutergarten: Für eine Gewinn versprechende Aromaöl-Destillation fehlt ihm die mediterrane Sonne, für die Küche reicht aber sogar ein Sylter Sommer.

Mischen Sie nun den Zucker mit 2 EL Zitronensaft und einem Glas Wasser. Gießen Sie anschließend Ihre Lavendel-Limo durch ein Teesieb. Geben Sie 4 Eiswürfel dazu, lehnen Sie sich gemütlich zurück, und denken Sie an: Kräuter der Provence. Die von gewieften Souvenirhändlern erfundene Gewürzmischung enthält oft Lavendelblüten. Denken Sie vielleicht an eine Ratatouille aux herbes de Provence, Paprika-, Auberginen- und Zucchiniwürfel, die Sie mit Olivenöl, Knoblauch und Kräutern sehr langsam fast weich schmoren, bevor Sie in den letzten fünf Minuten frische Tomatenwürfel dazugeben. Versuchen Sie im Geiste den Lavendel herauszuschmecken.

Ich denke, jetzt sind Sie bereit für unser Rezept.

Lavendel-Auberginen mit Ziegenkäse

• **Mediterranes Gemüsegericht**
500 g Auberginen, 6 junge Lavendelzweige,
2 Knoblauchzehen, 3 EL Olivenöl,
200 g gewürfelte Tomaten,
2–3 blühende Lavendelstängel
150 g Ziegenfrischkäse, außerdem: eine Grillpfanne

Auberginen in 1 cm dicke Scheiben schneiden, auf dem Grill oder in einer Grillpfanne bei mittlerer Hitze 12 Minuten ohne Fett grillen. Junge Lavendelzweige mit den Knoblauchzehen hacken. Mit Olivenöl kurz anbraten, 200 g gewürfelte Tomaten und die Blüten von 2–3 Lavendelstängeln dazugeben, aufkochen.

Auberginen in eine Auflaufform schichten, die Tomaten darüber verteilen, salzen und pfeffern. 150 g Ziegenfrischkäse auf den Früchten verteilen. Bei 220 Grad im Ofen 10 Minuten überbacken, mit einem Salat servieren.

Lebkuchengewürz

»Die Selbstvergessenheit bei der Arbeit mit den Händen bringt das höllische Rennen der Zeit zum Stehen«, schreibt der Soziologe Jean-Claude Kaufmann in seinem Buch »Kochende Leidenschaft«. Meditierende aller Glaubensrichtungen können es bestätigen: Leichte, rhythmische körperliche Tätigkeiten helfen dem Geist, sich auf die Gegenwart zu konzentrieren. Und sobald wir nicht mehr daran denken, was wir sonst noch alles tun könnten – beginnt die Zeit, sich zu dehnen. Notfalls funktioniert die Methode zwar auch beim Schneeschaufeln, die Ergebnisse unserer Küchenübungen schmecken aber besser. Wenn Sie also für Ihre Freunde oder Familie Lebkuchenteig kneten, denken Sie vermutlich nach kurzer Zeit an angenehme vorweihnachtliche Erlebnisse. Anregende Düfte der Gewürze treten dabei an die Stelle von Weihrauch oder Duftlampe. Sobald Sie beginnen, Figuren auszustechen oder fertige Stücke zu verzieren und zu bemalen, dehnt sich diese entspannte Konzentration auf alle aus, die Ihnen dabei helfen. Eine perfekte Gelegenheit, Geschichten zu erzählen, wie das griechische Märchen »Der Wohlduftende«, in dem eine Königstochter aus lauter Gewürzen und Rosenwasser einen Teig knetet, um sich daraus einen Ehemann zu backen.

Ein gutes Lebkuchenrezept, das meiner Großmutter, finden Sie weiter unten. Zuvor die Fakten: Bis ins späte Mittelalter war der Lebkuchen ein Honig-Mehl-Fladen, die Römer nannten ihn »libum«, vielleicht wurzelt unser Wort aber auch im germanischen Wort für Laib. Im Laufe der Zeit entwickelten sich Klöster zu

Zentren der Lebkuchenbäckerei, da bei der kirchlichen Kerzenproduktion Honig als Nebenprodukt anfiel.

Erst mit dem Gewürzhandel über Venedig etablierten sich neue Rezepte, unglaublich scharfe Pfefferkuchen waren ein Zwischenstadium auf dem Weg zu modernen Gewürzmischungen. Noch heute kann man die ehemalige Bedeutung deutscher Handelsstädte an der Zusammensetzung ihres traditionellen Lebkuchengewürzes erkennen: Bamberger Spekälazi schmecken vor allem nach Zimt. Nürnberger Lebkuchen enthalten sieben oder sogar neun exotische Gewürze, sieben für die Tage der Genesis oder neun für die Heilige Dreieinigkeit plus Erde, Luft und Wasser plus Erde, Himmel und Hölle. Zimt ist immer dabei. Muskat, Koriander, Nelke, Kardamom und Piment sind die Stammspieler, ergänzt von Fenchel, Anis oder Sternanis und Ingwer und Muskatblüte.

Lebkucheneis

- **Dessert**

2 Eigelb, 1 Ei, 4 EL Zucker, je 2 EL Zitronat (nach Geschmack), kandierter Ingwer in Sirup und Trockenaprikosen, 2 TL Lebkuchengewürz, 6 cl Amaretto, 500 ml Sahne, 1 reife Mango, 2 TL Puderzucker, evtl. 3 Blätter Minze

Eigelbe und Ei mit dem Zucker in einer Metallschüssel über einem passenden Topf mit kochendem Wasser dickschaumig schlagen, dann in einem kalten Wasserbad kalt rühren. Zitronat, Ingwer und Trockenaprikosen im Blitzhacker fein hacken. Zusammen mit Lebkuchengewürz und Amaretto unter die Schaummasse rühren. Die Sahne schlagen und unterziehen. Das Eis in Portionsförmchen einfrieren – mindestens 4 Stunden lang. Die Mango schälen, die Hälfte des Fruchtfleisches würfeln, den Rest pürieren. Mischen, mit 2 TL Puderzucker und evtl. 3 Blättern gehackter Minze abschmecken und zum Lebkucheneis-Parfait servieren.

Figurenlebkuchen und Lebkuchenhäuser

Ein bemalter Lebkuchen ist ein kleines Kunstwerk. Dieses Lebkuchenrezept ist ein rekonstruiertes Rezept einer alten fränkischen Lebzeltnerfamilie, ein bisschen aufwändig, die Lebkuchen werden aber besonders glatt und haltbar: In meiner Familie existieren heute noch bemalte Lebkuchen aus den 1960er Jahren in hervorragendem Zustand. Ungewöhnlich ist die Fettzugabe im Teig, die meisten alten Lebkuchenteige kommen ohne Butter aus, wie Sie in dem schönen Buch »Pfefferküchler – seltenes Handwerk in Sachsen« von Dr. Andreas Martin nachlesen können. Sie können aber natürlich auch andere oder sogar gekaufte Lebkuchen bemalen, schon das Bemalen an sich ist ein gutes vorweihnachtliches Ritual.

Figurenlebkuchen

- **Zutaten für ca. 10 Figuren**

250 g Zuckerrübensirup, 100 g Butterschmalz,
1 Btl. Lebkuchengewürz, 250 g Roggenmehl,
je 1/2 TL Hirschhornsalz und Pottasche,
100 ml Milch, 200 g Feinzucker, 400 g Weizenmehl,
für die Bemalung: ca. 500 g Puderzucker, 1 Eiweiß,
Pinsel der Größe 0

Zuckerrübensirup und 80 g Butterschmalz in einem schweren Topf aufkochen, 5 Minuten abkühlen lassen. Die Sirupmischung in einer Küchenmaschine mit 250 g Roggenmehl verkneten. Den Teig abkühlen lassen und entweder gleich oder nach einer Reifezeit von einigen Wochen bis zu einem Jahr weiterverarbeiten, dann werden die Lebkuchen besonders zart und aromatisch. Dafür den Teig luftdicht verpacken und kühl (z. B. im Keller) reifen lassen.

Zum Verarbeiten den Teig an einem warmen Platz temperieren, wenn der Teig sehr fest geworden ist, mit einer groben Reibe zerkleinern – das kann ziemlich mühsam sein. Hirschhornsalz und Pottasche in der Milch auflösen, zusammen mit Zucker und dem restlichen Butterschmalz unter den Vorteig kneten. Weizenmehl nach und nach zum Teig geben. Die gesamte Menge Mehl unterzukneten, so dass ein glatter, fester Teig entsteht, dauert eine Weile. Manche Maschinen sind von dem festen Teig überfordert, so dass Sie zumindest einen Teil des Mehls mit der Hand unterkneten müssen. Den Teig luftdicht verpacken und bei Zimmertemperatur 24 Stunden ruhen lassen.

Backofen auf 175 Grad vorheizen (Umluft 160 Grad). Figuren auf Pappe aufzeichnen und ausschneiden. Den Lebkuchenteig je nach Größe der gewünschten Figuren 5–8 mm dick ausrollen (ohne zusätzliches Mehl) und entlang der Pappschablonen ausschneiden oder mit Ausstechformen ausstechen. Die Teigreste können immer wieder zusammengeknetet und neu ausgerollt werden. Auf einem mit Backpapier ausgelegten Blech 15–20 Minuten backen.

Falls die Figuren später an den Weihnachtsbaum gehängt werden, direkt nach dem Backen ein Loch für den Aufhängedraht hineinstechen. Abkühlen lassen.

Puderzucker und Eiweiß zu einer dicken Glasur verrühren. Mit einem sehr dünnen Aquarellpinsel kleine Tropfen auf den Lebkuchen setzen oder langsam Linien ziehen, am besten erst mal an einem Reststück üben und die Konsistenz der Glasur optimieren. Je dicker die Glasur ist, desto schöner wird die getrocknete Oberfläche, aber desto schwieriger ist auch der gleichmäßige Farbauftrag auf den Lebkuchen. Wenn die Glasur allerdings zu dick wird, dann platzt sie nach wenigen Jahren wieder ab. Sie können die Glasur mit ein paar Tropfen Eiweiß problemlos wieder verdünnen. Umgekehrt können Sie eine dünne Farbe mit etwas Puderzucker auch eindicken.

Für bunte Farben die weiße Glasur mit pulverförmigen Lebensmittelfarben färben. Diese Farben gibt es im Konditoreibedarf oder im Internet. Flüssige Lebensmittelfarben sind ungeeignet wegen des hohen Wasseranteils.

Die fertigen Lebkuchen werden nach einigen Wochen weicher – zum Essen ist nach drei bis vier Wochen der richtige Zeitpunkt. Danach werden die Lebkuchen im Laufe der Jahre immer härter und eignen sich vor allem zur Dekoration.

Übrig gebliebene Lebkuchen schmecken besonders gut, wenn Sie sie über Grießbrei oder Zwetschgenknödel reiben.

Ligurisches Olivenöl

Eines kalten Januartages war ich zur Olivenernte bei Franco Boeri in den Bergen oberhalb von Badalucco, einem Kaff nahe San Remo. Dort leitet Boeri die Ölmühle Roi. Er erntet seine Oliven viel später als die Bauern in anderen italienischen Regionen, denn in Ligurien wächst eine eigenwillige Sorte, die *Oliva taggiasca*, mit sehr kleinen Früchten, ähnlich den kretischen Koroneiki-Oliven. Beide Sorten gelten als besonders gesund, die ligurische schmeckt mild, wenig bitter, dabei sehr fruchtig und aromatisch.

Die Bäume wachsen am Hang, ideal für Besonnung und Belüftung, aber mühsam bei der Ernte: Ein Mann pflückt zehn Kilo Oliven pro Stunde, der Ölgehalt beträgt ungefähr 20 Prozent, davon kann der Ölmüller vier Fünftel kalt pressen, ergibt 1,6 Liter. Jede Mechanisierung beim Pflücken führt zu Qualitätsverlusten, denn werden die Oliven verletzt, oxidieren sie. Werden sie erst vom Boden gesammelt, sind viele davon gammelig – wie Falläpfel. Gute billige Olivenöle aus Ligurien, eigentlich aus Europa, kann es also nicht geben, dafür ist der Arbeitsaufwand sogar im Flachland zu hoch. Selbst wenn die Öle teuer scheinen, ist der Verdienst der Olivenbauern so gering, dass fast alle einen anderen Brotberuf ausüben. Die Gefahr, dass Bäume und Terrassen immer weniger gepflegt werden, ist groß. Wir sollten also bei jedem Tropfen Olivenöl in unserem Salat Franco und seinen Freunden dafür danken, dass sie unser Essen mit ihrer Arbeit subventionieren und gleichzeitig unsere Urlaubsgebiete in Schuss halten.

Nach EU-Norm (manche halten sich daran) gibt es drei relevante Qualitätsstufen. Reines Olivenöl ist eine Mischung aus geschmacksneutralen raffinierten Ölen und mindestens 1 Prozent (!) nativem Olivenöl als Aromastoff. Natives Olivenöl: höchstens 2 Prozent Säuregehalt, nur sehr kleine Fehler. Natives Olivenöl Extra: Säuregehalt unter 0,8 Prozent, Presstemperatur unter 27 Grad Celsius, fehlerloser Geschmack. Bei den beiden letztgenannten Ölen sind Hitze, Lösungsmittel, Raffination verboten.

Boeri kennt noch eine vierte Stufe: Zuerst kommen die Oliven in die Mühle, dann streicht Roi den Olivenbrei auf Pressmatten. Diese legt er in hohen Stapeln übereinander in die Olivenölpresse, wo unter dem Eigengewicht der Oliven, noch bevor die Maschine eingeschaltet wird, zwei Liter Öl aus 100 Kilo Oliven herauslaufen; man nennt es Tropföl. Probieren Sie es am besten in den ersten sechs Monaten nach der Pressung.

Pujà – Ligurische Erbsensuppe

- **Einfache Suppe, fast ein Hauptgericht**

2 Zwiebeln, 2 Knoblauchzehen,
3–4 EL Olivenöl, 200 g mehlige Kartoffeln,
150 g getrocknete, geschälte Erbsen,
Salz, Pfeffer, 50 g Parmesan,
1/2 Bund Petersilie, 2 EL Tropföl aus Ligurien

Zwiebeln und Knoblauchzehen würfeln und mit 3–4 EL Olivenöl 5 Minuten dünsten. Die Kartoffeln schälen und zerkleinern, mit den Erbsen zu den Zwiebeln geben, mit 1,2 l Wasser aufgießen, ca. 60 Minuten weich kochen. Die Suppe im Mixer oder mit dem

Pürierstab fein pürieren und mit Salz und Pfeffer kräftig abschmecken.

Den Parmesan reiben, die Petersilienblättchen hacken. Erbsensuppe mit Parmesan und Petersilie bestreuen und mit Tropföl aus Ligurien beträufeln. Dazu gibt es Röstbrot.

Mango

Selbst die bayerische Regierung denkt darüber nach, die Kinderbetreuung im Freistaat zu verbessern, weil sich nur noch wenige Frauen bedingungslos an Haus und Herd ketten lassen. In unseren Speiseplänen hat der Verlust der allzeit verfügbaren häuslichen Küchenchefin dazu geführt, dass statische, von regional verfügbaren Lebensmitteln bestimmte Küchentraditionen fast verschwunden sind. Heute kochen wir alle im Alltag schnell und reduziert. Zu besonderen Gelegenheiten servieren wir aufwändigere Gerichte, mit Hingabe und Leidenschaft. Schnelle und leidenschaftliche Küche können aber zusammenfallen, wenn Sie eine besondere Zutat nach elegant reduzierten Rezepten zubereiten.

Die Mango ist für mich die Königin der Früchte, bestens geeignet für schnelles Event-Cooking. Reif duftet die Mango, sie fühlt sich an wie ein etwas weicherer Pfirsich. Eine fast reife Mango reift bei Zimmertemperatur in wenigen Tagen ganz aus. Zusammen mit einem Apfel in eine Zeitung gewickelt, geht es noch schneller (der Apfel gibt Ethylen ab, ein Gas, das Wachstumsprozesse von Pflanzen anregt). In Geschäften, in denen alle Kunden die Früchte befühlen dürfen, sind Mangos aber oft steinhart, jede Druckstelle würde die Früchte binnen Tagen unverkäuflich machen. Ist die Mango nach einer Woche immer noch hart, war sie bei der Ernte nicht pflückreif. Sie können sie dann noch in ein Curry schnippeln. Bei einer Bio-Mango brauchen Sie die Frucht dafür nicht einmal zu schälen.

Ernte- und Transportbedingungen sind also viel entscheidender für unseren Mango-Genuss als die Unterschiede zwischen den mehr als 1000 verschiedenen Mangosorten. Früchte, die ein sortentypisches, aber unangenehmes Terpentinaroma haben, kommen sowieso nicht zu uns, und sehr faserige Mangos können Sie in Europa höchstens von einem verwilderten Mangobaum auf La Gomera pflücken. Viele asiatische Mangos sind gelb oder gelbgrün und klein, sie haben die Form einer abgeplatteten Spindel, die besten finden Sie in guten Asienläden, die ihre Früchte direkt importieren. Indien ist ihre Heimat und seit 6000 Jahren der größte Produzent. Die Masse unserer Mango-Importe kommt jedoch aus Südamerika, ihre gedrungene Form scheint uns charakteristisch. Selten wagt ein Großhändler, vollreif gepflückte australische Flug-Mangos zu kaufen, sein Risiko, die teure Ware nicht schnell genug loszuwerden, ist hoch. Wenn Sie welche sehen, dann greifen Sie zu.

Mangosalat

- **Süß-sauer-scharfer Salat**

1 Mango, 1 Gurke,
1 Chilischote,
1 TL Limettensaft, 1 TL Zucker,
2 EL Fischsauce, 4 EL Rapsöl,
Salz, 1 Bund Dill

Mango mit einem scharfen Messer schälen, das Fruchtfleisch vom Kern und dann in unregelmäßige Stücke schneiden. Gurke schälen, längs vierteln, das Kernhaus heraus- und die Gurke in Stücke schneiden. 1 Chilischote grob hacken und mit Gurkenkernen, Limettensaft und Zucker im Blitzhacker pürieren. Fischsauce und Rapsöl unterrühren, mit Salz abschmecken und mit Mango und Gurke mischen. Dill grob hacken, den Mangosalat damit bestreuen.

Dazu passen 4 kleine Steaks (je ca. 100 g): Das Fleisch würzen und von beiden Seiten je 1–2 Minuten braten oder grillen, kurz ruhen lassen, in Streifen schneiden und mit dem Salat servieren.

Reisetipp

Johnny W. aus München freute sich: »Ich … hatte schon seit Beginn Deiner Kolumne gehofft, dass Du dich unter ›M‹ einmal der ›Königin der Früchte‹ widmen würdest. Und nun ist es passiert – toll! Hast Du einen Tipp, wo man gute Mangos kaufen kann? Ich war letztens in einem Restaurant, wo der Besitzer auf verschlungenen Wegen mehrere Kartons mit reifen indischen Mangos nach Deutschland geschafft hatte – diese Früchte waren süßer und saftiger als alles, was ich bisher hier gekauft habe …« Lieber Johnny, ich glaube du solltest den Kontakt zu deinem indischen Restaurant pflegen (oder zu einem Asienladenbesitzer, der seine Mangos mit möglichst wenigen Zwischenhändlern selber importiert), denn es gibt zwar sehr gute Mangos auf dem Markt, aber schon für den Preis von 60 australischen Flug-Mangos (100 g = ca. 2 €) kann man auch ein Ticket nach Brisbane kaufen und dort selber welche pflücken.

Mangold

Freitagabend auf dem Col de la Bonette, dem höchsten Pass der Alpen. Karg ist es hier, steinig. Jetzt im späten Frühjahr sind die Berge für ein paar Wochen blumenübersät – fantastisch. Ich beobachte Murmeltiere. Das Telefon klingelt, die Murmeltiere schlüpfen in ihre Löcher, München am Apparat: »Wir müssen umdisponieren, benötigen sofort ein M, haben Sie eine Idee?« »Marmotte en cocotte« denke ich, doch geschmortes Murmeltier kommt natürlich nicht in Frage.

Doch zum Glück gibt es Jo. Der Altachtundsechziger Jo Lozach betreibt zusammen mit seiner Frau Nicole das »Maison d'Hôtes du Vivier« (Tel. 0033/(0)4/92811965), eine kleine Pension voller Antiquitäten, mit Menü für Hausgäste. Das uralte Bauernhaus liegt hoch über Barcelonette, einem malerischen Städtchen in den Französischen Alpen kurz vor dem Col de la Bonette. Jo ist Chef, Gärtner und Koch. Seine Spezialität: Ravioles de blettes, das sind keine gefüllten Nudeltaschen, sondern Nocken aus gehacktem Mangold, Käse, Eiern und Mehl.

Beachten müssen Sie bei dem einfachen Rezept vor allem eines: Sobald der Teig gesalzen ist, muss die Zubereitung schnell gehen, sonst zieht das Salz zu viel Wasser aus dem Mangold. Viel Wasser bedeutet viel Mehl, die Nocken würden beim Kochen zu fest werden. Genauso werden auch Kartoffelgnocchi besonders locker, wenn Sie dafür Lagerkartoffeln vom Vorjahr verwenden, die haben nämlich über den Winter schon einen Teil ihrer Feuchtigkeit abgegeben. Unser Mangold-Teig hat die richtige Konsistenz, wenn eine Gabel eine Weile stehen bleibt, sobald Sie sie mit der gesamten Gabelfläche in den Teig stecken.

Die grünen Nocken werden – anders als Malfatti, ihre Schwestern aus Norditalien – nach dem Kochen mit Sahne gratiniert. Das ist der Trick: Beim Überbacken nehmen die Ravioles viel Flüssigkeit auf und werden dadurch besonders locker und saftig. Wenn Sie Ihre Tage nicht in den Hochalpen verbringen, können Sie einen großen Teil der Sahne durch Milch ersetzen. In den Bergen gibt es nicht immer genügend Mangold, dafür aber wilden Spinat, jungen Löwenzahn, junge Brennesseln und viele andere Wiesenkräuter – das Rezept funktioniert immer. Probieren Sie es aus!

Ravioles de Blettes (Gratinierte Mangoldnocken)

- **Zwischengang für Bergbauern**

300 g Mangoldblätter (mit Stielen 500 g),
150 g Tomme de Savoie oder Allgäuer Bergkäse,
3 Eier, Salz, Pfeffer, Muskat,
ca. 300 g Mehl,
300 ml Sahne

Einen großen Topf mit Salzwasser zum Kochen bringen, den Backofen auf 210 Grad vorheizen. Mangoldblätter mit einem großen Messer oder in einer Küchenmaschine fein hacken (die Stiele als Beilage für ein anderes Rezept verwenden, z.B. quer in Streifen schneiden und mit Olivenöl, Knoblauch, Thymian und Oliven aus Nizza oder Ligurien dünsten). Tomme de Savoie oder Allgäuer Bergkäse reiben. Mangold, 100 g vom Käse und 3 Eier mit einer Gabel verrühren. Mit Salz, Pfeffer und Muskat kräftig würzen. 200–250 g Mehl zügig mit der Gabel unterrühren.

Eine Hand voll Mehl auf der Arbeitsfläche verteilen, mit 2 Esslöffeln Teignocken abstechen und in das Mehl plumpsen lassen, vorsichtig wenden. Das überschüssige Mehl zwischen den zu einer Art kleinem Ball gewölbten Händen abschütteln. Jede fertige Nocke sofort ins kochende Wasser legen; sobald die letzte Mangoldnocke an die Oberfläche gestiegen ist, sind sie fertig.

300 ml Sahne abmessen, ein Drittel davon in einer Auflaufform verteilen, die Mangoldnocken in die Form setzen, mit der restlichen Sahne begießen und mit dem verbliebenen Käse bestreuen. 20 Minuten im Ofen goldbraun überbacken und mit grünem Salat servieren.

Verflixte Öfen

Ich habe die Nocken mit Jo Lozach gekocht, für die Kolumne auf die Bedingungen im Haushalt übertragen, in der Versuchsküche verbessert und im Fotostudio bei der Produktion für unser Alpenbuch wieder gekocht. Freunde haben die Ravioles in ihr Repertoire übernommen – das Ergebnis war aus jedem Ofen, jeder Auflaufform und mit jeder Mangoldsorte ein bisschen anders. Bei vielen Rezepten sind diese kleinen küchenbedingten Unterschiede unerheblich. Manchmal aber macht ein Löffel Mehl mehr oder weniger viel aus: Der Charme der Ravioles liegt in der besonderen Saftigkeit, und die stellt sich nur ein, wenn Sie so wenig Mehl wie möglich für den Teig verwenden. So dass Sie die Nocken gerade eben formen können, sie durch die dünne Mehlschicht auf ihrer Oberfläche im kochenden Wasser zusammengehalten werden und im Ofen schön quellen können.

Kochen Sie eine Probenocke aus dem weichen Teig, geben Sie nur wenn nötig noch etwas Mehl dazu. Finden Sie eine Auflaufform, in die Sie die Nocken schön eng nebeneinander hineinsetzen können, so dass sie im Ofen quellen und nicht trocknen. Korrigieren Sie Mehl- und Sahnemengen und die Ofentemperatur, bis Sie spätestens beim dritten Versuch unschlagbare Ravioles de blettes aus dem Ofen holen können.

Maniok

Die langen, braunen Knollen, die beim Schnitt in ihr weißes Fleisch einen klebrigen Saft absondern, sind für 500 Millionen Tropenbewohner ein wichtiger Lieferant von Kohlenhydraten. Besonders praktisch in heißen Gegenden ohne Kühlschrank: Die Knollen bleiben im Boden der Maniokplantage mehrere Jahre lang frisch. Entwicklungshelfer berichteten mir von ihren Erfahrungen in Ghana mit Malaria und Foufou, einem geschmacklosen Maniokbrei von gewöhnungsbedürftiger Konsistenz. Ich selbst lernte Teigtaschen und süße Knödelchen aus Maniok in Vietnam kennen. Dort schmeckten sie gut, mit den hier erhältlichen Maniokmehlen gelang es mir nie, etwas Ähnliches, Essbares zuzubereiten.

Als verwöhnter Mitteleuropäer hatte ich die Knolle von meiner Einkaufsliste gestrichen, bis ich vor kurzem in einer brasilianischen Bar wunderbare Farofa probierte: Das geröstete Maniokmehl schmeckt ein bisschen wie Kastanien oder Couscous, ist aber gleichzeitig saugfähig und knusprig.

Valdemar da Silva, der Besitzer des »Ver-O-Peso« in München (www.veropesobar.de), erklärt: »Es ist kein Wunder, dass wir Brasilianer mit Maniok besonders gut umgehen können, denn die Pflanze breitete sich von Brasilien in andere tropische Länder aus. Es gibt zwei unterschiedliche Arten, süßen Maniok und bitteren Maniok, auch Schwiegermutterpflanze genannt. Beide enthalten ein giftiges Blausäureglykosid, eine Verbindung aus Blausäure und Zucker. Beim süßen Maniok, Aipim, liegt das Gift in der Schale, oft kochen wir die geschälten Knollen und frittieren sie dann in dicken Scheiben.«

Im bitteren Maniok ist der Stoff in der ganzen Knolle verteilt. Erst unter Hitzeeinwirkung zerfällt das Gift, dadurch ist die Mehlherstellung aufwändig: Zuerst werden die Knollen gerieben und tagelang gewässert, danach ausgepresst, manchmal vergoren und zuletzt geröstet.

Das Mehl für Farofa heißt Farinha de Mandioca crua oder torrada, es sieht aus wie Paniermehl und ist in lateinamerikanischen und asiatischen Märkten erhältlich.

Brasilianische Köche rösten das Mehl bei milder Hitze 5 Minuten unter ständigem Rühren in einer Pfanne an und geben dann auf 200 g Maniok 3 EL Butter, Palmöl oder Griebenschmalz dazu. Mit Kräutern wie Minze, Lauchzwiebeln, Majoran, Koriander oder Petersilie steht die Farofa bei jedem Essen auf dem Tisch. Ganz ähnlich röstet übrigens Jamie Oliver in seinen italienischen Rezepten Brotbrösel, um sie über Nudeln zu streuen.

Seeteufel mit Farofa

- **Saftiger Fischgang**

1 Bund Koriander, 2 Knoblauchzehen,
1/2 TL Salz, 1 TL Pfeffer,
2 EL Limettensaft, 500 g Seeteufelfilet,
3 rote Paprika, 2 EL Olivenöl,
200 ml Kokosmilch, Farofa (siehe oben)

Koriander schneiden, Knoblauch schälen, mit Salz, Pfeffer und Limettensaft zu einer Paste mörsern. Seeteufelfilet in 3 cm große Würfel schneiden, mit der Paste mischen. Paprika vierteln, entkernen, auf einem Backblech 20–25 Minuten bei

240 Grad Umluft backen, bis die Haut beginnt, schwarz zu werden.

Vom Blech nehmen, mit nassem Tuch zudecken, abkühlen, Haut abziehen. Paprika in Streifen schneiden, mit dem Olivenöl anbraten, den Fisch dazugeben, nach 2 Minuten die Kokosmilch zugeben und bei milder Hitze 15 Minuten garen. Abschmecken und mit Farofa und Reis servieren.

Kalt-Getränk

Dazu passt eine Caipirinha: Eine Limette in 4 Spalten schneiden, jede Spalte quer halbieren. 6 Limettenstücke mit 1½ Löffeln Zucker in einen Tumbler füllen, zerstoßen und mit Eis auffüllen.

Viele Europäer bevorzugen Crushed Eis, der Großvater einer Freundin aus Martinique läßt sich morgens vor der Feldarbeit seine Caipirinha ohne Eis servieren. Den Drink mit Cachaca auffüllen. (Siehe auch S. 55). Die übrig gebliebenen Limettenstücke für das nächste Glas verwenden …

Munder Safran

Wo wächst der beste Safran? In Andalusien? Im Iran? Im Kaschmir? Nein, in Mund, einem 600-Seelen-Bergdorf im Kanton Wallis. Das einzige Safrananbaugebiet in der Schweiz, wo fast alle Dorfbewohner auf 100 Äckern mit insgesamt nur einem Hektar Fläche jedes Jahr aus einer halben Million Blüten vier Kilo Safranfäden ernten und für 14 Franken das Gramm an Besucher, die drei örtlichen Gaststätten, den Dorfbäcker und den Hersteller eines Safranaperitifs verkaufen. Sofern sie ihre Ernte nicht mit der Familie verbrauchen. Safran bevorzugt magere, lockere Böden. Die Felder bei Mund sind steil, das Grundwasser fließt zu, aber auch ab und versorgt die Pflanzen kontinuierlich mit Spurenelementen, so dass die Böden in ständiger Roggen-Safran-Doppelkultur nie ausgelaugt werden.

Vermutlich kam der Safran durch arme Bergler in die Schweiz, die in Spanien als Söldner gearbeitet und auf dem Heimweg ein paar Zwiebeln mitgenommen hatten. Manche Zwiebeln gehen noch auf Urahnen zurück, die seit dem Mittelalter keiner mehr versetzt hat. Viele Felder haben die Bewohner von Mund aber auch mit Zwiebeln aus Kaschmir neu bepflanzt, denn bis 1979 war der Safrananbau fast erloschen. Heute stärkt er die kulturelle Identität des Dorfes. Im Oktober sind hier die Unterschiede zwischen heißen Tagen und eisigen Nächten sehr groß, auf den umliegenden Gipfeln liegt Neuschnee – ideal für die Safranblüte.

Safranqualität können Sie in der Küche überprüfen: Die Farb- und Aromastoffe kommen am besten zur Geltung, wenn Sie die Fäden in einer Reibschale aus dem Apothekerbedarf oder einem kleinen Mörser auf 40 bis 50 Grad (im Backofen oder auf die Heizung stellen) erwärmen, pulverisieren und in lauwarmer Flüssigkeit einweichen, so dass die verbliebenen Pflanzenzellen quellen und platzen. Am besten geeignet sind Milch oder Weißwein, Milch- bzw. Fruchtzucker spalten die Vorstufen der Safranaromamoleküle und verstärken so den Geschmack.

Schwitzen Sie Safran nicht an, denn Farbe und Aroma sind nicht fettlöslich. Geben Sie das Gewürz erst gegen Ende der Kochzeit zu, der Duft ist flüchtig. Haben Sie zwei Safransorten so vorbereitet und verdünnen beide getrennt, bis Sie den Geschmack gerade noch wahrnehmen, dann merken Sie sofort, welcher der bessere ist. Falls es nicht der Schweizer Safran sein sollte, dann vielleicht der aus Kaschmir, einem der besten Anbaugebiete im Hochgebirge.

Safran-Nudeln mit Spinat

- **Elegante Pasta**

0,2 g Safranfäden (aus Mund = 0,1 g),
150 ml Milch, 400 g Nudeln,
200 g Tiefkühl-Blattspinat, 1 Bund Dill,
1 Zwiebel, 2 EL Butter, 150 g Epoisses
(Alternativen: Gorgonzola, Vacherin)

Safranfäden wie oben beschrieben in der Milch einweichen. Nudeln bissfest kochen, währenddessen den Blattspinat auftauen, ausdrücken, grob schneiden. Den Dill grob hacken und die Zwiebel würfeln und mit 2 EL Butter 5 Minuten dünsten. Spinat, 6 EL

Nudelwasser und Käse, Dill und Safran zugeben. Den Käse schmelzen lassen, abschmecken. Nudeln abgießen, mit der Sauce mischen, noch einmal kurz aufkochen und sofort servieren.

Hühnerbrühe mit Safran

- **Für ein großes Glas an einem kalten Tag**

5 cl Noilly Prat oder Martini Dry,
ca. 0,1 g Safranfäden,
200 ml Hühnerbrühe

Die Safranfäden wie oben beschrieben pulverisieren und dann in einem kleinen Topf mit dem Vermouth aufkochen. Einige Minuten ziehen lassen und dann erst die – schwach fetthaltige – Hühnerbrühe zugeben, aufkochen, trinken.

Nektarine

»Wie Rosen schien ihr Mund zu blühn, wie Pfirschen ihre Wangen«, so beschreiben die Brüder Grimm in ihrem »Deutschen Wörterbuch« Pfirsichassoziationen. Nektarinen haben eine ebenso zartrote Haut wie Pfirsiche, die noch dazu glatt ist, und doch würde kein Dichter junge Frauen mit Nektarinen in Verbindung bringen, dabei sind Nektarinen Pfirsiche! Pfirsiche mit einem Imageproblem.

Neue Nektarinensorten werden aus bestehenden Sorten ausgelesen und gekreuzt, bis Nachkommen die gewünschten Eigenschaften haben. Um die neue Sorte zu vermehren, schneidet der Gärtner im Spätsommer zuerst Edelaugen, also Knospen, des ausgewählten Baumes flach ab. Diese Knospen setzt er unter die Rinde einer Unterlage, die nur die Wurzeln und ein Stück Stamm zum fertigen Baum beisteuert. Unterlagen sind besonders robust, würden aber selber nur wenige, kleine oder ganz andere Früchte liefern. Nektarinen und Pfirsiche wachsen zum Beispiel oft auf Pflaumen. Wenn Sie einen Nektarinenkern in die Erde stecken und den Sämling einfach wachsen lassen, dann verwildert er: Er entwickelt neue Eigenschaften oder bildet Merkmale seiner Großeltern wieder aus (siehe Weinbergpfirsiche). Es kann sogar passieren, dass der erwachsene Baum »behaarte Nektarinen« trägt, also Pfirsiche. Umgekehrt kommt es selbst auf einem einzigen Baum vor, dass einzelne Nektarinen zwischen Zweigen voller Pfirsiche wachsen.

Warum glauben viele, dass Nektarinen langweiliger schmecken als Pfirsiche? »Nacktpfirsiche« haben den Markt erst jüngst erobert, wohl nachdem Marktforscher entdeckt hatten, dass der Biss in einen haarigen Pfirsich bei manchen Menschen wirkt wie das Quietschen von Kreide auf einer Tafel. Viele Nektarinen für den globalen Handel wurden also in einer Zeit gezüchtet, als Fruchtgröße, Farbe und Haltbarkeit wichtiger waren als Aroma und Saftigkeit; unter den Pfirsichen gibt es viel mehr bewährte Sorten, deren Qualität im Geschmack liegt.

Am besten schmecken beide noch warm von der Sonne und schon ein wenig weich. Leider sind die vollreifen Früchte äußerst druckempfindlich und verderben schnell. Das wäre an sich kein Problem, Nektarinen reifen nach der Ernte weiter. Aber pflückreif müssen sie sein, sonst werden die Früchte später nicht reif, sondern schrumpelig.

Zum Glück haben die oben erwähnten Marktforscher kürzlich herausgefunden, dass Konsumenten ungern in Tennisbälle beißen. Kaufen Sie Fantasia, Independence oder Snowqueen bei Obsthändlern, die schon davon gehört haben.

Nektarinen-Datschi nach einem Rezept von Johanna Maier

• **Dessert**

500 g Nektarinen,
150 g Mehl, 75 g Zucker,
1 Prise Salz,
4 EL warme Milch,
2 EL Butter

Backofen auf 240 Grad vorheizen (Umluft 220 Grad). Nektarinen waschen, entsteinen, in Scheiben schneiden. Mehl, Zucker und 1 Prise Salz unterheben. Je 4 EL warme Milch und Wasser unter vorsichtigem Rühren mit den Nektarinen mischen. 2 EL Butter in einer ofenfesten, nicht klebenden Pfanne aufschäumen, Teig hineingeben und im Ofen 10 Minuten backen. Nach 6 Minuten wie einen Pfannkuchen wenden. Mit Puderzucker und (Pfirsich-)Eis servieren.

Eieiei

Viele Leser schlugen beim Kochen noch die vermeintlich vergessenen Eier in den Teig, aber: Auf der Alm gab es nicht immer Hühner, die Variante ohne Ei ist so wie die Rezepte mit Ei ein österreichischer Klassiker.

Ich beschäftige mich seit einiger Zeit manchmal mit Rezepten ohne Ei (weil meine Tochter keine Eier verträgt) und finde es oft ganz erholsam, die leichtere eifreie Variante eines Rezeptes zu probieren. Das Rezept funktioniert natürlich auch mit Eiern, ähnlich wie ein normaler kleiner Pfannkuchen oder Rahmdalken. Abgesehen davon gefällt es mir natürlich, wenn meine mündigen Leser nicht alles unbesehen übernehmen, sondern ihre eigenen Erfahrungen in den Kochprozess einbringen.

Neujahrsbrote

Wann beginnt ein Jahr? Der Zeitpunkt des Jahreswechsels ist willkürlich gewählt, andere Kulturen wählen ganz andere Termine. Das ist kein Zufall, denn Neujahrsfeste betonen die wiederkehrenden Elemente des Jahreslaufes. Die Silvesterglocken läuten die jeweils nächste Umdrehung auf dem Rad des Lebens ein. Und wo ist der Anfang eines Rades? Das Christentum scheint mir weniger zyklisch, sondern linear: Alle Entwicklung strebt nach einem Ziel – dem Paradies. Vielleicht konnte das Christentum das Neujahrsfest deshalb nie richtig integrieren.

Die wichtigsten Bräuche zum Jahreswechsel haben heidnische Wurzeln: Toten- und Reinigungsriten betonen das Ende. Während der zwölf Raunächte von Weihnachten bis zum 6. Januar, der Zeit zwischen den Jahren, wird unsere Welt zu einem Zwischenreich, in dem sich Lebende und Tote nahe kommen. Dämonen suchen uns heim, Wotans wilde Jagd, ein lärmendes, fliegendes Geisterheer zieht über den Himmel. Damit wieder Platz wird für Licht und gute Geister, können wir die dunklen Mächte vertreiben – durch Lärm und Knallerei. Oder wir versuchen die Dämonen durch Gaben milde zu stimmen: In vorchristlicher Zeit besänftigte man Tote, Dämonen oder Götter oftmals durch Blutopfer. Im Laufe der Jahrtausende traten schließlich Opferbrote oder Brote in der Form von Bären, Hirschen oder Ebern an deren Stelle. So können wir mit diesen Figuren gleichzeitig den Geistern huldigen und mit dem Verzehr die Kraft dieser Wesen in uns aufnehmen.

Glücks- und Fruchtbarkeitsriten betonen den Anfang. Ein guter erster Jahrestag soll als Beginn der Neuschöpfung zu einem guten Jahr führen – Reste dieser Vorstellung führen zu dem inneren Zwang, kurz nach Mitternacht gute Vorsätze zu fassen. Dabei gehören Glück und Fruchtbarkeit zusammen: Das Glücksschwein zum Beispiel ist ein Symbol der germanischen Fruchtbarkeitsgöttin Freyja. Ebenso sind auch andere Glücksbringer eigentlich Fruchtbarkeitsamulette, denn Glück war in früheren Zeiten nur ein anderes Wort für Fruchtbarkeit – der Frauen, der Felder, der Haustiere. Fruchtbarkeit und Tod sind nur scheinbare Gegensätze: Im Neujahrsbrauch der Gebildbrote vereinen sich beide Riten. Schon der schwellende Teig erinnert an die schwangere Frau, Fruchtbarkeitssymbole sind Hennen, Hasen, Glücksschweine. Zahlreiche Symbole sind jedoch mehrdeutig: Ob unser Hefezopf als Zeichen für Weiblichkeit zu den Liebes- und Fruchtbarkeitsopfern gehört oder ob er vielmehr wie ein Haaropfer als Ersatz für Menschenopfer zu den Bestattungsriten gehört, bleibt im Dunkeln. Mein Lieblingsbrot ist das ewige Rad, mit Zopf und mit Dämon.

Sonnenrad

1 großes Brot
1 kg Mehl, 200 g Zucker, Salz,
1/2–2 Beutel Trockenhefe
(siehe Weizenmehl, S. 285),
350 ml lauwarme Milch,
250 g weiche Butter

Mehl, Zucker und 1 Prise Salz in einer Schüssel mischen. Trockenhefe in einer Mulde mit 350 ml lauwarmer Milch verrühren, mit

Mehl bestäuben und an einem warmen Ort 10 Minuten gehen lassen. Besonders lecker wird der Kranz, wenn Sie vorher etwas Safran in der Milch auflösen.

250 g weiche Butter zugeben, kräftig kneten, bis der Teig nicht mehr klebt. Die Schüssel mit einem Tuch zudecken und nochmals an einem warmen Ort 60–90 Minuten gehen lassen, bis sich das Volumen verdoppelt hat. Falls sie nur ganz wenig Hefe verwenden, dauert es mindestens 8 Stunden, bis der Teig aufgegangen ist; das Tuch mit dem Sie die Schüssel zudecken, sollte feucht sein.

Aus drei Vierteln des Teiges einen ca. 60 cm langen Zopf flechten und zum Kranz schlingen. Aus dem restlichen Viertel einen Dämon formen und wie Radspeichen in den Kranz legen, Hände und Füße leicht andrücken. Bei 175 Grad ohne Umluft ca. 45 Minuten auf der zweituntersten Schiene backen, kurz vor Schluss mit Wasser bepinseln. Sobald das Rad kalt ist, schmecken die Scheiben getoastet besonders gut.

Kreis oder Linie

Dr. K. aus Machtlfing äußerte freundliche Bedenken: »... das klingt spannend und hat sicher auch einen nachdenkenswerten Kern. Es ist aber doch ein sehr ungewöhnlicher Gedanke, der erst einmal (im Widerspruch) zu der sehr evidenten ewigen Wiederkehr des immer gleichen Kirchenjahres auch im Christentum steht. Heilspsychologisch gesehen sind die beiden Grundelemente des Neujahrs, Tod und Wiedergeburt, beim Christentum auf Ostern bzw. Weihnachten entfallen, und daher ist eigentlich für Neujahr kein Platz.«

Nudelsalat

Der Ursprung des deutschen Party-Nudelsalates liegt im Wirtschaftswunder: Ab 1951 wird in der BRD haltbare Mayonnaise in Tuben angeboten. In den sechziger Jahren befreien Gemüsekonserven die berufstätige Hausfrau von lästiger Kleinarbeit in der Küche – die zweite wichtige Voraussetzung für ein Gericht, dessen einzige Regel scheinbar lautet: keine frischen Zutaten! (Außer krauser Petersilie!) Zeit also für eine Generalüberholung. Ab sofort wollen wir bissfeste Nudeln, elegant umhüllt von einer nur leicht gebundenen, aromatischen Sauce mit vielen frischen Kräutern.

Die Nudeln: »al dente« kochen, kalt abschrecken, gut abtropfen. Die Sauce kommt so spät wie möglich dazu. Nudelsalat darf nicht durchziehen! Sonst saugt er jede Feuchtigkeit auf, die Nudeln werden glibberig, der Salat pampig.

Die Sauce: darf nicht zu dick sein. Mayonnaise ist eine gute Basis, muss aber verdünnt werden – etwa mit Brühe, Milch oder Orangensaft. Gualtiero Marchesi, der große Intellektuelle der italienischen Küche, hat den italienischen Nudelsalat modernisiert. Er verwendet Spaghettini und mariniert die frisch gekochten, abgeschreckten und gerade noch lauwarmen Nudeln nur ganz leicht – mit ein paar Tropfen Zitronensaft, manchmal auch nur mit dem grob gehackten Fruchtfleisch einer abgezogenen Tomate und mit etwas Olivenöl, Salz und Pfeffer – eine zarte, dezente Sauce. Dazu kommen fein gehackte Kräuter und gehobelter Bottarga (getrockneter Rogen von Thunfisch oder Meeräsche). Oder große Venusmuscheln, die Marchesi roh auslöst, wie Austern, und mit ihrem Muschelwasser und Petersilie unter die Nudeln mischt. In Vietnam gibt es einen ganz ähnlichen Kräutersalat mit Reisnudeln – das Rezept dazu finden Sie auf Seite 181.

Das Grünzeug: muss frisch und knackig sein. Garen Sie Bohnen, Erbsen oder Möhren ein bisschen kürzer, als es für eine Gemüsebeilage gut wäre. Außerdem machen sich natürlich auch gegrillte Lachswürfel, gebratene Hähnchenbrustscheiben oder Streifen von gekochtem Tafelspitz sehr gut in Ihrem Nudelsalat. Aber wenn am Wochenende die Sonne scheint und Sie unseren Salat mit auf eine Grillparty nehmen – dann braucht es keine zusätzlichen Proteine zwischen den Nudeln.

Neuer Deutscher Wirtschaftswundersalat

- **Party-Salat**

2 EL Pinienkerne, 1 Eigelb, 2 EL Zitronensaft, 1 TL Senf,
7 EL Brühe oder Wasser, Salz, Pfeffer, 6 EL Olivenöl,
1 Bund Basilikum, 250 g kurze Nudeln, 200 g Möhren,
300 g frische (!) Erbsen (netto bleiben ca. 100 g),
1 EL Olivenöl, 1/2 Gurke, 1/2 Bund Zitronenmelisse,
1 Bund Schnittlauch, krause Petersilie

Pinienkerne in einer Pfanne ohne Fett rösten, bis sie duften. Mit Eigelb, Zitronensaft, Senf, 3 EL Brühe und je 1 kräftige Prise Salz und Pfeffer in einen Mixer geben. Nach und nach 6 EL Olivenöl untermixen. Blätter von 1 Bund Basilikum dazugeben, fein pürieren, bis eine cremige grüne Mayonnaise entsteht. Mit 3–4 EL Brühe verdünnen, kräftig abschmecken und in eine Plastikdose füllen.

Die Nudeln bissfest kochen. Möhren schälen und schräg in dünne Scheiben schneiden. Erbsen auspulen, zusammen 1–2 Minuten mit je 1 EL Olivenöl und Wasser zugedeckt dünsten, salzen. Gurke schälen, längs vierteln, Kernhaus herausschneiden, Gurke würfeln. Die Blättchen der Zitronenmelisse zerzupfen, den Schnittlauch schneiden. Nudeln, Gemüse und Kräuter in eine große Plastikdose füllen, vor Ort mit der Sauce mischen – und mit krauser Petersilie garnieren.

Reisnudelsalat mit frischen Kräutern

- **Party-Salat für besondere Gelegenheiten**

250 g runde Reisnudeln (vietnamesische Bun-Nudeln),
1/2 kleiner Kopfsalat, 100 g Sojasprossen,
100 g Gurke, 1 Bund gemischte vietnamesische Kräuter (z.B. Koriander, langblättriger Koriander, asiatisches Basilikum, Polygonum, Perillablätter – manchmal auch als Shisokresse angeboten), für die Sauce:
1 Chilischote, 1 Knoblauchzehe, 1–2 EL Zucker,
2 EL Limettensaft, 4 EL Fischsauce

Reisnudeln 10 Minuten in lauwarmes Wasser legen. Einen großen Topf mit Wasser zum Kochen bringen, Reisnudeln darin ca. 4 Minuten (oder nach Packungsanweisung) kochen. Die Nudeln sollen weiß und noch etwas bissfest sein. Abgießen, mit kaltem Wasser abschrecken und abtropfen.

Kopfsalat und Sojasprossen waschen und trocken schleudern. Salatblätter in Streifen schneiden. Gurke schälen, längs halbieren und mit einem Teelöffel entkernen, das Fruchtfleisch in sehr dünne Scheiben oder in streichholzdicke Streifen schneiden. Kräuter waschen, trocken schütteln, zupfen und in Stücke reißen oder sehr grob hacken.

Für die Sauce die Chilischote in feine Ringe schneiden, Knoblauchzehe schälen und zusammen mit 1–2 EL Zucker im Mörser zerstoßen. Die Würzpaste mit Limettensaft und Fischsauce verrühren und mit 2–3 EL Wasser verdünnen. Reisnudeln, Kräuter und Sauce mischen und sofort servieren. Oder die Zutaten wie oben getrennt transportieren.

Obazda

Was trägt Bayern bei zum Kulturerbe der Welt? Na gut, da sind die Wieskirche und die Würzburger Residenz, aber was wirklich zählt, sind ja wohl die Biergärten – vor allem die großen Brauereibiergärten in und um München. Ich brauche Ihnen das nicht näher zu beschreiben, die Atmosphäre ist großartig, auch die Geschichte mit den kühlenden Kastanien über den Bierkellern ist großartig, es ist überhaupt alles großartig im Biergarten – außer der Küche. Es gibt zwar immer wieder Geheimtipps, die angeblich besten Spareribs betreffend, allein ich habe noch nie gute gefunden. Steckerlfische, also Makrelen am Spieß, sind oft ganz gut, aber das war's dann. Warum ist das so?

Untersuchen wir das Problem an einem Beispiel, dem »Obazdn«. Der Name leitet sich von der Herstellung ab: »Obazn« heißt »anrühren, anmachen«, wobei »Baz« – weiche Masse – auf die Konsistenz der Käsecreme verweist. Obazda ist ein einfaches Gericht: Ein aufrechter Bayer entrindet reifen Camembert, vermischt den Käse mit ein wenig Butter, einer fein geschnittenen Zwiebel. Pfeffer, Salz und Paprika geben die nötige Würze und ein paar Löffel Bier oder Milch machen den Käse cremig. Schnittlauch drüber, Brot dazu – fertig. Aber: Guter, gereifter Käse kostet Geld. Mehr Fett stattdessen, im günstigsten Fall Butter, ist viel billiger. Quark auch. Das sorgfältige Entfernen der Käserinde kostet Zeit. Mancher Obazde wird sogar mit Stickstoff aufgeschäumt, um mehr Masse vorzutäuschen. Der Schnittlauch trocknet auf der exakt portionierten Käsehalbkugel vor sich hin, bis ein argloser Biergartenbesucher die Creme auf sein Tablett packt.

Kapitalismuskritisch könnten wir annehmen, dass der Biergartenwirt so sehr von seiner Arbeit entfremdet ist, dass für ihn nichts mehr zählt – als das Klingeln in seiner Kasse. Etwas milder gestimmt, könnten wir vermuten, dass Biergärten sehr groß, wetterabhängig und darum schwer zu organisieren sind. Wären wir Unternehmensberater, würden wir ganz nüchtern feststellen, dass die Essenszubereitung nicht zu den Kernkompetenzen eines Biergartens gehört, die nämlich heißt: Bier kühlen und ausschenken. Und dass darum der Küchenbereich outgesourct werden muss – und zwar an uns, die Gäste –, so wie es eigentlich schon immer war.

Obazda und schneller Steak-Salat für den Biergarten

• Picknick

250 g reifer Camembert, 1 Zwiebel, 50 g weiche Butter, Pfeffer, Salz, Paprika, 2–3 EL Bier oder Milch, 1/4 Bund Schnittlauch, 250 g Rinderrückensteak, für die Sauce: 1 EL Zitronensaft, 1 Prise Kümmel, 1 TL süßer Senf, je 2 EL Kürbiskernöl und Sonnenblumenöl, 1 kleiner scharfer Rettich, 1 Bund Koriander, 1/2 Rispe frischer grüner Pfeffer (falls vorhanden), außerdem: ein Messer und ein Schneidebrettchen

Den Käse entrinden, die Zwiebel schälen und fein würfeln. Mit Butter vermischen, am besten geht es mit einer Gabel. Pfeffer, Salz, Paprika und einige Löffel Bier oder Milch unterrühren,

Schnittlauch schneiden und darüber geben. Dann das Rinderrückensteak 2–3 Minuten von jeder Seite anbraten – das ist noch ziemlich roh. Bereiten Sie auch die Sauce vor: Zitronensaft mit Salz, Pfeffer, 1 Prise Kümmel, dem Senf und je 2 EL Kürbiskernöl und Sonnenblumenöl verquirlen. Rettich, Koriander, grünen Pfeffer, ein scharfes Messer und ein Schneidebrettchen mit in den Picknickkorb packen und ab in den Biergarten. Dort hat das Fleisch dann genug geruht: Schneiden Sie es leicht schräg in dünne Streifen, den ausgetretenen Fleischsaft geben Sie mit in die Sauce. Den Rettich schälen, längs vierteln und in dünne Scheiben schneiden, Koriander und Pfefferkörner grob hacken. Fleisch, Rettich und Gewürze mit der Sauce mischen.

Oktopus

Kurz nachdem ich meine Frau kennengelernt hatte, spazierten wir in Portugal am Strand entlang und kauften direkt aus einem Fischerboot zwei kleine lebende Kraken. Ich werde Ihnen die Vorgänge in der Küche nicht weiter beschreiben. Das Ergebnis war zäh, trocken und schwamm in einer grauen Flüssigkeit. Das peinlichste Essen, das ich je gekocht hatte. Seitdem habe ich den Umgang mit *Octopus vulgaris*, dem gemeinen, manchmal auch hundsgemeinen, Kraken geübt und auch seine Lebensgewohnheiten studiert.

Der lernfähige Kopffüßer schwimmt ungern, aber schnell. Mit pumpenden Bewegungen des Körpers erzeugt der Oktopus einen starken Rückstoß, der ihn vorwärtstreibt. Acht Arme hängen währenddessen schlaff in der Strömung. Den Großteil seiner Tage verbringt der Krake in einer Höhle am Meeresboden und wartet auf Beute. Fängt der Räuber einen Krebs, so hält er ihn bis zum Ende der Mahlzeit umklammert, die Arme des Kraken arbeiten viel länger als die Muskeln eines Fisches, der immer nur kurz schnappt oder flüchtet. Gleichzeitig fehlt dem Kraken jedes stützende Skelett, er hat nicht einmal einen Schulp wie seine zehnarmigen Verwandten, die Sepien und Kalmare. Deshalb haben Krakenarme eine Art Eiweißgerüst aus sehr elastischen langen und verzweigten Proteinen, die dem Kollagen (Bindegewebe) von Landtieren ähneln.

Wenn wir dieses Eiweiß richtig behandeln, dann wird es zu einer zarten, saftigen Delikatesse: Griechische Fischer schlagen Kraken gegen Felsen, platzende Zellen setzen Enzyme frei, die lange Eiweißfasern zerschneiden und damit den Kraken zarter machen. Viele Köche legen Weinkorken in das Kochwasser für den Oktopus: Wachsartige Substanzen aus den Korken legen sich zwischen die einzelnen Eiweißmoleküle und behindern damit feste Verfilzungen.

Hitzeschwankungen an der Oberfläche von kochendem Wasser oder in den Grenzbereichen der aufsteigenden Blasen lassen das Eiweiß völlig verknäulen. Am wichtigsten ist es deshalb, einen Oktopus sanft zu dünsten oder knapp unter dem Siedepunkt zu pochieren, so dass sich die Proteine langsam auffalten, lockere Netze bilden und reichlich Wasser binden. Sie können alle drei Techniken kombinieren, entscheidend ist die sensible Temperatursteuerung. Aber kochen Sie Ihren ersten Oktopus vorsichtshalber nicht gerade bei der ersten Verabredung.

Geschmorter Oktopus mit Tomaten

- **Sommerlich-saftiger Hauptgang**

4 Knoblauchzehen,
200 g Staudensellerie, 1 Chilischote,
2–3 Rosmarinzweige, 6 EL Olivenöl,
1 küchenfertiger Oktopus (ca. 1 kg),
Salz, Pfeffer, 750 g Tomaten, 3 EL Oliven

Die Knoblauchzehen schälen, mit Staudensellerie, Chilischote und den Nadeln von 2–3 Rosmarinzweigen hacken. Mit dem Olivenöl in einem flachen, schweren Topf andünsten. Den küchenfertigen Oktopus und 200 ml Wasser dazugeben, mit Salz und Pfeffer würzen und zugedeckt bei milder Hitze 90 Minuten dünsten. Wenn Sie mit einer Gabel hineinstechen, muss das Fleisch weich sein, die Garzeiten können variieren.

750 g Tomaten waschen und würfeln und mit 3 EL Oliven zum Kraken geben, 3 Minuten fertig garen, abschmecken und servieren. (Sie können den Kraken auch zerteilen und dabei Schnabel, Saugnäpfe und Augen entfernen.)

Orangen

Januar ist der Orangenmonat, doch die heiligen drei Könige hatten keine Apfelsinen im Gepäck. Die chinesischen Äpfel kommen aus dem Himalaya und wurden zur Zeitenwende vor allem in China angebaut. Orangenzüchter nannten ihre Bäume »goldköpfige Sklaven«, sie schickten die schönsten Früchte chinesischen Kaisern und Mandarinen. Nachdem portugiesische Seefahrer im frühen 16. Jahrhundert Orangenbäume nach Europa brachten, wurden sie auch hier zum Ziel adeliger Begierden. In barocker Gartenplanung spielen Orangerien eine wichtige Rolle als repräsentatives Gegenüber zum Schloss. Sogar kommunistische Herrscher der nahen Vergangenheit bauten Orangerien: Ein schönes Beispiel aus Beton steht bei Marschall Titos Sommerresidenz im slowenischen Bled. Die Villa Bled ist heute übrigens ein sehr empfehlenswertes Luxushotel.

Wenn Sie Sehnsucht nach den duftenden Bäumen verzehrt, Sie sich aber keine Orangerie bauen wollen, dann müssen Sie reisen. Am einfachsten ist eine Reise in die Pfalz an die deutsche Weinstraße, wo die dreiblättrige Bitterorange im Freien überlebt. Ihre Früchte duften angenehm, sie sind aber leider ungenießbar. Trotzdem ist die relativ frostfeste *Poncirus trifoliata* bei Züchtern beliebt, als robuste Unterlage für das Aufpfropfen von Edelreisern wohlschmeckender, aber empfindlicher Sorten.

Meine Lieblingsorangen sind die herb-aromatischen Blutorangen Moro, Tarocco und Sanguinello aus Sizilien. Moro ist die früheste der Sorten, Sanguinello die späteste, im Januar gibt es sie alle drei. Warum sind diese Orangen so dunkel? Es liegt an den Sorten und am Klima. Orangen färben sich erst orange oder rot, wenn die Unterschiede zwischen den Tag- und Nachttemperaturen groß genug sind. In Ländern mit geringen Temperaturschwankungen wie Indien, Brasilien oder Vietnam bleiben auch reife Orangen grün. Am Ätna schwanken die Temperaturen in den Orangenhainen stark genug, um die Früchte dunkelorange zu färben, ohne dass es dabei gefährlich kalt wird.

Falls Ihre Kinder vom Dreikönigssingen Orangen mit nach Hause bringen, spielen Sie ein Spiel mit ihnen – das Orangenorakel: Wie viele Schnitze sind in der Frucht? Entfernen Sie (heimlich) den Stielansatz der Orange, darunter sehen Sie einen ungefähr fünf Millimeter großen Ring aus 10 bis 14 kleinen Noppen, jede Noppe ist die Spitze eines Fruchtsegments. Zählen Sie die kleinen Punkte, um die Zahl der Schnitze in der geschlossenen Orange zu prophezeien.

Orangenkuchen mit Orangensalat

- **Mindestens 8 Portionen**

250 g Mehl, 180 g kalte Butterstückchen, Salz,
500 g Ricotta (oder Quark), 1 EL Vanillezucker,
3 EL Grieß, 3 Bio-Orangen, 2 EL Orangenlikör,
3 Eier, 70 g Butter, 125 g Zucker, außerdem:
eine Springform (26 cm Durchmesser), Backpapier oder
Alufolie, getrocknete Bohnen zum Blindbacken

Mit den Fingerspitzen Mehl mit kalter Butter, 1 Prise Salz und 60 ml, das sind 3–4 EL, Wasser verkrümeln. Zu einem Teig kneten und in Folie wickeln. Nach 30 Minuten ausrollen. Eine Springform buttern und mit Mehl bestäuben, mit dem Teig auslegen. Dabei den Teig am Rand 3 cm hochziehen. Backpapier über den Teig legen, mit getrockneten Bohnen beschweren, bei 180 Grad Umluft 25 Minuten backen.

Für die Füllung Ricotta mit Vanillezucker, Grieß, der geriebenen Schale von 3 Orangen, Orangenlikör und 3 Eigelb verrühren. Die Butter schmelzen und ebenfalls unterrühren. Eiweiß mit dem Zucker steif schlagen, unter die Quarkmasse heben.

Den Teig aus dem Ofen nehmen, Papier und Bohnen entfernen. Füllung in die Form gießen, 45 Minuten backen. Inzwischen die Orangen mit einem scharfen Messer so schälen, dass dabei die weiße Haut entfernt wird, die Früchte in Scheiben schneiden, mit Likör oder Orangensirup beträufeln und als Fruchtsalat zum Kuchen servieren.

Orangensirup

- **Exklusiver Sirup**

3–5 Vanilleschoten,
1 kg Bio-Orangen,
100 ml Zitronensaft,
1 TL Lavendelblüten,
600 g Zucker,
100 ml Orangenlikör (für Kinder weglassen)

Vanilleschoten der Länge nach halbieren, das Mark mit einem Messerrücken herauskratzen. 2–3 Orangen waschen und dünn schälen, den Saft aller Orangen auspressen, 600 ml abmessen. Vanillemark und -schoten mit Orangensaft und -schalen, Zitronensaft, Lavendelblüten und Zucker in einen Topf geben. Aufkochen lassen, 5 Minuten bei milder Hitze kochen und durch ein Sieb gießen. Orangenlikör (für Kinder weglassen) in den Sirup gießen, noch einmal kurz aufkochen.

Die ausgekochten Vanillestangen in sterilisierte Flaschen oder Gläser stecken, mit dem heißen Sirup füllen und verschließen. Kühl und dunkel lagern.

Mit diesem Sirup können Sie Erdbeeren oder andere Früchte marinieren, oder Sie trinken ihn mit Wasser und Eis – mit oder ohne Rum.

Pinienkerne

Zehn gute Alltagsrezepte entspannen genauso nachhaltig wie die zehn Gebote auf Moses Tafeln. Das ist kaum übertrieben: Klare Rituale bewahren uns vor der Mühsal der Entscheidung. Dummerweise zieht die Sicherheit des Rituals Langeweile nach sich, darum müssen wir von Zeit zu Zeit den Alltag verändern. Auch Essensgewohnheiten sitzen tief, trotzdem brauchen Sie – anders als in den meisten Lebensbereichen – keine langwierige Therapie, um ein neues Rezept in Ihr Repertoire aufzunehmen. Da aber jede geglückte Neuerung frischen Wind in unser Bewusstsein bringt, empfehle ich: Kochen Sie mein Öhrchen-Risotto. Es verstößt gegen jede Regel der Nudelzubereitung und wird Sie glücklich machen.

Pinienkerne sind ölig-süß und zart, selbst kleine Kinder lieben sie – ideal, um mit ihnen neue Gerichte in unseren Alltag zu schleusen. Haben Sie schon einmal im Sommer am Strand unter einer Pinie gesessen, haben Pinienkerne aus einem heruntergefallenen Zapfen geknackt, gegessen und sich dann gefragt, wie um alles in der Welt die kleinen Kerne vom Baum in die Tüte kommen? Selbst Pinienkernhändler wissen wenig darüber, und es dauerte eine Weile, bis ich Dipak Sapré gefunden habe, der jedes Jahr 20 Tonnen der nussigen Samen importiert. Und zwar aus dem pakistanischen Grenzland zu Afghanistan, nicht etwa aus Italien, wie der Ruhm des ligurischen Pesto vermuten lässt. Die italienische Ernte reicht nämlich nicht einmal für den Eigenbedarf – falls Ihnen doch ein mediterraner Pinienkern begegnen sollte, erkennen Sie ihn an der länglich-schlanken Form und an seiner matten Oberfläche. Pakistanische Kerne werden ganz leicht geröstet, um die Kerne zu sterilisieren, dabei bleiben sie hell, die Oberfläche wird leicht glänzend. Chinesische Pinienkerne, auch Zedernkerne genannt, sind deutlich gedrungener, billiger und sehr unterschiedlich sortiert: Überreife Kerne schmecken manchmal harzig. Feuchte Samen entwickeln Petrolgeruch.

Aber wie kommen sie in die Tüte? Die Zapfen werden mit der Hand geerntet, lange bevor sie herunterfallen. Anschließend werden sie getrocknet, bis man die Kerne herausschütteln kann. Über ein Förderband kommen die Kerne zwischen zwei Walzen, die die harte Schale entfernen. Arbeiterinnen reiben die innere braune Haut mit Baumwolltüchern ab und verlesen dann die Samen. Stück für Stück. Fünfzig Frauen sortieren eine Tonne in einer Woche.

Öhrchen-Risotto

- **Leichtes Mittagessen**

2 Bund Dill, 1/2 Knoblauchzehe,
3 EL Pinienkerne,
1/2 TL Salz, 2 EL geriebener Pecorinokäse,
5 EL Olivenöl, 500 g Orecchiette
(oder andere kurze Nudeln)

Dill mit 1/2 Knoblauchzehe hacken, Pinienkerne hell rösten. Zusammen mit 1/2 TL Salz, Pecorinokäse und Olivenöl im Mörser oder im Blitzhacker pürieren. 1 l Salzwasser oder Brühe aufkochen, 500 g Orecchiette zugeben und die Nudeln bei nicht ganz geschlossenem Deckel und mittlerer Hitze bissfest kochen. Häufig umrühren, damit die Nudeln nicht verkleben. Am Ende der Kochzeit sollte die Flüssigkeit weitgehend verbraucht sein. Wenn Sie nun das Pesto unterrühren, werden die Nudeln von einer cremigen Schicht umhüllt, ähnlich wie die Reiskörner im Risotto.

Urlaubsessen

Falls Sie Ihren Urlaub in einer Mittelmeergegend verbringen, in der wildes Fenchelkraut wächst, dann ersetzen Sie Dill durch wilden Fenchel – die Pflanze ist leicht zu erkennen: Sie bildet keine Fenchelknollen und sieht fast genauso aus wie Dill. Wilder Fenchel schmeckt aber ein bisschen aromatischer, man könnte fast sagen sonniger als Dill. Oder Sie säen wilden Fenchel in einem Topf oder an einer geschützten Stelle in Ihrem Garten aus.

Pizza

Restaurants, in denen über Generationen ein einziges Gericht perfektioniert wird, faszinieren mich – sei es ein Nudelsuppen-Stand in Hanoi, eine Bosna-Bude in Salzburg oder eine Pizzeria in Neapel. Allein die Choreografie der Bewegungen in einer Pizzeria verrät sofort, wie gut die Pizza dort wohl sein wird. Für Ihre persönliche Suche nach einer guten Pizza, hier die Leitlinien der »Associazione Vera Pizza Napoletana«, einer Vereinigung mehrerer italienischer Wirte:

1. Der Pizzateig besteht aus Mehl, Sauerteig oder Backhefe, Salz und Wasser. Als die Pizza erfunden wurde, gab es noch keine Hefewürfel im Supermarkt, es gab noch nicht einmal Supermärkte. Ein Stück natürlich gesäuerter Pizzateig vom Vortag brachte verschiedene Hefen und Milchsäurebakterien in den frischen Teig. Viele Pizzabäcker machen das noch heute so und geben damit ihrem Teig ein besonderes Aroma – übrigens ist dies das Geheimnis für viele »Hefe«-Gebäcksorten, für deren Lockerung gute Bäckereien Backhefe und natürlichen Sauerteig vom Vortag mischen.

2. Der Teig wird von Hand geknetet und ausgezogen. Eine Knetmaschine finde ich zulässig. Der Pizzarand wird aber wirklich besonders schön, wenn Sie die Teigkugel mit den Fingern flach drücken und ausziehen – werfen Sie ruhig auch einmal den Teig mit schneller Drehung in die Luft, so dass er sich durch die Zentrifugalkraft von selbst auszieht – das ist viel leichter, als es aussieht.

3. Der kuppelförmige Pizzaofen wird mit Holz beheizt, die Pizza

darin ohne Backform direkt auf dem heißen Steinboden gebacken. Na ja … Ich wünsche mir so einen Ofen, seit ich das erste Mal in Italien war. Der leichte Holzfeuerduft und der Geschmack der hauchdünnen Ascheschicht am Pizzaboden lassen sich nicht simulieren. Der Effekt eines heißen Steinbodens dagegen schon: Damit es am Teigboden immer schön heiß ist, dürfen Sie Ihre Pizza nicht auf einem kalten Blech in den Ofen schieben. Heizen Sie ein schweres Backblech, besser noch eine ofenfeste Stein- oder Stahlplatte, bei größter Hitze vor und backen die Pizza direkt darauf – gut geeignet ist der Boden eines großen, umgedrehten Bräters, es gibt auch spezielle Backsteine.

Wie kommt die Pizza ohne Unfälle in den Ofen? Am besten auf einem bemehlten Einschießer, einem breiten, dünnen Holzbrettchen mit Griff – notfalls auf einem Backpapier.

Pizza Marinara (Pizza Napoletana) – eine Annäherung

- **Für 4 Pizzen**

500 g Mehl, 1/2 Würfel Hefe,
1 TL Salz, 1 kg Flaschentomaten,
2 Knoblauchzehen,
Oregano (getrocknet oder frisch),
Olivenöl

Mehl in eine Schüssel geben, eine Mulde formen, Hefe hineinbröseln, 3 EL lauwarmes Wasser zugeben, mit etwas Mehl verrühren, zudecken. Nach 30 Minuten Salz und 270–290 ml lauwarmes Wasser zugeben, 10 Minuten lang kneten. Den Teig in

4 Teile teilen, zu Kugeln formen. Unter einem Tuch etwa 2 Stunden gehen lassen, bis der Teig sein Volumen verdoppelt hat – bei trockener Luft ein feuchtes Tuch über das trockene Tuch legen. Sie können die Hefemenge auch halbieren oder sogar vierteln und die Ruhezeit dafür mindestens verdoppeln oder vervierfachen, dann wird der Teig besonders saftig und aromatisch (siehe S. 285).

Den Backofen vorheizen (siehe oben). Flaschentomaten längs in Scheiben schneiden, in einem Sieb leicht drücken, gut abtropfen lassen. Knoblauchzehen in Scheiben schneiden. Die erste Teigkugel ausziehen und mit Tomaten und Knoblauch belegen. Oregano darüber streuen, mit Olivenöl beträufeln, 5–8 Minuten backen. Die Pizza schneiden, verteilen und sofort essen, gleichzeitig die nächste Pizza backen.

Schnörkellos

Sebastian Dickhaut, Autor von Kochbuch-Bestsellern, schlug folgende Methode vor, die Pizza im Haushaltsofen zu backen: »Ich hätte noch eine weitere Version, und zwar von der australischen Köchin Jill Dupleix. Den Ofen knallheiß vorheizen (am besten Umluft, weil heißer – aber vorheizen eben, auch wenn man das nicht machen soll) und die Pizza direkt auf den Boden des Ofens werfen.«

Polenta

Die Menschen am Flusse Po kochen ihren täglichen Brei langsam, »lentamente«, und deshalb heißt die Beilage Polenta – wäre eine schöne Erklärung für den Ursprung des Wortes. Doch den Brei gab es schon vor der italienischen Sprache: Bei den Römern hießen Getreidebrei »puls« und feines Mehl »pollen«, sowohl Rezept als auch Wort haben hier ihre Wurzeln.

Neben Polenta aus Maisgrieß gibt es heute schwarze und braune Polenta aus Buchweizen und Kastanien. In Deutschland ist Polenta gelb. Auch die besten Köche nehmen meist vorgekochten Instant-Maisgrieß in zwei Varianten:

Für weiche Polenta 1 Teil Grieß in 6 Teile kochendes Salzwasser, Brühe oder Milch einrühren, einige Minuten quellen lassen, mit Butter verfeinern. Für gebratene Polentaschnitten ist das Verhältnis 1:3, den fertigen Brei mit bis zu 3 Eiern pro Liter verrühren, auf ein geöltes Blech streichen. Abkühlen lassen, in Stücke schneiden und braten; oder mit geriebenem Käse bestreuen und im Ofen überbacken.

Hier könnte der Text enden, doch kürzlich begegneten mir ein Österreicher, eine Italienerin und ein Schweizer:

Sepp Brandstätter baut in Kärnten einen vorher fast ausgestorbenen Gailtaler Landmais an. Er kultiviert zwei Sorten: Eine ist gelb, die andere fast weiß. In anderen Gegenden wächst schmackhafter orangefarbener, roter und brauner Mais. Die Auswahl der Maissorten, die bei uns zu Grieß gemahlen werden, beruht auf dem Missverständnis, dass gute Polenta leuchten muss wie eine Sonnenblume. Es ist zwar kein Schaden, wenn

Polenta gelb ist, Farbe und Geschmack haben aber nichts miteinander zu tun.

In den Dolomiten servierte mir Betti Zampieri Polenta zu Ziegenkäse, mit Walnüssen und Honig. Sie mahlt den Grieß alle zwei Wochen frisch. Warum? Sie mahlt das ganze Korn, mit dem fett- und damit aromareichen Keimling. Solange das Korn geschlossen ist, hält es fast ewig. Sogar Getreidekörner aus Pharaonengräbern keimen noch. Doch sobald das Korn gemahlen wird, beginnt der Zerfall, zuerst werden die Fette ranzig. Daher entfernen Maismüller meist den Keimling, wenn nicht, steht's auf der Packung. Bettis Mais leuchtet orange.

Franco Foresti kocht im Sommer täglich viele große Kupfertöpfe voll Polenta. In seinem Tessiner Restaurant ist Polenta sogar der Star. Kalbsragout, hausgemachte Würste oder Almkäse spielen die Rolle der Beilage. Sein Geheimnis: eine Grießmischung aus drei Maissorten: Eine sorgt dafür, dass der Brei nicht verkocht, die anderen geben den Geschmack. Mindestens eine der Sorten ist braun.

Polentagratin

• **Rustikale Beilage**
700 ml Milch,
300 g Maisgrieß,
Salz, Muskat,
1 Knoblauchzehe,
200 ml Sahne,
Pfeffer, Muskat,
100 g Bergkäse

Eine feste Polenta aus 500 ml Milch, 500 ml Wasser oder Brühe und 300 g Maisgrieß mit 1 kräftigen Prise Salz und einem Hauch Muskat zubereiten. Wenn Sie Instant-Maisgrieß verwenden, dann können Sie die Flüssigkeitsmenge um ein Viertel verringern, weil in der kurzen Garzeit weniger Wasser verdunstet. Die Polenta auf ein geöltes Blech streichen, am einfachsten mit einer geölten Winkelpalette oder mit einer geölten Teigkarte. Abkühlen lassen und in 5 cm große Quadrate schneiden. Polentascheiben in eine gebutterte Auflaufform schichten.

Die Knoblauchzehe schälen und – ausnahmsweise – quetschen. Mit Sahne und restlicher Milch mischen und mit Salz, Pfeffer, Muskat und Knoblauch abschmecken, über die Polenta gießen. Mit 100 g geriebenem Bergkäse bestreuen, bei 190 Grad ca. 45 Minuten überbacken (Umluft 170 Grad). Mit einem großen Salat servieren.

Prosecco

Meine Eltern sagten Asti, wenn sie italienischen Schaumwein meinten, wir sagen Prosecco. Beides ist falsch: Asti ist eine Stadt und Prosecco eine Rebsorte, die vor allem im Veneto wächst, in einer hügeligen Gegend am Alpenrand mit guten Restaurants, malerischen Dörfern und einer Weinstraße, der Strada del Prosecco. Das kleine Weinbaugebiet reicht von der Gemeinde Valdobbiadene im Westen bis nach Conegliano im Osten. Aus einem winzigen Teil ihrer Proseccotrauben keltern fast 5000 Winzer auf insgesamt 4300 Hektar sogar einen blasenfreien Weißwein, Prosecco tranquillo. Den sie aber leider selbst trinken.

Nach den Regeln zum Schutz des Prosecco di Conegliano-Valdobbiadene dürfen DOC-Winzer nur 6000 Flaschen pro Jahr von jedem Hektar erzeugen, mit oder ohne Blasen, insgesamt etwa 27 Millionen Flaschen im Jahr. 2003 wurden aber allein in Deutschland 27 Millionen Flaschen getrunken, es muss also noch andere Anbaugebiete geben.

Na und?, denken Sie vielleicht, gute Proseccotrauben können auch in anderen Regionen wachsen, und auch das DOC-Siegel gibt schließlich keine Garantie für guten Wein. Sie haben recht, aber ich kenne weder einzelne herausragende Proseccowinzer außerhalb des klassischen Gebietes, noch gibt es eine zweite Region, die sich auf den Anbau von Prosecco spezialisiert hat. Die Proseccotraube wächst in einem einzigen geschützten Gebiet mit klaren Regeln für die Winzer. Massenproduzenten namenloser Weine aus der Nachbarschaft können ihre Plörre teurer verkaufen, wenn sie sie falsch oder missverständlich deklarieren.

Und die Wege des Prosecco sind sumpfig, selbst Fachleute verlieren den Überblick.

Am Anfang des Proseccobooms stand vor mehr als 100 Jahren ein zufällig entstandener, leicht moussierender Wein, ein Frizzante oder Perlwein. Das sind eher einfachere, aus verschiedenen Lagen verschnittene Weine. Meistens wird ihnen Kohlensäure bei der Abfüllung zugesetzt. Perlweine haben einen Vorteil: Sie unterliegen nicht der deutschen Sektsteuer, das spart bei jeder Flasche einen Euro. Prosecco frizzante mische ich im Sommer gern mit Holunderblütensirup. Wenn sich der Grundwein während einer zweiten Gärung in der Flasche, Metodo tradizionale, oder im Tank von selbst mit Kohlensäure anreichert, dann wird daraus ein Spumante, also Sekt – so werden viele der edleren Proseccoflaschen gefüllt.

Bohnen, Radicchio und Proseccoschaum

- **Feines Gemüsegericht**

200 g (Borlotti-)Bohnenkerne,
2 Knoblauchzehen, 75 g Speck,
175 ml Prosecco frizzante,
200 g Radicchio, 1 TL Öl,
2 TL Puderzucker, 2 Bund Petersilie,
2 EL kalte Butterflöckchen, Salz, Pfeffer

Bohnen über Nacht einweichen. In Salzwasser ca. 50 Minuten bei milder Hitze weich kochen, abgießen. Knoblauchzehen und Speck würfeln, zusammen 4 Minuten dünsten, mit 125 ml Prosecco frizzante löschen und auf ein Drittel einkochen.

Radicchio in Spalten schneiden, in einer geölten Grillpfanne bei mittlerer Hitze von beiden Seiten je 3–4 Minuten grillen. Kurz bevor der Radicchio fertig ist, mit 1 TL Puderzucker bestreuen, umdrehen, mit dem zweiten Teelöffel Puderzucker bestreuen, noch einmal wenden und 1 Minute fertig grillen. Petersilie zupfen und fein hacken, zusammen mit 2 EL kalten Butterflöckchen in die Sauce rühren. Abschmecken und 3 EL frischen, moussierenden Prosecco in die Sauce geben. Die Bohnen in der Sauce warm schwenken, mit dem Radicchio anrichten und mit Salz und Pfeffer bestreuen.

Frage des Küchenalltags

Aus welchen Trauben wird eigentlich Prosecco di Conegliano-Valdobbiadene gekeltert?

A – Prosecco wird selbstverständlich aus Prosecco vinifiziert.

B – Es gibt rote und weiße Proseccorebsorten, ähnlich grünem und rotem Veltliner. Für den allergrößten Teil der Weinproduktion von Conegliano-Valdobbiadene wird die weiße Proseccorebe Bianchetta verwendet.

C – Perera heißt der rote Prosecco. Pereraweine sind gleichzeitig so sauer und fuchsig, dass sie so gut wie gar nicht gehandelt werden. Es ist fraglich, ob der Wein nach 2012 überhaupt noch in der EU angebaut werden darf.

D – Verdiso hieß die Rebsorte, die im Conegliano-Valdobbiadene-Gebiet vor dem Ausbruch des Proseccobooms am stärksten verbreitet war. Heute trägt die säuerlich-aromatische Traube vor allem in sehr heißen Jahren dazu bei, die frische Säure im fertigen Wein zu gewährleisten.

Antwort: S. 329.

Quatre-épices

Vier Gewürze bestimmten den Fernhandel zu der Zeit, als Gewürze noch mit Gold aufgewogen wurden: Pfeffer, Zimt, Muskat, Nelken. Französische Köche mischten daraus ein Universalgewürz, Quatre-épices (sprich: katrepis). Besonders gut schmeckt es in Wildragouts, Terrinen und Wurstwaren, in der Marinade für eingelegte Gurken, Zwiebeln oder Kürbisse, aber auch in Lebkuchen.

Sie können Quatre-épices leicht selbst herstellen: 4 EL Pfefferkörner, 2 grob zerbrochene Zimtstangen, 1 TL Nelken ohne Fett rösten, bis die Gewürze duften. Abkühlen lassen, 1 EL geriebene Muskatnuss zugeben, fein mahlen. Das geht in der Gewürzmühle, einer elektrischen Kaffeemühle, im Mörser oder in einem Becher mit dem Pürierstab – mit einem Tuch um den Stab zudecken, damit's nicht staubt. Das fertige Gewürz sieben und in einem dunklen Glas aufbewahren.

Kolumbus stach in See, um die vielen Zwischenhändler beim Gewürzimport aus Indien zu umschiffen – der Landweg war teuer. Er kam nie in Indien an, doch auf den Antillen fand er ein Gewürz, das die Aromen aller vier wichtigen Gewürze in sich vereinte. Er nannte es aus Marketinggründen Pimienta, denn das spanische Wort für Pfeffer kannten potenzielle Kunden schon. Auf Französisch hat das Gewürz mehrere Namen: neben Toute-épice und Poivre de la Jamaïque auch Quatre-épices; auf Deutsch heißt es Viergewürz, Allgewürz, Neugewürz oder Piment. Jamaika produziert zwei Drittel der Welternte, und Piment aus Jamaika gilt auch als das beste.

In der europäischen Küche ist Piment äußerst verbreitet, spielt aber immer eine Nebenrolle – vielleicht kam es einfach zu spät in unsere Kochtöpfe, um sich als eigenständiges Gewürz zu etablieren: Kurz nach Kolumbus' Reisen in die Neue Welt begannen neue Produkte wie Rohrzucker, Kaffee und Schokolade exotische Gewürze in ihrer Bedeutung als Statussymbole zu überflügeln. Jamaikanische Ureinwohner, die Arawak-Indianer, benutzten die aromatischen Beeren, um Fleisch für die Zubereitung im Erdofen zu konservieren. Im modernen Kingston heißt diese Garmethode Jerk. An jeder zweiten Ecke steht ein Street-Food-Stand mit einer Jerktonne – einem zum Grill umgebauten Ölfass, in dem das jamaikanische Nationalgericht zubereitet wird. »Gejerkt« wird von Huhn (Jerk Chicken) bis Heilbutt (Jerk Halibut) alles, was Sie sich vorstellen können.

Jerkschwein / Jamaican Jerk Pork

50 g Pimentkörner oder 50 g Quatre-épices-Mischung,
100 g brauner Zucker, 1–4 getrocknete Chilischoten,
2 Knoblauchzehen, 1/2 Bund Thymian,
1 EL Salz, 1 EL Öl, 1 kg Schweinebauch,
300 g frische Ananas und Gurke,
2–3 Thai-Schalotten, 2 EL Öl

50 g Pimentkörner in einer Pfanne ohne Fett rösten, bis sie duften oder 50 g Quatre-épices-Mischung abwiegen. 100 g braunen Zucker mit 3 EL Wasser sirupartig einkochen. Zuckersirup mit Piment, Chilischoten, Knoblauchzehen, den Thymianblättchen, Salz und Öl im Blitzhacker pürieren. 1 kg Schweinebauch in

einen Topf mit kochendem Salzwasser legen, vom Herd nehmen, 10 Minuten ziehen lassen.

Fleisch herausnehmen, die Schwarte mit einem scharfen Messer oder einem Cutter eng nebeneinander längs einschneiden, mit der Gewürzpaste einreiben und bei sehr kleiner Hitze auf dem Grill oder bei 170 Grad im Ofen ca. 90 Minuten garen, immer wieder einpinseln. In der Zwischenzeit Ananas und Gurke ohne Schale und Kerne fein würfeln, die Thai-Schalotten (nicht authentisch, aber gut) in Ringe schneiden – alles mit 2 EL Öl mischen, salzen und zum Schwein servieren.

Strand-Food

Falls Sie mit eigenen Jerks ins Street- oder Strand-Food-Geschäft einsteigen wollen: Die Marinade eignet sich auch für Seeteufel. Ein großes Filetstück (ca. 1 kg) mit der Marinade einreiben und wie den Schweinebauch grillen oder braten, die Garzeit beträgt allerdings nur ca. 20 Minuten.

Quedlinburger Fortschritt

Beim Gemüse begnügen wir uns mit wenigen, im ganzen Land einheitlichen Sorten, die vor allem haltbar und ertragreich sind. Dabei tragen gute, aber auch unterschiedliche Qualitäten unserer Zutaten genauso viel zu einem anregenden Essen bei wie die Rezepte. Eine der Ursachen für die begrenzte genetische Vielfalt im Gemüseladen liegt im deutschen Sortenrecht: Gemüsesorten sind zulassungspflichtig. Voraussetzung für die Zulassung einer Gemüsesorte sind die Unterscheidbarkeit der neuen Sorte von anderen Gemüsesorten und Einheitlichkeit des Saatgutes in mehreren Anbauzyklen. Die alte, ostdeutsche Spinatsorte Quedlinburger Fortschritt etwa fiel durch dieses Raster, bei dem Aroma kein Kriterium bildet.

Beständige Einheitlichkeit erreicht der Züchter durch Auslese oder Inzucht über viele Generationen. Aber: Sehr homogene Sorten reagieren nicht sehr flexibel auf Schädlinge oder sich ändernde Umweltbedingungen. Manche alte Sorten erweisen sich als nicht ertragreich genug für die Zulassung, schmecken aber gut. Saatgut ohne amtliche Zulassung darf zwar über den Gartenzaun getauscht werden, der Handel damit ist jedoch verboten.

Sortenschutz und Zulassungspflicht wurden zu Beginn des letzten Jahrhunderts geschaffen, um den Züchter vor Plagiat und den Bauern vor schlechtem Saatgut zu bewahren. In den dreißiger Jahren fielen dazu markige Worte: Zur Produktionssteigerung in der »Erzeugungsschlacht des Reichsnährstandes« und zum »Schutz des deutschen Bauern vor minderwertigem, verunreinigtem, erbkrankem Saatgut« wurden »Reichssortenlisten«

erstellt, viele Gemüsesorten wurden vom Markt genommen. Nach dem Krieg hungerte die Bevölkerung, die alte Saatgutordnung wurde übernommen, um schnell hohe Erträge in der Landwirtschaft zu erzielen. Demnächst sollen europäische »Erhaltungssortenlisten« erstellt werden, mit erleichterter (Neu-)Zulassung für alte Gemüsesorten. Viele dieser alten Sorten überleben zurzeit nur in Genbanken, zum Beispiel in Gatersleben bei Quedlinburg. Oder bei Arche Noah, einem Verein zur Erhaltung der Kulturpflanzenvielfalt, wo Sie auch Samen von der Spinatsorte Quedlinburger Fortschritt gegen eine geringe Bearbeitungsgebühr bestellen können (www.arche-noah.at).

Quedlinburger Knieste (Gebackene Kartoffelhälften)

- **Gemüsegericht**

4–8 große Kartoffeln,
500 g frischer Spinat
(oder 400 g TK), 1 Schalotte,
1 Knoblauchzehe,
2 EL Butter, 1 Bund Dill,
3–4 EL Schmand

Die Kartoffeln mit Schale garen. Den Spinat waschen, dicke Stiele entfernen (Tiefkühl-Spinat auftauen, ausdrücken und sehr grob hacken). Schalotte und Knoblauchzehe schälen, fein schneiden, mit Spinat und Butter 5 Minuten zugedeckt dünsten. Dill waschen und schneiden, mit Schmand unter den Spinat rühren, abschmecken. Kartoffeln halbieren, den Spinat darauf verteilen.

Traditionell werden die Knieste eher als Fleischgericht zubereitet: Die Kartoffelhälften mit Mett bestreichen, mit Zwiebelringen und Kümmel würzen und roh oder überbacken servieren.

Alte Sorten

Manche Obst- und Gemüsesorten müssen züchterisch gepflegt werden, das heißt, bei der Nachzucht der Pflanzen achtet der Züchter darauf, immer nur die besten Exemplare zu vermehren, damit die Sorte nicht allmählich degeneriert. Dieser Aufwand ist wohl ein Grund dafür, dass zum Beispiel Kartoffelsorten irgendwann aus dem Verkehr gezogen werden, wenn der Hauptzuchtbetrieb die Zucht einstellen will – in dem berühmt gewordenen Fall der Kartoffelsorte Linda gibt es allerdings genügend potenzielle Vermehrer, die die Nachzucht der wohlschmeckenden Kartoffelsorte übernehmen wollen. Hier geht es um Lizenzgebühren, die Kartoffelbauern für die Verwendung einer Sorte bezahlen müssen, solange für diese Kartoffeln Sortenschutz besteht. Im Allgemeinen sind das 30 Jahre. Für Linda lief der Sortenschutz und damit auch die Gebührenpflicht eigentlich 2005 aus, der Rechteinhaber wollte deswegen die Kartoffel unauffällig vom Markt nehmen und durch eine neue gebührenpflichtige Sorte ersetzen. Der Widerstand von Bauern und Verbrauchern war jedoch unerwartet groß. Vielleicht überlebt Linda also doch.

Viele alte Obst- und Gemüsesorten oder das Fleisch mancher alter Haustierrassen schmecken allerdings auch ohne züchterische Pflege nach wie vor sehr gut. Es lohnt sich nach neuen Aromen in alten Sorten zu suchen – ganz nebenbei wird so ein großer Genpool für zukünftige Züchter gepflegt.

Queller

Sie haben ihn wahrscheinlich schon gesehen, aber nie bemerkt: den Queller. Diese zähe Pionierpflanze sieht aus wie ein Miniatur-Säulenkaktus ohne Blätter, dafür aber mit grünen, fleischigen Stängeln. Sie wächst im Watt oder auf Salzwiesen knapp unterhalb der Flutlinie, so dass die Pflanzen zweimal am Tag vom Meer überspült werden. Brechen Sie sich bei Ihrem nächsten Strandspaziergang eine Spitze ab, und beißen Sie hinein: Roh schmeckt Queller wie eine vegetarische Auster ohne Glibber. Im Juni, zu Beginn der Saison, könnten Sie die ganze knöchelhohe Pflanze essen. Je weiter die Saison fortschreitet, desto mehr verholzen die dickeren Stängel, so dass wir dann nur noch die zarten Triebspitzen roh im Salat verwenden oder wie grüne Bohnen kurz kochen.

Queller heißt auch Salicornia oder Meerfenchel, Passepierre in Frankreich und im Fischgeschäft. In Deutschland wird er oft fälschlicherweise als Algengemüse verkauft. Um in ihrem salzigen Lebensraum nicht zu verdursten, reichert die Pflanze in ihrem Zellsaft Salze an, so entsteht ein osmotischer Druck vom salzigen Meerwasser hin zu den noch salzigeren Pflanzenzellen. Dabei nimmt die Pflanze nicht nur Wasser, sondern auch kleine Mengen Salzionen auf. Damit der prozentuale Salzgehalt in den Zellen nicht zu stark steigt, lagert Queller immer mehr Wasser ein, quillt auf, bis die Pflanzen im Herbst absterben.

Heute fällt die kommerzielle Quellerproduktion sehr gering aus. Das könnte sich schnell ändern, denn Queller kann helfen, die globale Erwärmung zu verlangsamen: In größeren Ansammlungen von Salicornia und Mangroven in küstennahen Salzwüsten können beide Pflanzen die nährstoffreichen Abwässer von Garnelen- oder Fischzucht als Dünger nutzen. Bei ihrem schnellen Wachstum binden sie so viel Kohlenstoff aus der Luft wie Wälder, die zur Kohlenstoffreduktion gepflanzt werden. Entscheidender Unterschied: Mangroven und Salicornia verbrauchen weder Süßwasser noch Ackerland. Neben der Verwendung von jungen Sprossen als Gemüse eignen sich Quellersamen für die Ölgewinnung. Dieses Konzept scheint so überzeugend, dass sich neben Ökofarmern auch Firmen damit beschäftigen, die dabei wohl an Biodiesel aus transgenen Sorten denken.

Salzwiesenlamm mit Salzwiesensauce

- **Feiner Hauptgang**

300 g Queller, 3 Schalotten, 1 Knoblauchzehe,
2 Thymianzweige, 4 EL Olivenöl,
4 EL trockener Wermut, 2 EL kalte Butterflocken,
Pfeffer, Salz, 600 g Lammrückenfilet
(mit den Rippenknochen), 1 Tomate

Queller putzen, holzige Stiele entfernen. Das Gemüse 1 Minute kochen, kalt abschrecken. Schalotten und Knoblauchzehe schälen und mit den Blättchen von 2 Thymianzweigen hacken, mit 1 EL Olivenöl 5 Minuten dünsten, mit dem Wermut ablöschen. 100 ml Wasser zugeben, um die Hälfte einkochen und mit der Hälfte des Gemüses und je 2 EL kalten Butterflocken und Olivenöl mixen. Mit Pfeffer und wenig Salz abschmecken.

600 g Lammrückenfilet (mit den Rippenknochen) würzen,

mit 1 EL Olivenöl von beiden Seiten anbraten und im Ofen bei 180 Grad (Umluft 160 Grad) 16–18 Minuten garen. Das Lamm aus dem Ofen nehmen, ruhen lassen. Den Bratensatz mit der Sauce aufgießen. 1 Tomate würfeln und mit den Sprossen warm schwenken, würzen und mit Lamm, Sauce und Weißbrot servieren.

Spangenbergs Weinempfehlung

2004 MIMUS Spätburgunder QbA trocken, Weingut Dr. Heger, Baden

»Eine klassische Paarung – die charakteristische Extraktsüße und die kräuterwürzige Pinot-Aromatik runden den barriquegereiften Mimus vom Kaiserstuhl ab.«

Quitten

Geben Sie Ihre Familienrezepte weiter! Wenn der kulinarische Wissenstransfer zwischen Eltern und Kindern nicht funktioniert, verharren viele junge Erwachsene im Stadium des bloßen Food-Jockeys: Weiche Nahrungsmittel werden gekocht, gemischt und gewürzt. Knochen, Gräten oder Kerne bleiben eine unüberwindliche Schwelle auf dem Weg zum souveränen Koch. Für Früchte wie die Quitte bedeutet das das Todesurteil. Denn obwohl Gelee, Konfitüre und Quittenbrot ganz einfach herzustellen sind (Rezepte weiter unten), müssen die harten Früchte doch auf jeden Fall mit einem Messer zerschnitten und dann gekocht werden. So ist die Zahl der Quittensorten in vielen Obstbaumschulen von über 20 auf zwei gesunken. Eine heißt Konstantinopler Apfelquitte, die andere ist die Portugieser Birnenquitte. Gemeinsam sind sie die Ursache für die falsche Einteilung von Quitten in weiche Birnenquitten und härtere, dafür aromatischere Apfelquitten. Dabei bilden viele Quitten sogar an einem Ast ganz unterschiedlich geformte Früchte aus. Aroma und Härte hängen von der Sorte ab und von der Bewässerung, nicht aber von der Fruchtform.

Marius Wittur hat vor fünf Jahren in der Gegend um Untereisenheim am Main das Unterfränkische Rekultivierungsprojekt alter Quittensorten ins Leben gerufen (www.mustea.de). In dem alten Obstanbaugebiet haben viele Quitten die Flurbereinigung überlebt. Wittur lichtet das verwilderte Gebüsch zwischen den bis zu 80 Jahre alten Bäumen und gibt ihnen einen Verjüngungsschnitt. Um die Obstbaumgreise vor dem Verschwinden zu retten, vermehrt er die kräftigsten Exemplare in einer kleinen Quittenbaumschule. 30 verschiedene Sorten hat er bis jetzt gesammelt. Aus den Früchten keltert Wittur einen sensationellen trocken-fruchtigen Quittenwein, der sich sowohl als leichter Dessertwein als auch zu Käse, Lamm- oder Wildgerichten sehr gut eignet.

In der Küche passen harte Quittensorten gut in Ragouts oder Schmorsaucen mit langer Garzeit. Dafür reiben Sie die Früchte ab, um bittere Flaumreste zu entfernen, schneiden die Quitten in ähnlich große Stücke, wie Zwiebeln für die Sauce, und geben alles zusammen in den Schmortopf. Bevor Sie dann Flüssigkeit zugeben, karamellisieren Sie das Gemüse kurz mit wenig Zucker. Weichere Quitten, wie die Sorten Limon Avasi oder Esme, die Sie ab Dezember in vielen türkischen Gemüseläden finden, können Sie wie Zucchini kurz braten oder sogar roh in eine Salatsauce raspeln.

Quitten zum Weihnachtsbraten

• **Fruchtige Beilage**
500 g Quitten (weiche Sorte),
2 EL Butter, 2–3 getrocknete Feigen,
je 2 EL Pinienkernen und Zucker,
1 Bund Petersilie,
Salz, Pfeffer

Die Quitten (weiche Sorte) abreiben und vierteln, das Kernhaus entfernen. Die Quittenstücke in 5 mm dicke Scheiben schneiden und mit der Butter 8–10 Minuten bei milder Hitze braten, bis die Quitten von beiden Seiten hell gebräunt sind. Dabei immer wieder wenden. Feigen klein würfeln und mit Pinienkernen und Zucker zu den Quitten geben, umrühren oder schwenken, bis der Zucker geschmolzen ist und zu karamellisieren beginnt. Petersilie zupfen und hacken, unter die Quitten schwenken und mit sehr wenig Salz und etwas frisch gemahlenem Pfeffer abschmecken. Zu einem Braten oder einem Ragout servieren.

Quitten-Basics

Für Quittengelee schneiden Sie die Früchte in grobe Stücke und kochen Sie mit Zitronensaft und Wasser aus – wenn Sie einen Dampfentsafter besitzen, mit Zitronensaft und Dampf. Mit Zucker oder Gelierzucker und Vanille wird daraus ein duftendes Gelee. Mit normalem Zucker dauert es etwas länger, und Sie müssen immer wieder eine Gelierprobe machen, um festzustellen, wann die Flüssigkeit beginnt zu gelieren. Aber auch das ist nicht schwer: Halten Sie den Kochlöffel, mit dem Sie die Masse umrühren, über den Topf und lassen Sie die Flüssigkeit abtropfen: Wird der letzte Tropfen am Löffel fest, ist das Gelee fertig – wenn nicht, dann probieren Sie es nach zwei Minuten noch einmal.

Falls Sie noch mehr Elan haben, können Sie die ausgekochten Früchte mit einem Passiergerät wie der »Flotten Lotte« pürieren und dabei Kerne und Schalenreste entfernen. Das Püree ist dann die Basis für Quittenbrot. Hier die Rezepte (aus »Einmachen«, siehe S. 345):

Quitten-Zitronen-Gelee

1,5 kg Quitten,
6 Bio-Zitronen,
Saft von 1 Zitrone,
1 kg Gelierzucker,
2 EL Orangenlikör

Quitten abreiben, waschen und mit den Schalen und Kerngehäusen würfeln – am besten mit einem großen Brotmesser. Zitronen waschen und vierteln. Die Früchte mit 1,5 l Wasser ca. 45 Minuten weich kochen. Den Saft abgießen, vollständig abkühlen. 1 l Saft abmessen, mit dem Gelierzucker mischen in einem großen Topf bei starker Hitze aufkochen. Nach Packungsanweisung kochen, dabei nicht aufhören zu rühren. Den Topf vom Herd nehmen, 2 EL Orangenlikör zugeben und in heiß ausgespülte Schraubdeckelgläser füllen.

Quittenmus und Quittenbrot

Die gekochten Quitten vom Quittengelee passieren, das geht am besten mit einer »Flotten Lotte«. Quittenmus abwiegen und mit der Hälfte der gewogenen Menge an Zucker in einen Topf geben. Bei mittlerer Hitze unter ständigem Rühren ca. 15–20 Minuten bis zur Konsistenz eines dicken Apfelmuses einkochen. Vorsicht, es spritzt! Wenn Sie die Quittenpaste jetzt in Gläser füllen, gibt das einen sehr aromatischen Brotaufstrich.

Ein Backblech mit Alufolie auslegen, leicht ölen. Die Quittenpaste ca. 1 cm dick aufstreichen und 3–4 Wochen an einem warmen Platz, z. B. auf einem Schrank, trocknen lassen; sobald die Paste fest genug ist, einmal in der Woche umdrehen, damit beide Seiten gleichmäßig trocknen können, evtl. auf ein Gitter legen. Quittenbrot in Rauten schneiden, in Zucker wälzen und auf Wachspapier in luftdichte Behälter schichten.

Quittenkonfitüre

1 kg Quitten,
2 EL Zitronensaft,
750 g Zucker,
außerdem: ein Papier-Teefilter mit Verschluss
oder ein Mullsäckchen

Quitten abreiben und waschen. Die Früchte in Schnitze schneiden, Kerngehäuse entfernen, in einen Papier-Teefilter füllen und verschließen – nicht wegwerfen, die Kerngehäuse enthalten viel Pektin, wichtig fürs Gelieren! Quitten und Kerngehäuse mit 500 ml Wasser ca. 40 Minuten auf kleiner Flamme kochen, bis die Quitten beginnen zu zerfallen.

Den Teefilter entfernen, die Früchte zusammen mit der Kochflüssigkeit pürieren. 4 Teile Fruchtpüree mit 3 Teilen Zucker ca. 10 Minuten unter ständigem Rühren kochen. Eine Gelierprobe (siehe Seite 216) machen: Geliert die Konfitüre noch nicht, 2 Minuten weiterkochen und dann die Gelierprobe wiederholen. Heiß ausgespülte Gläser mit der heißen Masse füllen und sofort verschließen.

Rapsöl

»Das essen ja nicht mal unsere Hühner, während sie sich über Olivenölreste mit Begeisterung hermachen. Die wissen eben, was schmeckt!« Diese Einschätzung einer bekannten Kochbuchautorin habe ich geteilt. Vor ungefähr zehn Jahren, als Rapsöl zum ersten Mal heftig beworben wurde, hatte ich Produkte verschiedener Hersteller probiert und anschließend aus meiner Küche verbannt. Entweder schmeckte das Öl penetrant und bitter oder aber nach nichts. Diskussionen um die Giftigkeit so genannter Doppelnull-Rapssorten für Wildtiere und der Streit um rücksichtslose Freisetzungspläne der Genraps-Multis hatten mein Vertrauen in die kulinarische Mission der Rapsbauern ohnehin gestört.

Doch nachdem ich kürzlich ein Rapskernöl und dann auch andere neue Rapsöle kostete, war ich bekehrt: Gutes Rapsöl schmeckt fein nussig und braucht den Vergleich mit üblichen Edelölen überhaupt nicht zu scheuen. Zusätzlich enthält es alle möglichen wertvollen Fettsäuren, aber das wissen Sie ja aus der Werbung.

Was hat sich verändert? Rapsöl wurde schon im Mittelalter als Schmiermittel und als Brennstoff für Lampen verwendet. Gesundheitsschädliche Erucasäure und bittere Glukosinulate aus den Rapssamen machten das Öl fast ungenießbar. Auf den Speiseplan kam es höchstens in sehr armen Haushalten. Bis vor etwa 30 Jahren der so genannte Null-Raps und kurz danach Doppelnull-Raps gezüchtet wurden und Rapssaat zur begehrten Ölquelle machten. Doppelnull steht nämlich für Null-Erucasäure und Null-Glucosinulate. Begehrt ist der neue Raps auch bei Hasen und Rehen, die nach überreichlichem Genuss manchmal ähnliche Symptome entwickeln wie menschliche Liebhaber von rohem Sauerkraut. Mehr aber auch nicht.

Nur in den Schalen der Rapssamen stecken immer noch etwas mehr Bitterstoffe, als mein Gaumen wünscht. Deshalb empfand ich die ersten kalt gepressten Rapsöle noch als penetrant. Gereinigte, also raffinierte Öle waren und sind geschmacklos. Sie werden überwiegend als »Reines Pflanzenöl« verkauft. Lebensmittel-Verfahrenstechniker der Universität Essen entwickelten nun eine Methode, die Rapssaat vor der Pressung zu schälen. Damit gelangen unerwünschte Stoffe gar nicht erst in das kalt gepresste native Rapskernöl hinein. Sie müssen also auch nicht in der Rapsraffinerie mühsam herausgelöst werden. Mit ihrem Wissen gründeten die Forscher vor vier Jahren ein vielfach preisgekröntes Start-up: Die Teutoburger Ölmühle.

Hirschcarpaccio mit Kartoffelsalat

- **Feine Vorspeise**

150 g Hirschrückenfilet (ohne Haut und Sehnen),
400 g ganz kleine Kartoffeln,
1 Frühlingszwiebel, 1 TL Koriandersaat,
1/2 Birne, 100 ml Buttermilch,
Salz, Pfeffer, 4 EL Rapsöl

Hirschrückenfilet in Folie wickeln, 2 bis 3 Stunden tiefkühlen.

Kartoffeln sauber schrubben, in dünne Scheiben schneiden, ca. 8 Minuten kochen, abgießen. Frühlingszwiebel putzen und in Ringe schneiden, mit den heißen Kartoffeln mischen. 1 TL Koriandersaat mit einem schweren Messer quetschen, grob hacken. Die halbe Birne teilen, das Kernhaus entfernen. Birnenviertel in Scheiben schneiden und mit 100 ml Buttermilch zu den Kartoffeln geben, mit Salz und Pfeffer würzen. Hirsch mit einem scharfen Messer in hauchdünne Scheiben schneiden und auf 4 Teller legen, mit dem Kartoffelsalat anrichten. Das Carpaccio mit reichlich Rapsöl beträufeln und mit Salz und Koriander würzen.

Küchenfrage des Alltags

Welche der folgenden Gemüsesorten sind mit dem Raps verwandt?

A – Pak Choi ist der japanische Name für Mangold, asiatische Sorten sind kleiner als die europäischen.

B – Cime di rapa sind ein altes süditalienisches Kürbisgemüse. Die Bezeichnung Cime rührt von der Ähnlichkeit der flachen, runden Früchte mit einem antiken römischen Instrument: Das Cymbalum war eine Art kleines Becken.

C – Senfkohl ist der Sammelbegriff für alle asiatischen Blattgemüse, für die sich bis jetzt kein eigener deutscher Name fand. Die Bezeichnung entstand durch einen Übersetzungsfehler auf Humboldts erster Asienreise.

D Die Brokkolipflanze ähnelt zwar der Rapspflanze, wenn wir aber die Blütenknospen, die wir normalerweise verzehren, ausreifen lassen würden, käme die optische und geschmackliche Verwandtschaft zu Cime di rapa ans Licht.

Antwort S. 330.

Ricotta

Sizilien ist eine parmesanfreie Insel, nicht verwunderlich, liegt Parma doch im Norden Italiens. Gleichzeitig ist aber der Pro-Kopf-Verbrauch an Nudeln hier zweimal so hoch wie im Rest des Landes. Nur im Norden scheinen Pasta und Parmesan untrennbar. Auf Sizilien kommt geriebener Ricotta infornata über die Nudeln.

Was ist eigentlich Ricotta? Milch enthält verschiedene Eiweißarten, der größte Teil davon sind Kaseine. Bei der Käseherstellung wird Milch dickgelegt: Milchsäurebakterien und Lab, ein Enzym aus dem Kälbermagen, lassen die Kaseine in der Milch bei Temperaturen zwischen 20 und 45 Grad gerinnen. Der feste Teil der Milch wird von der Molke getrennt und dann, je nach Käse, mehr oder weniger gesalzen, gepresst und gereift. In der Molke verbleiben Albumine, eine Gruppe von hochwertigen Proteinen, die auch in Nahrungsergänzungen für Sportler vorkommen. Albumine gerinnen bei Temperaturen über 70 Grad, für die Ricottaherstellung kochen die Käsereien die Molke fast auf, daher der Name »Ri-cotta«.

In der Küche besitzen Albumine eine entscheidende Eigenschaft: Sie schmelzen nicht. Feste Ricottasorten, wie Ricotta salata, können Sie in Scheiben schneiden, dann braten oder grillen, ohne dass der Käse zerläuft. Auf Sizilien ist Schafsricotta ein Nebenprodukt der Pecorinoherstellung. Um den Käse in den heißen Sommermonaten zu konservieren, schieben die Produzenten einen Teil der Ricottalaibe in den Ofen. Dabei entsteht ein fester Käse mit dunkelbrauner Kruste, der sich sehr gut als Reibekäse eignet. Mit meiner Suche nach Ricotta infornata bin ich schon vielen Feinkosthändlern auf die Nerven gegangen. Im besten Falle hieß es: »Im September bringt der Schwager des Patenonkels meiner Nichte vielleicht was mit.« Aussichtslos. Bis sich neulich Susanne Hofmann, Besitzerin des Tölzer Kasladens auf dem Münchner Viktualienmarkt, wunderte, warum ich den Käse nicht einfach selber in den Ofen schiebe. Hier ihr Rezept für Ricotta infornata:

Einen kleinen Laib trockenen Ricotta leicht salzen und auf Backpapier bei 175 Grad Umluft im Ofen 50 Minuten backen, dabei einmal wenden. Mit Lavendelhonig bestreichen und mit Sesam bestreuen, 5 Minuten fertig backen, mit Früchten servieren.

Schafs- und Büffelricotta sind etwas fetter und mineralstoffreicher als Kuh- und Ziegenricotta und schmecken besonders gut.

Spaghetti alla Norma

• **Einfache Nudeln**
250 g (Büffel-)Ricotta,
1 große lila Aubergine,
800 g Tomaten, 400 g Spaghetti,
3 Knoblauchzehen, 4 EL Olivenöl,
Salz, Pfeffer, 1/2 Bund Basilikum

Den Ricotta wie oben beschrieben, aber ohne Honig, 70–80 Minuten dunkelbraun backen, vollständig abkühlen. Aubergine klein würfeln und unter Rühren in einer beschichteten Pfanne 8 bis 10 Minuten rösten. Tomaten würfeln, in einem Topf um die Hälfte einkochen. Spaghetti kochen. Knoblauchzehen schälen und schneiden, mit Olivenöl kurz anbraten, Auberginen und Tomaten zugeben, salzen und pfeffern. 6 EL Ricotta infornata raspeln, ungefähr die Hälfte davon unter die Sauce rühren. Spaghetti und Tomaten-Auberginen-Sauce mischen, kurz aufkochen, anrichten und mit reichlich Ricotta und Basilikumblättchen bestreuen.

Reisetipp

Mein bisher schönster Arbeitsplatz lag auf einer Felsnase über der Bucht von Milazzo, dem Hafen, von dem aus die Fähren zu den äolischen Inseln ablegen. Unter mir das Meer, über mir eine hundertjährige Bougainvillea, kümmerte ich mich dort um Vorspeisen und Desserts. Ein begabter Oberkellner überzeugte fast alle Gäste, sich von langen Menüs aus unserer Küche überraschen zu lassen. Und nachdem die Gäste gegangen waren, kochte Mama Maria, Spülerin, Wahrsagerin und mütterliche Beraterin der Köche, Spaghetti alla Norma für uns alle. Jeden Tag – es war wie im Paradies. Der Oberkellner, José Patti, betreibt heute die »Washington Bar« – wenn Sie links vom Hafen der Strandpromenade folgen, können Sie die Bar nicht verfehlen. Dort gibt es die beste Granita weit und breit.

Riesling

Rieslingreben wachsen seit mehr als 500 Jahren am Rhein. Seit 200 Jahren zählen Rieslingweine vor allem aus Deutschland zu den besten Weißweinen der Welt. In den sechziger Jahren des letzten Jahrhunderts wurden die Namen vieler berühmter, steiler und schwer zu bearbeitender Weinlagen auf so genannte Großlagen übertragen, die zwar große Mengen, aber nur kleine Qualität brachten: Innerhalb kurzer Zeit wurde so der gute Ruf des deutschen Rieslings völlig ruiniert (obwohl es natürlich auch damals immer gute Produzenten gab). Auf die süßen Weine, die in den sechziger und siebziger Jahren gekeltert wurden, folgten extrem trockene Weine in den Achtzigern. Seither besinnen sich viele Winzer wieder auf die einfache Wahrheit, dass ein guter Wein ausgewogen sein muss.

Das Klima in Mitteleuropa ist inzwischen wesentlich milder und wärmer geworden. Für die an sich kühlen deutschen Weinbauregionen ist die Wärme ideal, so dass es gegenwärtig einen regelrechten Riesling-Hype gibt. Wenn ein großer Riesling eine gute Balance zwischen Süße und Säure besitzt, dann kann er sehr gut altern. Kürzlich hatte ich die Gelegenheit, eine solche Kostbarkeit zu probieren: Jan-Erik Paulson, Kenner und Händler alter Weine (www.rare-wine.com), öffnete einen Wein aus der ersten Blütezeit des Rieslings, einen 1937er Floß-Rehbach, Riesling Spätlese vom Weingut Franz Karl Schmitt in Nierstein am Rhein. Der 1937er Floß-Rehbach ist leuchtend, bernsteinfarben. Er duftet intensiv – nach Rosinen, Trockenaprikosen, Karamell. Im Hintergrund ist Wachs zu schmecken, nicht Bienenwachs –

Herr Paulson vermutet Lanolin – und ein Kraut, vielleicht Dill? Der Wein wirkt jung und könnte noch lang im Keller liegen. Zwei Flaschen dieses Weins kamen zu Sotheby's, nachdem einer der Erben seinen Teil des Weingutes verkaufte. Der Winzer Franz Karl Schmitt (Tel. 06133/5314) führt die Tradition seines Großvaters fort und macht immer noch sehr gute Rieslinge.

Rheinsalm zum Riesling?

Als der beschriebene Wein gekeltert wurde, gab es noch Salme, also Lachse, im Rhein. Seit einigen Jahren werden sie dort wieder renaturiert. Bis Rheinsalm wieder gefischt wird, verwenden wir Lachsforellen:

Lachsforellen-Variationen

- **Vorspeise oder Probierportiönchen zur Verkostung**

2 Stangen Lauch, 500 g Lachsforellenfilet,
Salz, Pfeffer, 1 Scheibe Pumpernickel,
2 EL Rosinen, 50 g frischer Ziegenkäse,
2–3 Thymianzweige, 2–3 EL Butter,
500 ml Geflügelbrühe, 1/2 Bund Dill

Lauch waschen, in Salzwasser 10 Minuten weich kochen, abschrecken und in 1 cm dicke Scheiben schneiden. Den Ofen auf 200 Grad vorheizen. Lauchscheiben nebeneinander in eine feuerfeste Form legen. Lachsforellenfilet in 2–3 cm große Quadrate schneiden, würzen. Auf jede Lauchscheibe ein Fischstück legen. Pumpernickel mit Rosinen im Blitzhacker zerkrümeln und auf einem Drittel der Fischstücke verteilen. Ziegenkäse mit ein paar

Thymianblättchen über das zweite Drittel bröseln. 1 EL Butter in Flöckchen auf dem Fisch verteilen. Geflügelbrühe um die Hälfte einkochen, vorsichtig in die Form gießen, auf der mittleren Schiene im Ofen 8–10 Minuten garen.

Zum Servieren jedes fertige Fischstückchen mit einer Lauchscheibe in ein Minischälchen setzen – oder alle Stücke auf vier Teller verteilen. Die Garflüssigkeit in einem kleinen Topf aufkochen, 1–2 EL kalte Butter unterschlagen, abschmecken und an die Fischstückchen gießen. 1/2 Bund Dill hacken und über das letzte Drittel der Lachsforellenstücke streuen. Mit Weißbrot und einem aromatischen, nicht zu trockenen, jungen oder alten Riesling servieren.

Rum

Anfang des Jahres 2005 starb Hunter S. Thompson, ein amerikanischer Journalist, der unter Drogen Reportagen schrieb und in den siebziger Jahren zur Ikone des New Journalism wurde. Sein berühmtestes Buch »Fear and loathing in Las Vegas« wurde von Terry Gilliam mit Johnny Depp verfilmt. Sein erster Roman »The Rum Diary« galt lange als verschollen und erschien erst 1998 mit fast 40 Jahren Verspätung. In einem Telegramm an seine Freunde vergleicht die Hauptperson Puerto Rico mit einem Rumfass voller Platz für vergnügungssüchtige Nichtstuer.

Bilder wie dieses verhindern bis heute, dass wir Rum als Getränk ernst nehmen, ohne Eis, Cola und anderen Unsinn. Dabei halten edle Rumsorten mit den besten Whiskys oder Cognacs locker mit – bei niedrigeren Preisen.

Stefan Macha (www.macha-rum.de) erklärt, worauf es ankommt: Rum wird aus Zuckerrohr gebrannt, in fast allen Anbaugebieten der Welt gibt es gute Brennereien. Die wichtigsten Produzenten für Überseerum oder echten Rum kommen aus der Karibik. Rumverschnitt enthält nur ein Zwanzigstel echten Rum, der Rest ist Alkohol aus unbestimmten zuckerhaltigen Stoffen – und so schmeckt er auch. Für guten Rum gibt es zwei Arten der Produktion:

1. Rum aus Melasse – so nennt man die eingekochten, leicht karamellisierten Rückstände der Zuckerherstellung; Resteverwertung ist der Ursprung der Rumindustrie. Melasse ist zu süß für Hefebakterien, die Zucker in Alkohol umwandeln, deshalb muss man sie mit Wasser oder Zuckerrohrsaft verdünnen. Kubanischer

Rum ist ein reines Melasseprodukt, denn Kuba kann keinen Zuckerrohrsaft für die Rumherstellung entbehren. Auch Rum aus stärker englisch geprägten Gebieten wie Jamaika oder Puerto Rico, dem Schauplatz des Rum Diary, hat oft einen hohen Melasseanteil.

2. Rhum agricole kommt von französischen Inseln wie Guadeloupe oder Martinique, von hier seit 1996 mit Appellation d'Origine Contrôlée. Die Basis für Rhum agricole ist Zuckerrohrsaft, das geschmackliche Vorbild ist der Cognac, dessen alte Fässer man gern für die Rumreifung benutzt. Manche verwenden auch Bourbonfässer.

Jahrgänge spielen bei Rum keine Rolle, denn Zuckerrohr schmeckt jedes Jahr gleich. Die Dauer der Lagerung im Fass ist dagegen sehr wichtig. Rum für Mixgetränke wird nach wenigen Monaten bis höchstens drei Jahren abgefüllt. Im heißen und feuchten Klima der Karibik reift Rum sehr schnell, dabei verdunstet aber jedes Jahr ungefähr ein Zehntel der Flüssigkeit. Sehr alte Flaschen kommen daher oft aus kühlen europäischen Kellern.

Glasierte Seeteufelfilets

- **Feiner Fisch**

600 g Seeteufelfilet, 12 Speckscheiben,
1 Knoblauchzehe, 3 cm Ingwerwurzel, 1–3 Chilischoten,
1 EL Piment, 2 EL Pflaumenmus, 2 EL Rum,
1 EL Limettensaft, 2 EL Öl, außerdem:
12 Zahnstocher oder andere Holzspießchen

Das Seeteufelfilet in 12 Scheiben schneiden, leicht salzen, mit je einer Speckscheibe umwickeln, mit Zahnstochern fixieren. Knoblauchzehe und Ingwerwurzel schälen, mit Chilischoten und Piment mörsern oder hacken und mit Pflaumenmus, Rum, Limettensaft und 4 EL Wasser verrühren. (Ohne Wasser eignet sich die Sauce als Grillmarinade für die Jerks von S. 206).

Seeteufelscheiben mit 2 EL Öl bei großer Hitze 5 Minuten auf dem Speckrand braten, dabei einmal wenden. Mit der Pflaumen-Rum-Sauce löschen und 1 Minute schwenken, so dass die Medaillons glasiert werden, der Speck aber knusprig bleibt. Beste Beilage: gedünstete Süßkartoffeln.

Saiblingskaviar

Seit 250 Millionen Jahren schwimmen Störe als lebende Fossilien durch Flüsse und Meere in und um Europa. Vor 150 Jahren schrieben russische Aristokraten gesalzene Störeier auf ihren Speisezettel. Die Gier nach Beluga, Osietra und Sevruga wird demnächst die Familie der Störe auslöschen, denn seit die Sowjetunion die Kaviarernte in ihren Republiken nicht mehr kontrolliert, ist der Schwarzhandel explodiert. Immerhin haben die in Umweltdingen sonst eher unbefangenen USA 2005 ein Importverbot für Belugakaviar erlassen.

Als Kochlehrling habe ich mir einmal eine große Dose Kaviar selbst zu Weihnachten geschenkt, was für mich damals vor allem finanzieller Wahnsinn war. Wer heute noch Störkaviar isst, schläft wahrscheinlich auch auf Pelzen von Robbenbabys. Dabei schmecken viele Fischeier gut. Neben eher rustikalen Spezialitäten wie griechischem Taramás aus Meeräschenkaviar oder sizilianischem Bottarga aus getrocknetem Thunfischrogen gibt es einige Fische, deren Eier als Kaviar eingesalzen werden. Lachs- und Forellenkaviar können Sie überall kaufen. Der Geschmack hängt sehr vom Hersteller ab und liegt zwischen knackig-frisch und tranig-zäh.

Die Qualität können Sie leicht beurteilen: Frische Eier sind rund, ohne Dellen, leicht feucht und locker, der Geruch ist angenehm. Manche Firmen pasteurisieren ihren Kaviar kurz bei ungefähr 60 Grad, dadurch hält er länger. Aber es gerinnt auch ein Teil der Proteine, das Korn wird dadurch fester als bei ganz frischem Kaviar.

Saiblingskaviar können Sie im »Restaurant Sicher« im österreichischen Tainach bestellen (www.sicherrestaurant.at). Die Brüder Wolfgang und Michael Sicher sind meines Wissens die einzigen gewerblichen Produzenten von Saiblingskaviar in Europa. Michael, der Koch, züchtet Fische in einem Bach, der durch den elterlichen Garten fließt. Im November, kurz bevor die Saiblinge laichen, nehmen die Brüder jedes Weibchen mehrfach aus dem Wasser, um den Laich genau zum richtigen Zeitpunkt abzustreifen. Dabei werden die Tiere weder geschlachtet noch verletzt. Michael Sicher konserviert den Kaviar ohne Hitze, nur mit etwas Salz aus dem Bergwerk, denn »Meersalz enthält zu viele Verunreinigungen, die die konservierende Wirkung des Salzes mindern«. Ich habe zehn Monate alten Kaviar probiert und war hingerissen: Die Körner zerplatzen wie von selbst im Mund. Anders, aber genauso gut wie der beste Beluga.

Mit etwas Glück können Sie auch im Bauch eines beim Fischhändler gekauften Saiblings Kaviar finden. Waschen Sie die Eier vorsichtig, salzen Sie sie leicht, und servieren Sie Ihren Kaviar möglichst frisch. Wenn Sie damit eine Sauce verfeinern, achten Sie darauf, dass der Kaviar nicht mehr als lauwarm wird, dann schmeckt er am besten.

Saiblingskaviar mit gestampften Erdäpfeln

• **Luxus-Vorspeise**
750 g mehlige Kartoffeln,
Salz, 80 g Butter,
150 g Sauerrahm oder Schmand,
130 g Saiblingskaviar
(Alternative: Forellenkaviar)

Kartoffeln in Salzwasser kochen, abgießen, pellen und mit einer Gabel oder einem Kartoffelstampfer grob zerkleinern, locker auf 4 Teller verteilen. Die Butter in einem kleinen Topf hellbraun aufschäumen und über die Kartoffeln gießen. Jeweils 1–2 EL Sauerrahm oder Schmand auf die Kartoffeln geben und 130 g Saiblingskaviar darauf verteilen.

Spangenbergs Weinempfehlung

2005 Röttgen Winnigen Riesling QbA trocken 1. Lage, Heymann-Löwenstein, Terrassenmosel

»Dieses Gericht fordert Cremigkeit und Mineralität zugleich, dies können die großen Lagenweine der Terrassenmosel von Reinhard Löwenstein bieten. Sie haben eine reife Frucht, frische Kräuternoten, harmonische Säure und begleiten diese feine Vorspeise auf eine unaufdringliche Art.«

Thalhamer Mühle

Wie sich nach Erscheinen dieser Kolumne herausgestellt hat, gibt es mindestens einen zweiten sehr guten Produzenten von Saiblingskaviar: Fischzüchter Michael Siemens zusammen mit Familie Kreissig in der Thalhamer Mühle bei Amerang im Chiemgau (Tel. 08075/229).

Salat

Im Sommer brachten mir Gäste ein Bukett aus Romanasalat, Eichblattsalat und Kräutern, Strünke und Stängel waren in eine feuchte Zeitung gewickelt und mit Bast gebunden. Die zarten Pflänzchen hatten Minuten vorher noch im Beet gestanden. Ich war euphorisiert vom nussigen Geschmack der knackigen Blätter. Wirklich frischer Salat aus dem Garten hat keinen Preis, er ist wahrer Luxus.

Gartensalate, *Lactuca sativa*, sind zweijährige Lattiche, wenn auch kaum ein Salat sein zweites Jahr erlebt. Wir essen die jungen Blätter, denn sobald der Salat einen Blütenstand bildet, der Salat also schießt, wird er ledrig und unangenehm bitter. Unangenehmer als Endivie, Chicorée oder Radicchio – Zichoriengewächse, die mit ihren wohldosierten Bitterstoffen Gaumen und Galle erfreuen.

Schnittsalate, auch Pflücksalate genannt, wachsen in lockeren Blattrosetten. Für den Handel wird der ausgewachsene Salat als Ganzes geerntet. Im Eigenanbau können Sie nach und nach die jeweils knackigsten, äußeren Blätter pflücken. Mit vier Pflanzen Eichblattsalat in einem Blumenkasten am Fensterbrett kommen Sie schon ziemlich weit. Vor 20 Jahren war der geschmacksarme Lollo rosso sehr beliebt in Edelrestaurants. Als junger Koch musste ich daraus so viele Röschen drehen, um Vorspeisenteller zu verzieren, dass ich den Salat nicht mehr verwende. Die gekräuselten Blätter nehmen jedoch viel Sauce auf. Wenn Ihnen das genügt, auch Lollo ist ein Pflücksalat.

Bindesalate haben einen wichtigen Vertreter, den Romanasalat. Die länglichen Blätter älterer Romanasalat-Sorten wurden zusammengebunden, um die inneren Blätter auf natürliche Weise zu bleichen. Vom oben erwähnten Salatbukett war unsere fünfjährige Tochter jedenfalls so beeindruckt, dass sie beschloss, Romana als ersten Salat auf ihren Speisezettel zu nehmen. Sie knabbert die Blätter um die Blattrippen und den Strunk herum ab – entweder weil sie den für alle Salate charakteristischen weißlichen Milchsaft mit einem zarten, doch für Kinder wenig erträglichen Hauch von Bitterkeit enthalten. Oder um ihre Eltern zu ärgern.

Kopfsalate, darunter auch Eissalate, haben eine angezüchtete Entfaltungshemmung – sie wachsen als geschlossener Kopf mit hellem Herz. Was mich an ihnen noch mehr interessiert als der Kopf ist das andere Ende: Mit dem Strunk, dem aromatischsten Stück vom Salat, schmecke ich die Salatsauce ab. Ein Genuss, den nur Köche kennen – oder wurde Ihnen schon mal ein Salatstrunk serviert?

Romanasalat mit Gurkenvinaigrette

1 Romanasalat,
1 Gurke,
1 EL Zitronensaft,
1 TL körniger Senf,
Salz und Pfeffer,
5 EL Olivenöl

Den Salat putzen, waschen und, wichtig, schleudern, entweder mit einer Salatschleuder oder in einem Geschirrtuch im Freien. Eine Gurke schälen und längs vierteln. Die Kerne herausschneiden und im Blitzhacker pürieren. Gurkenfruchtfleisch in dicke Scheiben schneiden. Das Gurkenpüree mit 1 EL Zitronensaft und 1 TL körnigem Senf mischen, mit Salz und Pfeffer kräftig würzen und mit 5 EL Olivenöl verrühren, abschmecken. (2–3 gehackte Sardellenfilets oder 1/2 Bund Dill sind eine gute Ergänzung.) Salat, Gurken und Sauce mischen und mit schwach getoastetem Weißbrot servieren.

Würfelchen

Markus L. wunderte sich: »Heute schrieben Sie etwas über den Salatstrunk zum Aromatisieren des Salatdressings. Davon habe ich bislang noch nie gehört. Deshalb würde mich brennend interessieren, wie das geht.«

Die Idee gefällt mir gut. Schneiden oder hacken Sie einen Salatstrunk in möglichst kleine Würfelchen, geben Sie gehackte Kräuter, Tomatenwürfel, wenig Essig, Salz, Pfeffer und etwas Öl dazu, und fertig ist eine edle zartbittere Vinaigrette für ein Carpaccio, einen Gemüsesalat, Mozzarellascheiben oder ein gedämpftes Fischfilet. Eigentlich meinte ich aber etwas anderes: Ich tauche den Strunk in die Salatsauce und esse dann den mit Sauce benetzten Strunk, um die Vinaigrette abzuschmecken – Gästen serviert man den Strunk normalerweise nicht, da er als Abfall gilt, obwohl er bei vielen Salaten gut schmeckt.

Saure Gurken

Schon lange freue ich mich darauf, Ihnen dies vorzustellen: »Wild Fermentation«, ein Buch über Freunde, die Mikroorganismen in Kraut und Miso, Joghurt, Wein und Sauerteig. Sandor Ellix Katz, der Autor, lebt in einer Landkommune in Tennessee. Dort kümmert er sich um Küche und Gärtöpfe. Katz leidet an Aids und sieht im regelmäßigen Genuss von lebenden – also nicht wärmebehandelten – Produkten der Fermentation eine wichtige Stimulierung für Stoffwechsel und Immunsystem. Sein Credo: »Es ist an der Zeit, dass wir unseren Krieg gegen die Mikroorganismen beenden und zurückfinden zu einem partnerschaftlichen Miteinander mit Bakterien, Hefen und Pilzkulturen.« Denn nichts fördere die Ausbreitung von Allergien und Infektionen mehr als die »mikrobophobe« Struktur westlicher Industriegesellschaften: Harmlose Mikroorganismen, die uns zu einem harmonischen Stoffwechsel verhelfen und im Kampf gegen Krankheiten unterstützen könnten, seien aus unserer Nahrung weitgehend verschwunden. Zusätzlich würden sie millionenfach gemordet, durch Hitze, Konservierungsstoffe und durch Desinfektionsmittelmissbrauch im Haushalt. Die guten Bakterien in unseren Körpern seien genauso gefährdet, wie es die Artenvielfalt in unseren Wäldern ist.

Saure Gurken sind ein gutes Beispiel: Im Handel kursieren vor allem Gurkengläser, in denen Sie kaum eine Milchsäurebakterie finden werden, dafür aber Zucker, Süßstoffe und billigsten Essig. Auch geschmacklich sind Gurken aus dem Glas ein Desaster, wir können das selbst viel besser:

Gurken, Rüben oder Kraut gären ganz unkompliziert in Gärgefäßen aus Steingut mit Wasserrinne und Beschwerungsstein (im Haushaltswarenhandel oder über www.harsch.de). Zunächst wird der gefüllte Topf einige Tage bei Zimmertemperatur gelagert. Sobald die Gärung in Gang gekommen ist, hört man alle paar Stunden ein deutliches »Blubb«. Jetzt muss der Topf in den kühlen Keller. Nach einigen Wochen ist die Lake sauer genug, um das Gemüse monatelang zu konservieren. Öffnen Sie den Topf nicht zu oft, lieber alle 2 bis 3 Wochen eine größere Menge entnehmen und mit etwas Flüssigkeit im Kühlschrank aufbewahren. Vorsicht: Fermentation ist steinzeitlich einfach, aber nicht völlig vorhersehbar – wie das wilde Leben.

Gurken einlegen

- **Für einen 10-l-Topf**

500 ml Bio-Dickmilch oder Buttermilch,
90 g nicht jodiertes Salz, 3 kg kleine Einlegegurken,
500 g Perlzwiebeln, 100 g Meerrettichwurzel,
5 milde Peperoni, 1 Bund Koriander (evtl. mit Wurzeln),
Petersilie oder Dill, 20–30 Eichenblätter (oder andere gerbstoffreiche Blätter von Johannisbeeren,
Quitten o. ä.), je 2 EL Senf- und Korianderkörner

Für einen 10-l-Topf: Um frische Molke für die Startkultur herzustellen, erhitzen Sie die Dickmilch handwarm, auf ca. 30 Grad. Ein Sieb über einer Schüssel mit einem Küchentuch oder einem Passiertuch auslegen, die Dickmilch hineingießen. Die ablaufende Flüssigkeit ist frische Molke. Die Masse, die nach einigen Stunden im Tuch zurückbleibt, können Sie wie Quark für andere Zubereitungen verwenden.

3 l Wasser mit 90 g nicht jodiertem Salz (Jod behindert die Gärung) aufkochen, auf Zimmertemperatur abkühlen.

Einlegegurken waschen, abtropfen, mit einer (Rouladen-)Nadel von allen Seiten einstechen. Perlzwiebeln und Meerrettichwurzel schälen, Meerrettich in Scheiben schneiden. Peperoni waschen, in Ringe schneiden. Koriander waschen, Stiele, evtl. auch die Wurzeln dranlassen. Die Eichenblätter ebenfalls waschen – die Gerbsäure der Blätter hält die Gurken knackig, bis sich genügend Milchsäuren gebildet haben.

Senf- und Korianderkörner mit den anderen Zutaten abwechselnd in den Gärtopf schichten, die oberste Schicht sollen Eichenblätter sein. Mit der Molke und der Salzlake begießen. Steine auflegen, Wasserrinne füllen, Topf schließen. Nach 10 Tagen in den Keller stellen, nach 4 Wochen die ersten Gurken probieren.

In seltenen Fällen siedeln sich unerwünschte Mikroorganismen an. Wenn die Gurken nicht gut riechen, noch ein paar Wochen warten, falls dann die guten Milchsäuregerüche nicht die Oberhand gewonnen haben: Wegwerfen und noch mal probieren.

Kovászos uborka

Der Wein-Journalist Mario Scheuermann beschreibt in seinem Blog (http://drinktank.blogg.de) das allereinfachste Rezept für saure Gurken. 2005 wurde er dafür mit dem ZEIT-Blogaward in der Kategorie Essen und Trinken ausgezeichnet. Ich habe es bisher nicht selber probiert – aber »sobald die Temperaturen sich in Ungarn den 30 Grad nähern und die ersten Gurken geerntet werden, stehen in Ungarn die Fenster, Balkone und Arkadengänge voll mit Einweckgläsern, in denen es leise blubbert und schäumt. ... Unser Hausrezept stammt aus dem heute rumänischen Teil Ungarns in Siebenbürgern von der Großmutter meiner Frau. ... Kleine Gurken, dick und krumm, werden gewaschen und möglichst eng in ein Einweckglas gefüllt. Dazu kommen Knoblauch, Pfefferkörner und Csombord. So heißt in Siebenbürgen das Bohnenkraut, ungarisch Borsika oder auch Bécsi rozmaring (Wiener Rosmarin).

Das Glas wird mit Salzwasser (siehe oben) aufgefüllt, mit einer dicken Scheibe Brot abgedeckt und mit einem kleinen Teller verschlossen. Es bekommt einen tiefen Teller als Untersatz für die bei der Gärung austretende Flüssigkeit und wird dann in die pralle Sonne gestellt. Die im Brot enthaltene Hefe leitet den Gärvorgang ein. Nach zwei bis drei Tagen sind die Sommergurken fertig. Sie müssen noch knackig sein und auf keinen Fall weich. Dann entfernt man das Brot und stellt das Glas mit einem Deckel verschlossen in den Kühlschrank. ... Der gekühlte Gurkensud wird als erfrischendes und gesundes Getränk für heiße Tage geschätzt, und Ungarns Frauen schwören auf den milchigtrüben Saft als die beste natürliche Lotion für eine gute Gesichtsfarbe. Dies berichtet zumindest György Lang in seinem Buch über die klassische ungarische Küche«.

Sbrinz

Parmesan kommt mir schon lange nicht mehr in die Einkaufstüte! Nicht weil der Käse schlecht wäre, sondern weil mich seine Monopolstellung in meiner Küche stört. Kaum setze ich ein Nudelwasser auf den Herd, zerren Frau und Tochter die Parmesanmühle aus dem Schrank. Das Risotto ist noch nicht einmal im Topf, schon steht ein Schälchen geriebener Parmesan daneben. Doch kulturelle Vielfalt beginnt am Herd – darum backe ich Ricotta, mische Nudeln mit Bergkäse (siehe S. 220 und S. 33) und hoble Sbrinz über Kartoffelpuffer. Nur 32 Käsereien in den Zentralschweizer Kantonen um Luzern produzieren jedes Jahr knapp 45 000 Sbrinzlaibe zu je 43 Kilo, zwanzigmal weniger als die Kollegen um Parma und Reggio nell'Emilia. Ganz zu schweigen von den Käsebergen der Grana-Padano-Giganten.

Sbrinz und Parmigiano Reggiano haben einiges gemeinsam: Die Kühe, die die Milch dafür geben, fressen Gras oder Heu. Silofutter ist nicht nur verpönt, sondern verboten – Sporen aus dem Futter würden den Käseteig blähen. (Weniger ambitionierte Molkereien behandeln deshalb Milch aus Silagefütterung für billigen Hartkäse mit Zusatzstoffen, die wie Antibiotika wirken.) Die Rohmilch wird mit Lab dickgelegt, mit der Käseharfe zu feinem Bruch geschnitten und dann bei hoher Temperatur (57 Grad) gerührt. Dadurch verliert der frische Käse viel Wasser – die Voraussetzung für einen Hartkäse. Nachdem die Laibe geformt sind und fast drei Wochen im Salzbad gelegen haben, kommen sie in den Reifekeller. Parmesan liegt, und Sbrinz steht nun 18 bis 24 Monate im Regal, die typischen Aromen entstehen.

Zwei Unterschiede rechtfertigen die Suche nach dem selteneren Käse: Alle Sbrinz-Kühe haben das ganze Jahr freien Auslauf, die Hälfte ihres Lebens verbringen viele von ihnen auf der Hochalp. Dort wachsen andere Kräuter als am Rande der Poebene, also schmeckt die Milch anders und der Käse auch. Beide Käse können Sie reiben oder möckeln, das ist schweizerisch kurz und präzise für – »den Käse ohne Schneidewerkzeuge in kleine Stücke brechen«. Frisch gemöckelt schmecken Möckli am besten, dann haben sie keine Zeit, um an der Oberfläche auszutrocknen oder gar zu oxidieren. Für die dritte Art der Zerkleinerung wäre Parmesan zu brüchig: Sbrinz lässt sich mit einem kleinen Käsehobel in große, hauchdünne Scheiben schneiden und dann aufrollen. Diese fast durchsichtigen Hobelrollen bestätigen die Theorie, dass Schneidetechnik und Geschmack untrennbar zusammengehören.

Süßkartoffelpuffer

- **Rustikales Gemüsegericht**

1 Zwiebel, 400 g Süßkartoffeln,
400 g Kartoffeln, Salz, Pfeffer,
3–4 EL Rapsöl, 2 EL Butter,
100 g Sbrinz, 200 ml Kalbsfond,
1 Bund Petersilie, 150 g Zucchini,
1 TL Rotweinessig, 1–2 EL Rapsöl,
außerdem: ein Hobel,
entweder ein spezieller Sbrinzhobel,
ein Gemüsehobel (Mandoline), ein Trüffelhobel
oder ein kleiner Schreinerhobel

Zwiebel, Süß- und normale Kartoffeln schälen; Sie können die Süßkartoffeln auch ganz durch Kartoffeln ersetzen. Reine Süßkartoffelpuffer hingegen bleiben beim Braten zu weich.

Die Zwiebel in feine Streifen schneiden, Kartoffeln und Süßkartoffeln fein reiben, beides mit den Zwiebeln mischen, in einem Tuch ausdrücken. Mit Salz und Pfeffer würzen. Mit je 1 EL Öl und Butter in zwei beschichteten Pfannen etwa 12 Puffer bei mittlerer Hitze ca. 12 Minuten backen. Nach 8 Minuten einmal wenden. Währenddessen den Sbrinz hobeln und rollen.

Kalbsfond um die Hälfte einkochen. Petersilie zupfen und hacken. Zucchini sehr klein würfeln, 2 Minuten im Fond dünsten. Vom Herd nehmen, Rotweinessig, 1–2 EL Rapsöl und Petersilie unterrühren, abschmecken und mit Puffern und Hobelrollen servieren.

Frage des Küchenalltags

Parmiggiano Reggiano – also Parmesan – ist ein wundervoller Käse, doch es gibt mehr als einen wundervollen Käse auf der Welt. Welche Käsesorten eignen sich für unser tägliches Nudelgericht?

A – Trentingrana wird fast genauso hergestellt wie der Cousin aus Parma, jedoch verbringen die Kühe ihre Sommerfrische auf 17 kleinen Almen im Trentino. Der Käse würzt mehr als nur Schlutzkrapfen und Pressknödel.

B – Der steirische Asmonte ist nach 6 Monaten Reifezeit nicht ganz so hart wie der omnipräsente Italiener, dafür ein kleines bisschen fetter. Mangels Pasta ist der nussige Käse in der österreichischen Küche ein bisschen unterfordert.

C – Unter dem Namen Glanamao kam gerade der erste chinesische Hartkäse auf den europäischen Markt. Der Käse wird aus der Milch von freilaufenden Wasserbüffelkühen hergestellt und erinnert im Abgang ein wenig an gerösteten Reis. Als einziger Hartkäse eignet sich Glanamao auch für die Verfeinerung asiatischer Reisnudelgerichte.

D – Hellgrün und fast fettfrei ist ein Mini-Kuhmilch-Käse aus der Schweiz: Schabzigerkäse heißt die extrawürzige Alternative für Rösti und Hörnli.

Antwort: S. 330.

Speck

»At this time of the year *Wanderlust* rises, we have to *abseil* us from our work, put on the *Kletterschuhs* and hurry to see the *Alpenglow*« – Bergtouristen kommen aus der ganzen Welt nach Europa. Die Wurzeln des Wanderns liegen jedoch im deutschen Sprachraum, und wenn es auch Sie gegen Ende des Sommers wieder in die Berge drängt, dann vergessen Sie nicht den Speck für die Brotzeit.

Guten Speck. Bei Heinrich Pöder im Ultental bei Meran (Ausererbhof, St. Pankraz, Tel. 0039/0473/787147) könnten Sie sich ein Stück seines außergewöhnlichen Specks holen, um dann etwa den Monte Muta oder den Gran Ladro zu besteigen.

Was macht Pöders Speck so gut? Er züchtet seine eigenen Ferkel, aus vier verschiedenen Schweinerassen. Die Tiere fressen Molke und Getreide; manchmal kommen ein paar Falläpfel dazu. Nach dem Schlachten zerlegt Pöder die Schweine selbst, denn es ist wichtig, das Fleisch so wenig wie möglich zu ziehen, zu knicken oder einzuschneiden – jeder Riss im Fleisch bildet einen potenziellen Herd für unangenehme Aromen. Die zukünftigen Speckstücke reibt er mit Salz, Pfeffer und ein bisschen Knoblauch ein. Nach zwei Wochen hat das Fleisch gerade so viel Salz aufgenommen, wie für Geschmack und Konservierung nötig sind. Danach kommt der Speck für sechs bis acht Wochen in die Räucherkammer, aber nur zwei-, dreimal pro Woche wird tatsächlich kalter Rauch in die Kammer geleitet. »Ein bisschen Rauch ist gut für den Geschmack«, sagt Heinrich Pöder, »für die Haltbarkeit braucht es ihn nicht.«

Zuletzt muss der Speck reifen. Das dauert vier bis acht Monate. Währenddessen wird der Speck weich und zart. Auf der Oberfläche bildet sich milder Edelschimmel – ähnlich wie auf den meisten Salamis. Bei der Reifung hilft die günstige West-Ost-Ausrichtung des Ultentals, denn hier weht immer ein leichter, frischer Wind. Auf dem Gipfel angekommen, schneiden Sie den Speck in zwei bis drei Zentimeter dicke Scheiben und diese wiederum in ein bis zwei Millimeter dünne Scheibchen – nicht ganz so dünn wie Parmaschinken, damit der Speck nicht nur den richtigen Duft, sondern auch den richtigen Biss hat.

Wenn Ihre Südtiroler – oder bayerische – Mutter Sie sowieso jeden Sonntag Ihrer Kindheit mit einem perfekten Krautsalat beglückt hat, wird Sie das Rezept langweilen. Aber wenn nicht, dann darf ich es Ihnen einfach nicht vorenthalten. Manchmal bin ich mir nicht sicher, wie viele solcher Mütter es noch gibt. Hier also der Krautsalat und für alle, die gerne mehr wollen, noch ein Rezept für Südtiroler Speckknödelsuppe.

Krautsalat mit Speck

- **Alpen-Salat**

1 kleiner Kopf Weißkohl, Salz, Pfeffer,
Kümmel, 100 g Südtiroler Speck, 1 Zwiebel,
2–3 EL Öl, 5 EL Weißweinessig,
1–2 Bund frische Kräuter
wie Koriander, Dill oder Petersilie

Den Kohlkopf vierteln und in sehr feine Streifen schneiden oder hobeln. Die Kohlstreifen in einer Schüssel mit Salz, Pfeffer und

Kümmel würzen, leicht drücken. Speck und Zwiebel in Streifen schneiden, zusammen mit 1 EL Öl in einem kleinen Topf 5 Minuten dünsten. Die Speckmischung mit Weißweinessig ablöschen, kurz einkochen, heiß über das Kraut schütten, zudecken und eine halbe Stunde ziehen lassen. Den Salat abschmecken, noch 1–2 EL Öl zugeben und servieren. Ich mische meist reichlich frische Kräuter wie Koriander, Dill oder Petersilie unter den fertigen Salat. Sie können auch ein bisschen gehackte Chilischote mit Speck und Zwiebeln dünsten oder zum Schluss 1 EL fein geschnittene Salzzitronen in den Salat geben.

Speckknödelsuppe

- **Rustikale Suppe**

5 Brötchen vom Vortag (Semmeln,
entspricht ca. 250 g Weißbrot), 2 Eier, 200 ml Milch,
80 g Speck, 1 Zwiebel, 1 EL Butter, Salz,
1 Bund Petersilie, Pfeffer, Muskat,
1 l kräftige Fleischbrühe, 1/2 Bund Schnittlauch

Die Brötchen halbieren und in dünne Scheiben schneiden. Eier mit 200 ml warmer Milch mischen, über die Brötchen gießen und zugedeckt an einem warmen Platz durchziehen lassen. Speck sehr klein würfeln, die Zwiebel schälen, ebenfalls würfeln und mit Butter und einer Prise Salz dünsten. Petersilie waschen, trocknen, hacken und kurz zu den Speck-Zwiebeln geben, zusammen unter die Brotmasse kneten. Mit Salz, Pfeffer und Muskat abschmecken.

Einen Probeknödel kochen, falls er zu weich ist, etwas Paniermehl in die Masse kneten. Mit feuchten Händen kleine Knödel formen, in sanft kochendem Salzwasser 20 Minuten garen.

1 l kräftige Fleischbrühe aufkochen, 1/2 Bund Schnittlauch in Röllchen schneiden. Die Brühe mit Knödeln und Schnittlauch servieren. Sie können die Knödel selbstverständlich auch ohne Suppe als Beilage servieren.

Tamarinde

Hellbraun, leicht gewellt, mit glatter Haut liegt die Schote so angenehm in der Hand, als wäre sie nur dafür geschaffen. Tamarindenhüllen sind eine Freude für den Tastsinn. Ihr Inhalt, ein schokoladenbraunes Mark, schmeckt sehr sauer, gleichzeitig aber süß und fruchtig.

In Südostasien ist die Säure der Tamarinde genauso wichtig für die Küche wie Essig oder Zitrussäfte. Manche Köche verwenden sogar junge Tamarindenblätter und -triebe als Gemüse, ihr Geschmack soll an Sauerampfer erinnern. Der ursprünglich ostafrikanische Baum, ein Verwandter der Erbse, gedeiht am besten in halbtrockenen indischen Tropengebieten, sein Name Tamr hindi ist der arabische Ausdruck für »indische Dattel«. In der Schote hält Tamarinde jahrelang. Normalerweise gelangt sie aber in kleinen Blöcken aus Mark, Samen und Fasern in den Handel.

Für die Küche übergießen Sie jeweils ein Stück vom Tamarindenblock mit etwas mehr als der doppelten Menge heißem Wasser, zerdrücken die Paste mit einem Kochlöffel und lassen die Mischung einige Zeit stehen, bis sich das Mark gelöst hat – wenn Sie es eilig haben, können Sie ab und zu mit dem Kochlöffel nachhelfen oder Mark und Wasser zusammen aufkochen. Anschließend streichen Sie die Masse durch ein grobes Sieb, in dem Kerne und Fasern hängen bleiben. Falls Ihnen diese Prozedur zu mühsam ist, finden Sie fertige Tamarindenpaste auch im Glas.

Der charakteristische Geschmack prägt so unterschiedliche Gerichte wie die vietnamesische sauer-scharfe Fischsuppe Canh chua ca, viele thailändische Currys und Relishes oder das eigenartige indische Vindaloo aus Goa. Ein Rezept, für das portugiesische Kolonialherren die Vorlage Porco vinho e alho lieferten. Goaner schmorten das in Indien unbeliebte Schweinefleisch mit Tamarinde und Essig statt mit Weißwein, fügten reichlich Gewürze hinzu und verrieten das Rezept an indische Restaurants in aller Welt. Erste Tropfen Tamarinde fanden allerdings schon viel früher nach Europa, als britische Heimkehrer Mitte des 19. Jahrhunderts begannen, die indisch inspirierte Worcestersauce zu brauen.

Während Sie nun über Ihren Speisezettel nachdenken, könnten Sie schon einmal eine vietnamesische Limo – oder Tamo? – genießen: 1 TL Tamarindenpaste, 1 EL Zucker und 1/8 l Wasser verrühren, in ein großes Glas mit zerstoßenem Eis gießen und mit salzigen Erdnüssen bestreuen. Das Original finden Sie am Inlandsflughafen von Ho Chi Minh City.

Glasierte Riesengarnelen

• **Sommerliche Krustentiere, mit Reis ein Hauptgericht**
500 g Riesengarnelenschwänze roh mit Schale,
3 Knoblauchzehen, 1 Bund asiatische Lauchzwiebeln,
6 EL Öl, 2 EL brauner Zucker, 2–3 EL Tamarindenpaste,
1/2 Kopfsalat, 1 Bund Koriander, Pfeffer, Salz,
1 Limette

Riesengarnelenschwänze mit Schale halbieren, dunkle Därme mit einem spitzen Messer entfernen. Die Knoblauchzehen mit der Breitseite eines großen Messers ungeschält leicht quetschen, Lauchzwiebeln putzen.

Garnelen in einem Wok mit 6 EL Öl und den Knoblauchzehen 2 Minuten bei großer Hitze frittieren. Lauchzwiebeln zugeben, nach 1 Minute das Fett abgießen, braunen Zucker und Tamarindenpaste zugeben, 2 Minuten glasieren. Kopfsalat in mundgerechte Stücke teilen, den Koriander zupfen. Die Limette, wie für eine Caipirinha, zuerst vierteln, dann die Stücke quer halbieren. 4 Schälchen mit je 1/2 TL Pfeffer, 1 TL Salz und 2 Limettenstückchen vorbereiten. Jeder Gast rührt sich die Mischung mit Limettensaft an, sie dient als Dip – vorsichtig dosieren! Garnelen mit Salat, Koriander und Salz-Pfeffer-Mischung anrichten.

Thai-Schalotten

Spielen Sie ein Spiel mit mir, die Regeln sind einfach: Ich nenne drei Zutaten – Sie erraten das Land oder die Region, dessen Küche durch diese Zutaten charakterisiert wird. Ein Beispiel: Mozzarella, Tomaten, Basilikum? Na klar, Italien. Wie wäre es mit Schalotten, Koriander, Kokosmilch? Eindeutig Thailand. Und wenn wir Kokosmilch durch Fischsauce ersetzen, dann sind wir in Vietnam, die Verwendung der Schalotten ist in beiden Ländern sehr ähnlich.

Schalotten schmecken milder und gleichzeitig aromatischer als die größere Küchenzwiebel. Thai-Schalotten sind besonders geschmackvoll. Weil die Sorte gut ist, aber auch weil sich in der starken tropischen Hitze mit reichlich Sonne in jeder Art von Zwiebel mehr aromatische Eiweißstoffe, Zucker und Stärke bilden als in unseren Breiten. Purpurrote Thai-Schalotten tragen bei uns diesen Namen, weil Thais damit begannen, frische Zutaten für die asiatische Küche aus ihrem Heimatland nach Deutschland zu importieren. In vielen anderen Sprachen heißen sie violette Schalotten oder rote Schalotten nach ihrer purpurroten Farbe.

Zwiebeln und Schalotten unterscheiden sich auch im Anbau: Schalotten werden meist, Thai-Schalotten immer durch Steckzwiebeln vermehrt – Gemüsezwiebeln kann man seit einigen Jahren kreuzen und durch Samen vermehren, was die Zucht beschleunigt und den Anbau verbilligt. Steckschalotten bilden im oder auf dem Ackerboden einen Horst aus miteinander verwachsenen Tochterzwiebeln, Küchenzwiebeln wachsen einzeln.

Sehr junge Thai-Schalotten verwenden wir als asiatische Frühlingszwiebeln.

Ob Frühlingszwiebel oder Schalotte, beide gibt es ganzjährig. Haupterntemonate sind jedoch Januar und Februar, denn im Winterhalbjahr wachsen Schalotten in Südostasien am besten. Zusätzlich werden besonders viele Zwiebelchen im Oktober in die Erde gesteckt, damit sie rechtzeitig zum chinesischen Neujahrsfest ausgewachsen sind. Denn violette Schalotten harmonieren gut mit glasierten Schweinefüßen, die an diesem Tag Glück bringen sollen.

Längs geschnittene Zwiebelchen bleiben knackig. Roh ergänzen sie Salate, knusprig frittiert sind sie lecker auf Currys oder Reis. Dafür 3 mm dicke Scheiben von 5 Schalotten 30 Minuten auf einem Teller trocknen, mit 150 ml Öl 15 Minuten bei milder Hitze goldbraun garen. Abgießen, das Schalottenöl über Suppen oder Eintöpfe träufeln, die abgetropften Schalotten erst bei Gebrauch salzen.

Hähnchenbrustsalat

- **Scharfer Salat**

2 Hähnchenbrustfilets (je ca. 200 g), 2 EL Öl,
1 Bund Thaibasilikum oder Koriander, 1–3 scharfe Chilischoten, 1 EL Zucker, 1/2 TL Salz, 3 EL Limettensaft, 5 EL Fischsauce, 100 g Thai-Schalotten, 500 g Ananas, 3 EL geröstete, gesalzene (Knabber-)Erdnüsse, evtl. geröstete Schalotten (siehe oben).

Hähnchenbrustfilets mit 2 EL Öl bei schwacher Hitze von beiden Seiten insgesamt 18 Minuten braten. Thaibasilikum oder Koriander hacken. Chilis schneiden und mit 1 EL Zucker und 1/2 TL Salz im Mörser zerreiben, falls vorhanden dabei die Korianderwurzeln zugeben, vorher waschen und grob hacken. Limettensaft und Fischsauce zugeben.

Thai-Schalotten schälen, längs in dünne Scheiben schneiden, Ananas ebenfalls schälen, vierteln, den Strunk entfernen, das Fruchtfleisch in dünne Scheiben schneiden. Hähnchenfleisch in Scheiben schneiden, mit den vorbereiteten Zutaten mischen. Erdnüsse grob hacken und eventuell mit ein paar gerösteten Schalotten über den Salat streuen und bald servieren.

Frage des Küchenalltags

Welche Regionen könnte man durch die folgenden Zutaten-Kombinationen beschreiben?

A – Schwein, Kümmel und Bier

B – Fisch, Brotbrösel und Mayonnaise

C – Speck, Salat und Tomate

D – Zitronenmyrte, Macadamia und Wattleseed

Antwort: S. 330.

Tomaten

Emma, bald fünf Jahre alt, isst kein Gemüse – außer rohen Tomaten. Als Koch ist mir das ein bisschen peinlich. Da mir aber beim Gedanken an die Erbsen-Möhren-Dosen meiner Kindheit immer noch übel wird, lassen wir unsere Tochter gewähren. Immerhin zupft Emma gern Kräuterblättchen über ihr Essen und bereitet sich ihren Lieblingssalat oft selber zu, aus Tomaten, Gurke – ich vergaß, Gurke geht auch, natürlich ohne Schale und Kerne –, Joghurt, Olivenöl, Rosenessig (www.doktorenhof.de), Salz und Gänseblümchen.

Zum Glück ist die Welt der Tomaten groß: Die riesigen Italian-Giant-Fleischtomaten schmecken leicht süßlich und duften intensiv. Eine Scheibe Italian Giant auf einem Vollkornbrot mit ein paar Tropfen Öl und einem Petersilienblatt ist eine komplette Mahlzeit für ein kleines Kind.

Den Duft der Tomaten bilden vor allem die kleinen Drüsenhaare auf Stielen und Blättern der Pflanze – deshalb scheint eine selbst geerntete Tomate immer aromatischer zu sein als eine gekaufte und riechen Strauchtomaten im Laden intensiver als Tomaten, die schon von ihren Stielen getrennt wurden.

Gelbe Mini-Birnen-Tomaten schmecken äußerst konzentriert und wirken besonders niedlich. Damit eignen sie sich besonders für das gemeinsame Essen mit Puppen und Teddybären.

Jede Art italienischer Eiertomaten versetzt mich unmittelbar in leichte Euphorie. Als Insalata Caprese, der Klassiker mit Mozzarella, Olivenöl und Basilikum oder meinem Lieblingskraut Zitronenverbene, ist der Genuss der Früchte für mich der beste Kurzurlaub überhaupt. Übrigens: Auf Capri werden dafür oft Ochsenherztomaten (Cuore di Bue) verwendet.

Die Russische Reisetomate habe ich noch nie gegessen, finde aber das ihr innewohnende Konzept faszinierend: Sie wächst in einem guten Dutzend einzelner, aber miteinander verbundener tropfenförmiger Segmente. Wenn Sie in Russland auf Reisen sind, können Sie, wann immer Sie Lust auf Tomaten verspüren, ein Segment der Reisetomate abbrechen – ohne dass dadurch der Rest verletzt wird, die angebrochene Tomate läuft nicht aus. Und das ganz ohne Gentechnik.

Sizilianische Spaghetti

• Die Mutter aller Tomatensaucen

500 g Spaghetti, 500 g Tomaten,
1 Knoblauchzehe,
1 Bund Basilikum, Salz, Pfeffer,
6–8 EL Olivenöl,
ca. 100 g Ricotta

Es heißt, Hafenarbeiter im sizilianischen Trapani hätten damit begonnen, frische Tomatenwürfel und Olivenöl über ihre gekochten Nudeln zu geben.

Spaghetti kochen. Die Tomaten waschen, vierteln, entkernen. Das Fruchtfleisch in Würfel schneiden. Knoblauchzehe schälen und leicht quetschen. Die Basilikumblättchen zerzupfen.

Tomaten, Knoblauch und Basilikum mischen, mit Salz und Pfeffer würzen, 6–8 EL Olivenöl zugeben. Nudeln abgießen und mit der Sauce mischen. Ricotta über die Nudeln bröseln. Statt frischem Ricotta passen auch grob geraspelter Ricotta salata oder sizilianischer Ricotta infornata (siehe S. 222) sehr gut dazu.

Reisetipps

Probieren könnten Sie die Russische Reisetomate und unzählige andere Tomatensorten jedes Jahr im August, wenn Sie sich bei Erich www.Stekovics.at anmelden und seine Paradeisertage in Frauenkirchen im Burgenland besuchen. Christine F.-D. aus Schongau hat eigene Erfahrungen: »Reisetomaten wachsen auch bei uns. Ich hatte sie im vergangenen Sommer angepflanzt. Sie sehen lustig aus, entwickelten sich trotz mangelnder Sonne gut und sind sehr schmackhaft – ganz abgesehen davon, dass sie wirklich nicht tropfen, wenn man Stückchen abreißt. In Schongau gibt es eine kleine Gärtnerei, die immer ganz besondere Tomatenpflanzen anbietet. Vielleicht wollen Sie mal vorbeischauen, wenn Sie des Weges sind. Infos dazu finden Sie unter www.blumenschule.de.«

Trauben

Der Saft duftet nach Erdbeeren, ist herb und hat Charakter wie ein Wein: »Succo di Uve Americane« stand auf dem Etikett eines Traubensaftes, den mir Marco und Verena Klurfeld auf ihrem idyllischen Berghof in Mergoscia über Locarno anboten. Zum ersten Mal fragte ich mich: Warum schmecken fast alle Traubensäfte gleich, wo doch zwischen Weinen Welten liegen? Was sind das für eigenartige Trauben? Amerikanische Rebsorten, erklärt Verena, kamen nach der Reblausplage von 1860 nach Europa. Die meisten dienen als resistente Unterlage für Edelreben, ihre eigenen Trauben sind kaum genießbar. Wenige Sorten werden für eigenartige Regionalweine wie den österreichischen Uhudler, italienischen Fragolino oder für Schweizer Grappa aus Americanotrauben genutzt. Die aromatischen Früchte gelangen als Südtiroler Erdbeertrauben sogar auf den Münchner Viktualienmarkt.

Auf Reisen im Spätsommer probiere ich die Trauben der Weinberge. Oft sind diese Keltertrauben klein, die Kerne groß, ihre Haut ist dick. Die Beeren sind fleischig und geben ihren Saft nur mühsam frei. Als Belohnung offenbaren reife Sangiovese-, Cabernet- oder Rieslingtrauben eine Ahnung vom späteren Geschmack der Weine. Auch Nikolaus Moser, der Chef des berühmten österreichischen Weingutes, probiert seine Keltertrauben, um den Erntezeitpunkt festzulegen: »Der reife Geschmack der Trauben ist noch wichtiger als die Untersuchung im Labor«, meint Moser. »Tafeltrauben sollen groß, süß und knackig sein. Der Saft muss leicht herausrinnen, Kerne stören beim Essen. Die weiße Sorte Thompson Seedless und die rote Alphonse Lavallé sind wegen solcher Vorzüge beliebt. Aber auch einige Keltertrauben finden Sie im Obstladen.«

Die Familie der Muskat- oder Muskatellertrauben ist groß, in Italien wächst der Moscato, in Ungarn Tokajer. Moser keltert einen leichten, fruchtigen Muskat-Ottonel. Muskat-Tafeltrauben sind größere, festere Sorten mit weniger Kernen, im Geschmack ähneln sie ihren kräftigeren Geschwistern. Trollingertrauben kommen unter einem Pseudonym auf den Markt: Black Hamburg. Gutedel (Schweiz: Fendant, Frankreich: Chasselas) hat das nicht nötig. Weißer und roter Gutedel reüssieren heute als globale Tafeltrauben. Traubensaft wird übrigens aus einfachen, aber respektablen Rebsorten wie Veltliner, Müller-Thurgau, Portugieser oder Zweigelt gepresst, nur leider aus minderwertigen Lagen mit zu hohen Erträgen.

Gutedel-Granita

- **Sommerdrink oder frisches Dessert**

125 g Gutedel- oder
600 g Muskattrauben
1 Bio-Zitrone,
2 Minzeblättchen,
350 ml Gutedel- oder Muskatellerwein

Zucker mit 100 ml Wasser aufkochen, abkühlen. Trauben waschen, 500 g davon abwiegen und mit dem Saft und der abgeriebenen Schale 1 Zitrone, 2 Minzeblättchen und dem Zuckersirup pürieren. Durch ein Sieb streichen oder mit einer »Flotten Lotte« passieren. In einem flachen Gefäß über Nacht einfrieren.

Die restlichen Trauben halbieren, eventuell mit einer stabilen Pinzette entkernen. Mit einem Esslöffel dicke Flocken vom krümeligen Eisblock schaben und in Gläser füllen. Mit dem gut gekühlten Wein auffüllen und mit Trauben garnieren. Als Sommerdrink oder nach einem leichten Essen mit einem langstieligen Löffel sofort servieren.

Udon-Nudeln

Japanische Mönche brachten vor über 1000 Jahren Schriftzeichen, Essstäbchen und Nudeln aus China mit nach Hause – vielleicht. Wahrscheinlich haben Japaner kurz nach Entdeckung des Mühlsteins damit begonnen, Brot zu backen oder Nudeln zu kochen. So wie auch die Römer lange vor Marco Polo Nudeln aßen.

In Japan entwickelten sich zwei Haupttypen: In den kargen Gebieten nördlich von Tokio gedeiht Buchweizen, die Grundlage für Soba-Nudeln. Im Süden, in den fruchtbaren Gegenden um Osaka, wächst Weizen. Aus Weizenmehl und Salzwasser kneten japanische Köche den Teig für dicke glitschige Udon- und dünne feine Somen-Nudeln.

Obwohl sich die Zutaten kaum von denen für italienische Nudeln unterscheiden, haben Udon-Nudeln eine ganz andere Konsistenz als italienische Tagliatelle. Gero Plath arbeitet in Tokio für Mitoku, eine Firma, die auch makrobiotische Udon-Nudeln herstellt. Er erklärt die feinen Unterschiede:

1. Das Wasser für den Teig ist warm, dadurch bildet sich beim Kneten besonders viel Klebereiweiß.

2. In dieses warme Wasser kommt viel Salz, dafür bleibt später das Kochwasser salzfrei. Die gelösten Salzionen verbinden sich im Teig mit dem Klebergerüst und ändern dadurch seine Struktur.

3. Die besonders ausgefeilte Technik. Für eine erste Annäherung mischen Sie 250 ml warmes Wasser mit 25 g Salz, verkrümeln drei Viertel davon in einer großen Schüssel mit 500 g Mehl,

krümeln das restliche Wasser unter den Teig, kneten intensiv und lassen den Teig einige Stunden ruhen. Zwei Millimeter dick ausrollen und drei Millimeter breit schneiden, acht Minuten kochen. Die traditionelle Methode beinhaltet mehrere Phasen von Ashibumi, den Teig mit den Füßen treten, Nekashi, den Teig in Ruhe lassen, und Kari Maruke, den Teig zu einer flachen Spirale kneten (Japaner unter Ihnen mögen mir die starke Vereinfachung verzeihen).

Udon-Nudeln kommen auch getrocknet oder vorgekocht in den Handel. Ich bevorzuge die gekochte, vakuumierte Variante. Erhitzen Sie die Nudeln kurz in kochendem Wasser, um sie dann in einer Brühe, mit einem Soja-Dip oder als Salat zu servieren. Achten Sie darauf, dass die Nudeln keine Zusatzstoffe enthalten, Salz reicht für die Konservierung völlig aus.

Die japanische Dashi-Brühe besteht aus Produkten des Meeres, Kombu, einer Algenart und getrockneten Bonitofischflocken. Von Deutschland sind Ozeane weit entfernt, darum möchte ich mit Ihnen das Prinzip Udon-in-Dashi auf einheimische Zutaten anwenden.

Udon in Germanen-Dashi

- **Heißes Mittagessen**

4 Weißkohlblätter,
100 g Schwarzwälder Schinken,
Sojasauce, Salz,
1 Bund Frühlingszwiebeln,
800 g gekochte Udon-Nudeln (fertig oder siehe oben),
außerdem: 4 große Suppenschalen

Weißkohlblätter und Schwarzwälder Schinken in 2-Zentimeter-Quadrate schneiden. Kohl mit 1,5 l Wasser 10 Minuten kochen. Schinken zugeben, den Topf vom Herd nehmen und mit Sojasauce und Salz abschmecken.

Die Frühlingszwiebeln fein schneiden. Udon-Nudeln mit viel Wasser aufkochen, abgießen und mit Frühlingszwiebeln in 4 Suppenschalen verteilen. Die Brühe noch einmal fast aufkochen und ganz heiß über die Nudeln gießen. Mit Stäbchen und Löffeln servieren.

Unkraut

Unerwünschte Pflanzen nennen wir Unkraut. Welche Pflanzen das sind, entscheidet der Geschmack. Beim Löwenzahn scheint der Fall klar. Die Pflanze breitet sich rasend schnell aus, verdrängt empfindlichere Verwandte und ist ob ihrer zähen Pfahlwurzeln nur schwer zu entfernen. Schneiden Sie aber die Blätter einer Löwenzahnpflanze sorgfältig ab, stülpen Sie einen Blumentopf über die Pflanze und dichten alle Ritzen ab, durch die Licht unter den Topf gelangen könnte, so können Sie nach wenigen Tagen wunderbar milden, gebleichten Löwenzahnsalat ernten. Falls Sie solche Maßnahmen als Pflanzenfolter verurteilen, spähen Sie im Frühjahr nach den allerersten Löwenzahnspitzen, die aus einem Maulwurfshügel ragen. Darunter finden Sie die natürlich gebleichten Blätter.

Löwenzahnknospen können Sie mit etwas Knoblauch und Olivenöl braten oder dünsten, vielleicht die geschmackvollste Art, die Pflanze an weiterer Verbreitung zu hindern. Ich empfehle: Freispruch für *Taraxacum*. Beim Gänseblümchen ist die Lage nicht eindeutig: Im Fußballrasen hat es nichts zu suchen, auf der Wiese dagegen stört es niemanden. Glockenblumen scheinen a priori zu den Guten zu gehören. Spätestens seit dem 19. Jahrhundert zeichnen Kinder und Illustratoren gerne Elfen mit Glockenblumenhütchen. Die blaue Blüte ist ein Symbol für zarte Reinheit, die meisten Glockenblumen breiten sich aber mit Hilfe von unterirdischen Trieben schnell aus. Solange beide Pflanzen so wohlschmeckende Blüten für meinen Salat liefern, dürfen sie von mir aus wachsen, wo sie wollen.

Vogelmiere ist mein Lieblingsunkraut. Auf lockerer, humusreicher Gartenerde bildet sie bodendeckende hellgrüne Teppiche. Sie wächst sehr schnell, lässt sich aber ebenso schnell wieder herausreißen, besser gesagt: ernten. Das Kraut mit den kleinen, eiförmig-spitzen Blättchen, die sehr nahe am Stängel sitzen, schmeckt nach rohem jungem Mais. Ob Blätter, Stiel oder Knospen, die Pflanze gehört in jeden Salat!

Dass Sie junge Brennnesselspitzen wie Spinat dünsten können, haben Sie wahrscheinlich schon gehört. Auch frittiert und leicht gesalzen schmecken die Blättchen sehr gut. Sobald die Pflanzen größer geworden sind, lohnt es sich, die Blüten zu sammeln. Der Münchner Koch Manuel Reheis hat dafür ein ganz neues Rezept erfunden:

Brennnesselravioli

- **Edel-Teigtaschen**

300 g Mehl, 4 Eier, 1 Knoblauchzehe, 1 Hand voll Brennnesselblüten (am besten mit Handschuhen von den Blütenständen streifen), 4 EL Butter, 250 g Ricotta, 40 g geriebener Parmesan, Salz, Pfeffer, 2 EL Holunderblütensirup (siehe S. 110 oder aus dem Feinkosthandel), außerdem: Nudelholz oder Nudelmaschine

Das Mehl mit 3 Eiern zu einem Nudelteig kneten. Den Knoblauch schälen und hacken. Brennnesselblüten und Knoblauchzehe mit 1 EL Butter 1 Minute heiß dünsten, vom Herd nehmen und mit Ricotta, 1 Ei und dem geriebenen Parmesan verrühren, mit Salz und Pfeffer abschmecken. Nudelteig 1 mm dünn ausrollen, 8 cm große Kreise ausstechen. Falls Sie keinen passenden Ausstecher haben, können Sie genauso gut Quadrate aus dem Teig schneiden.

Auf jeden Kreis 1 TL Füllung geben, die Teigränder mit wenig Wasser bestreichen, zusammenklappen und mit den Fingern andrücken. Ca. 5 Minuten bissfest kochen. 3 EL Butter aufschäumen, 2 EL Holunderblütensirup dazugeben, die abgetropften Teigtaschen in der Butter schwenken.

Spangenbergs Weinempfehlung

2004 Dr. M. Wehlener Riesling QbA trocken, Weingut J. J. Prüm, Mittelmosel

»Rassig, kernig, mineralisch, floral und vor allem fruchtig präsentiert sich dieser ausnahmsweise trockene Riesling aus dem Hause J. J. Prüm. Ein Wein, der es schafft, dieser Speise seine zahlreichen Aromen zu entlocken.«

Verbene

Kennen Sie den Trickle-down-Effekt? In der Wirtschaftstheorie bedeutet der Begriff ungefähr folgendes: Gib den Reichen an der Spitze der Gesellschaft, dann wird der Wohlstand auch nach unten durchsickern. Der kulinarische Trickle-down-Effekt funktioniert weit zuverlässiger: Beispiel Sushi oder noch besser Bärlauch. Eckart Witzigmann, an der Spitze unserer gastronomischen Pyramide, hat das würzige Kraut schon in den 70er Jahren im Englischen Garten in München gepflückt und damit für die Küche (wieder-)entdeckt. In den 80er Jahren breitete sich der wilde Knoblauch in der Gastronomie aus, bevor das Kraut fast die gesamte Gesellschaft eroberte. Dieser Siegeszug ist mit Todesopfern verbunden, denn giftige Maiglöckchen lassen sich, wenn sie nicht gerade blühen, nur schwer von *Allium ursinum* unterscheiden.

Bei der Verbene, genauer Zitronenverbene, sind keine Opfer zu befürchten. Wir befinden uns gerade am Beginn der zweiten Phase: Die Frankophilen unter Ihnen kennen sie vielleicht als Tee – Tisane à la verveine, ein entspannender Gute-Laune-Tee für den Abend. Manche Köche experimentieren mit dem Kraut, bei vielen Kräutergärtnern können Sie schon Pflänzchen kaufen. Aber noch gehören Sie als Zitronenverbene-Fan zur Avantgarde.

Dabei gibt es gute Gründe, die Verbene zu verehren: eleganter Wuchs – helles Holz, schmale lange Blätter, feine weiße Blüten; und sie duftet noch frischer als Zitronen. Die Blätter der Verbene sind ungefähr so fest wie die Blätter von Salbei. Sie können diese also fein schneiden und roh über ein Gemüse oder einen Salat streuen. Sie können sie aber auch für eine Pastasauce kurz anschwitzen, in Milch für einen Grießbrei aufkochen oder sogar mit einem Holzspießchen – zusammen mit einer Schinkenscheibe – an ein Schnitzel stecken und braten, als Verbene-Saltimbocca. Würzpasten mit Verbene, Pinienkernen und Peperoni schlagen Bärlauchpesto um Längen.

Verbena citriodora kam als Zierpflanze aus Chile oder Peru, dort wird der Busch 5 bis 6 Meter hoch, im Topf erreichen die Pflanzen nach einigen Jahren 1 bis 1,5 Meter. Pflanzzeit ist im Herbst oder besser im Frühjahr. Zitronenverbenen vertragen leichte Fröste bis minus 8 Grad. Nach dem ersten Nachtfrost werfen die Pflanzen ihre Blätter ab, Sie können sie dann im kühlen, dunklen Keller überwintern lassen (ab und zu gießen) – im Mai treiben die kleinen Büsche wieder aus.

Riesengarnelen mit Verbene

- **Feines Bohnengericht**

  200 g Bohnenkerne, 800 ml Brühe (oder 400 g Bohnen aus dem Glas, abgießen, abspülen und mit 100 ml Brühe aufkochen), 1 Knoblauchzehe, 3–4 Verbenenzweige, 1 Zucchini, 12 Riesengarnelen (roh, ohne Schale, insgesamt etwa 300 g), Salz, Pfeffer, 2 EL Olivenöl, 4 EL Weißwein, 1 EL kalte Butter

Bohnenkerne über Nacht in Wasser quellen lassen, abgießen, in 800 ml milder Brühe oder Salzwasser weich kochen. Knoblauchzehe und die Blättchen von den Verbenenzweigen fein schneiden, 1 Zucchino klein würfeln. Riesengarnelen salzen und pfeffern.

Die Garnelen in einer beschichteten Pfanne mit Olivenöl bei größter Hitze von beiden Seiten je 2 Minuten braten. Knoblauch, Verbene und Zucchiniwürfel zugeben, 1 Minute unter Rühren mit den Garnelen braten. Mit Weißwein ablöschen, einkochen. 1 EL Butterflöckchen unter die Garnelen schwenken, mit den Bohnen mischen, abschmecken, anrichten. Mit Verbene dekorieren.

Vietnamesische Melisse

Das Kraut ist eine Pest, eine Landplage, eine Gefahr – meinen Heimatschützer in den USA und Europa. Nicht ganz zu Unrecht, denn *Elsholtzia ciliata*, vietnamesische Melisse oder »Rau kinh gioi«, wuchert von Asien aus über die ganze Welt. Ob auf Meereshöhe oder im Hochgebirge, die Melisse passt sich jedem Mikroklima an, verändert dabei jedes Mal ein wenig ihr Aussehen, so dass die Liste ihrer Alias-Namen jedem Geheimagenten zur Ehre gereichen würde. Bei uns firmiert die Pflanze unter dem Namen Kammminze, meine Mutter meint, sie auf sonnigen Schutthalden schon gesichtet zu haben. In Vietnam gilt die Elsholtzia nicht als Un-, sondern als edles Küchenkraut. Das sagt viel aus über diese Küche.

Trang Bang, ein Dorf nahe Ho-Chi-Minh-Stadt, ist bekannt für seine vielen verschiedenen Wildkräuter. Huu Doan führt dort ein kleines Restaurant, in dem er Glücksrollen (siehe S. 93) und Suppe mit all diesen Kräutern anbietet. Er beschreibt den Kern der vietnamesischen Küche: »Erst wurden wir tausend Jahre von Chinesen beherrscht, dann kamen die Franzosen und zuletzt der amerikanische Krieg. Alle haben unsere Küche beeinflusst, aber wir waren meistens so arm, dass wir essen mussten, was in unseren Wäldern wächst.«

Das Ergebnis dieser Mischung ist die subtilste Küche Asiens. Zu fast jedem Gericht reichen vietnamesische Köche einen Teller mit einem Berg von frischen Kräutern, die sich der Gast nach und nach zupft und über sein Gericht streut. Viele dieser Kräuter kommen jede Woche frisch in unsere Asienläden, auch mein vietnamesisches Lieblingskraut ist meist dabei. Das Aroma der vietnamesischen Melisse ist frisch und zitronig, mit Anklängen an exotische Trockengewürze wie Kreuzkümmel oder Zimt. Sie können das Kraut kaum falsch kombinieren, sein Duft ist kräftig, aber selten dominant. Die leuchtend grünen Blätter sind oval mit einer Spitze, gezackten Blatträndern und tief eingekerbten Blattadern. Bei der Suche nach Rau kinh gioi, nach Rau ram, dem leicht pfeffrigen vietnamesischen Nationalkraut, oder anderen vietnamesischen Kräutern ist es nicht schlimm, wenn Sie mal das falsche erwischen: So wie Vietnamesen die Kräuter vom Beilagenteller frei kombinieren, können Sie das natürlich auch tun.

Fleischpflanzerl aus Hanoi

- **Kalt-warmer Hauptgang**

250 g Reisnudeln (zum Beispiel runde vietnamesische Bun-Nudeln), 1 Gurke, 100 g Sojasprossen, 1 Bund vietnamesische Melisse, 1 Knoblauchzehe, 1 Chilischote, 1 TL Zucker, 100 g geröstete (Knabber-)Erdnüsse, 3 EL ÖL, 250 ml Hühnerbrühe, 5 EL Kokosmilch, 3 EL Fischsauce, je 2 Frühlingszwiebeln und Thai-Schalotten, 600 g Schweinehack, 2 TL brauner Zucker, Salz, Pfeffer

Reisnudeln nach Packungsanweisung kochen, abgießen, abschrecken. Gurke schälen, längs vierteln, Kerne entfernen, das Fruchtfleisch dünn schneiden. Sojasprossen und vietnamesische Melisse waschen. Für den Dip eine Knoblauchzehe schälen und mit der Chilischote grob zerkleinern. Zusammen mit 1 TL Zucker im Mörser zerreiben. Erdnüsse im Blitzhacker fein mahlen, mit 1 EL ÖL insgesamt 5–6 Minuten bei mittlerer Hitze rösten, dabei nach 3 Minuten die Würzpaste zugeben. Hühnerbrühe, Kokosmilch und 2 EL Fischsauce zugeben, bei milder Hitze 10 Minuten köcheln.

Für die Pflanzerl Frühlingszwiebeln putzen, die Thai-Schalotten schälen. Beide Zwiebelsorten fein schneiden und mit dem Hackfleisch, 1 EL Fischsauce, dem braunen Zucker, Salz und Pfeffer würzen. Kleine, flache Frikadellen formen und mit 2 EL Öl grillen oder braten. In Schälchen anrichten und mit dem Dip, vietnamesischer Melisse, Gurke und Sojasprossen servieren. Dazu passt auch die Salz-Pfeffer-Mischung mit Limettenstückchen von S. 251.

Vinho Verde

Prosecco für Intellektuelle könnte man ihn nennen, den sommerlich-frischen Weißwein, doch halt, es handelt sich nicht um eine bestimmte Rebsorte, sondern um ein Anbaugebiet: Vinho Verde ist eine D.O.C.-Region im Nordwesten Portugals. Es regnet viel, die Böden sind fruchtbar, vielleicht heißt die Landschaft »verde«, weil alles grünt. Hier wächst nicht nur eine Rebsorte, sondern unzählige, weiße und auch rote. Den einen Vinho Verde gibt es also nicht. Aber Gemeinsamkeiten: Die Reben klettern an hohen Pergolen, darunter wachsen Gemüse oder Kartoffeln. Für weißen Vinho Verde verschneiden die Winzer die lokalen Traubensorten, vor allem: Pedernã, Loureiro, Trajadura, Avesso und Alvarinho. Die Weinlese beginnt meist schon im August. Am besten schmecken die Weine, solange sie jung, also grün, sind – die zweite Art, den Namen zu erklären.

Frische Weine aus dem Vinho Verde enthalten reichlich Wein- und Apfelsäure. Früher wurden sie nach der Gärung in Holzfässer gefüllt, wo die aggressive Apfelsäure durch biologischen Säureabbau in mildere Milchsäuren und Kohlenstoffdioxid umgewandelt wurde. Daher ein sanftes Prickeln, so sanft, dass Vinho Verde als Stillwein gilt. In Portugal werden diese rauen, trüben Vinho Verdes noch heute in Bars und Cafés ausgeschenkt. Die Suche nach dem Urlaubsgeschmack frustriert manchen Heimkehrer, denn für den Export wird die Säureumwandlung durch Schwefel unterdrückt. Stattdessen werden die Weine mit konzentriertem Most gesüßt. Wie bei vielen Proseccoweinen setzt man Kohlensäure zu. Das Ergebnis sind alkoholarme, spritzige Weine für das Essen unter einem Sonnenschirm. Die besten von ihnen sind wie ein Windhauch, erfrischend und flüchtig.

Seit etwa 20 Jahren bauen engagierte Winzer auch sortenreine Weine nach traditionellen Methoden aus. Um die Cuvées besser zu verstehen, habe ich drei Weine probiert, deren Reben besonders oft für die verschnittenen Versionen verwendet werden. Alle drei waren von Quinta da Lixa, einem Weingut in Lixa, in der Mitte des Vinho Verde. Ein Alvarinho, mit dem höchsten Alkoholgehalt in meiner Probe, duftete nach Bananen und erinnerte entfernt an Retsina. Der zweite, ein Loureiro, machte einen sehr fruchtigen Eindruck. Der einzige moussierende Wein, ein Trajadura, war leicht bitter. Zum Schluss, Önologen mögen mir verzeihen, mischte ich die Weine zu einem neuen Vinho Verde – der schmeckte ein wenig nach Urlaub.

Portugiesische Brotpaprika

- **Deftige Beilage**

200 g Bauernweißbrot, 150 ml Olivenöl, 2 rote Paprika,
4 Knoblauchzehen, 2 Zwiebeln, 1 Lorbeerblatt,
3 EL Olivenöl, Salz, Pfeffer, 100 ml Vinho Verde,
250 ml Hühnerbrühe, 2 EL Sherryessig,
je 1/2 TL gemahlener Koriander- und Senfsamen,
2–3 Stängel Minze

Weißbrot 2 cm groß würfeln, mit 3 EL Olivenöl hell rösten. Paprikaschoten vierteln und entkernen. Knoblauch und Zwiebeln schälen, mit der Paprika klein würfeln. Das Gemüse mit 1 Lorbeerblatt, 3 EL Olivenöl, Salz und Pfeffer 45 Minuten zugedeckt auf kleinster Flamme dünsten. Mit 100 ml Vinho Verde ablöschen, einkochen und mit 250 ml Hühnerbrühe aufgießen. 10 Minuten kochen, das Brot zugeben, umrühren, vom Herd nehmen.

Aus 2 EL Sherryessig, Salz, Pfeffer, Koriander- und Senfsamen, 6 EL Olivenöl und den gehackten Blättchen der Minze eine Vinaigrette rühren und zum Gemüse servieren. Dazu passt gebratener Fisch.

Wasser

Haben Sie sich auch schon einmal über Rezepte geärgert, die – neben allerhand anderen Zutaten – auch 2 EL Brühe oder 50 ml Fond verlangen? Haben Sie sich gefragt, ob für dieses bisschen Flüssigkeit wirklich ein Huhn sterben muss, ob Sie sich dafür eine Stunde früher als gewöhnlich in die Küche stellen sollen? In besseren Restaurants ist es ein ungeschriebenes Gesetz, dass Wasser nie ins Essen gelangen darf, ohne zuvor eine aufwertende Wandlung erfahren zu haben. Es werde Brühe! Aber nur wenige von uns haben immer einen Vorrat Brühe im Eiswürfelbehälter eingefroren. Das bedeutet, dass statt der Brühe Wasser und ein Stück Brühwürfel im Essen landen – also Wasser, Salz und Geschmacksverstärker.

Die Brühe im Kochbuch ist ein Euphemismus wasserscheuer Rezeptautoren.

Warum diese Scheu? Obwohl ausreichende Regenfälle die Grundlage europäischen Reichtums sind, scheint uns Wasser aus dem Hahn wertlos. Selbst in Städten wie München, wo das Trinkwasser sogar noch besser ist als im Rest Deutschlands, akzeptieren die meisten Bürger Wasser als Getränk nur, wenn es in Flaschen auf den Tisch kommt. Wer nach einer bayerischen Redensart »auf der Brennsuppe (einer mehlgebundenen Wassersuppe) dahergeschwommen ist«, kommt aus einfachen Verhältnissen und gilt als schlicht. Und obwohl viele gute Köche mit Begeisterung Produkte der Armenküche wie Linsen oder Schweinebacken servieren, finden sie nicht den Mut, zwei Löffel Wasser in eine Sauce zu geben, die mit etwas Flüssigkeit besser bindet.

Dabei trinken nicht nur Vietnamesen das Kochwasser ihrer Gemüse, verdanken nicht nur thailändische Suppen ihre geschmackliche Klarheit vor allem Wasser und starken Gewürzen. Auch deutschen Traditionsgerichten wie Leipziger Allerlei oder Sauerampfercreme reicht der Geschmack, den Gemüse, Kräuter und Gewürze in kurzer Zeit an ihr Kochwasser abgeben. In Risotto oder Flädlesuppe spielt eine gute Brühe die Hauptrolle, die sollten Sie nicht durch Wasser, Salz und Kräuter ersetzen. Aber: Brühe zu verwenden, wo sie nicht notwendig ist, zeugt von der Unsicherheit des Kochs (genauso wie zu viele Zutaten in Rezepten). Wasser als Zutat ist in solchen Fällen Merkmal eines klaren Rezeptentwurfes. Oft gilt nämlich die Maxime einer britischen Häuptlingsgattin aus Asterix auf Korsika: »Was tut ihr sagen! Ich nehme nur kochendes Wasser, ich finde, es gibt einen köstlichen Geschmack zu allem!«

Knurrhahnfilet in Fenchelwasser

- **Ätherischer Fischgang**

1 kleine Zwiebel, 1 Fenchelknolle, 600 ml Wasser, Salz, 400 g Knurrhahnfilet (oder Rotbarbe, Drachenkopf, Scholle), 1 EL kleine schwarze Oliven, 1 TL geriebene Zitronenschale, Pfeffer, 1–2 EL Olivenöl, 1/2 Bund Basilikum

Zwiebel schälen, die Fenchelknolle halbieren und beides in Scheiben schneiden. Das Gemüse mit 600 ml Wasser und 1 kräftigen Prise Salz ca. 10 Minuten fast weich kochen.

Knurrhahnfilet würzen und je nach Dicke der Filets 3–5 Minuten dämpfen (oder mit 2 EL Olivenöl und 2 EL Wasser in einer zugedeckten Pfanne dünsten). Oliven und Zitronenschale zum Gemüse geben, abschmecken und mit den Fischfilets in tiefen Tellern anrichten. Pfeffer über das Gericht mahlen und mit Olivenöl beträufeln und mit zerzupften Basilikumblättern bestreuen.

Küchenfrage des Alltags

Welche Zutaten – neben Wasser – verwendet der Druide Miraculix für seinen stärkenden Zaubertrank?

A – Stark schwefelhaltiges Steinöl gehört zum Grundrezept des Trankes. Es scheint aber nicht entscheidend zu seiner Wirkung beizutragen, denn in dem Band »Die Odyssee« ersetzt Miraculix das Öl durch Rote-Rüben-Saft, was »geschmacklich eine eindeutige Verbesserung« war.

B – Die Gallier waren bekanntlich Vorfahren der stolzesten Feinschmecker der Welt. Natürlich kommen edle Zutaten wie zum Beispiel Hummer in jeden Trank.

C – Und einigermaßen frischer Fisch …

D – Teeblätter sind das Gewürz, welches den Trank auch für britische Krieger schmackhaft machte.

Antwort: S. 331.

Weinbergpfirsiche

Sie sind klein, haben eine pelzige Haut und grobe Fasern, doch ihr Aroma ist unvergleichlich. Im Spätsommer beginnt die Zeit des Roten Weinbergpfirsichs – auf dem Markt stammen die meisten aus Südfrankreich, manche aber auch aus Rheinland-Pfalz oder von der Mosel. Die Bäume des klassischen Roten Weinbergpfirsichs sehen robust, klein, fast mickrig aus und nehmen den wertvollen Reben auf den steilen Terrassen der Weinberge wenig Platz weg. Die großen Apfel- oder Kirschbäume blieben im Tal, vielleicht auch, um den Kühen Schatten zu spenden. Anfang April blühen die Pfirsichbäume tiefrosa. Im Herbst tragen sie wenige, manchmal nur zehn bis 20 Früchte – zu hart zum rohen Genuss, aber wunderbar für Konfitüre, Kuchen und Pfirsichbrand.

Heute gibt es gezüchtete Varianten mit größeren Früchten, zum Beispiel die französischen »pêches de vigne«. Aber schon immer steckte ab und zu ein Winzer einen Pfirsichkern in die Erde und behielt die Bäume, die etwas größere Früchte trugen, so dass manche Winzer mit der Zeit eigene Hofsorten entwickelten. Ulrich Stein (www.stein-weine.de) gehört zu diesen Winzern. Schon sein Vater begann mit der Pfirsichauslese; heute stehen viele Bäume in seinen Weinbergen. Stein versucht, kleine Nebenerwerbswinzer, die ihn mit Trauben beliefern, durch hohe Abnahmepreise für Weinbergpfirsiche zum Erhalt der Bäume und damit der charakteristischen Kulturlandschaft an der Mosel zu bewegen.

Einen anderen Weg mit dem gleichen Ziel geht Reinhard Lö-

wenstein (www.heymann-loewenstein.com), ebenfalls Winzer an der Mosel. Löwenstein hat 1997 ein großes Projekt angeregt, bei dem die Pflanzung von Pfirsichbäumen auf brachliegenden Weinbergen staatlich gefördert wurde. Der Anbau der robusten Pfirsichbäume macht viel weniger Arbeit als die Pflege der Weinreben und soll so verhindern, dass die Winzer ihre steilen Weinterrassen ganz aufgeben. Das ist nicht nur gut fürs Landschaftsbild – im Mikroklima der Weinberge leben viele Tier- und Pflanzenarten, deren Lebensraum durch extensiven, biologischen Pfirsichanbau geschützt wird. Übrigens: Beide Winzer machen auch erfolgreich erstklassige Rieslingweine.
Die Arbeit in den Steillagen hält jung. Frau Stein bäckt mit ihren 83 Jahren immer noch den besten Pfirsichkuchen weit und breit, die Früchte dafür pflückt sie selbst. Zuerst macht sie die Pfirsiche ein:

Eingelegte Pfirsiche

- **Edelkompott**
  2 kg Weinbergpfirsiche,
  500 g Zucker, 2 Zitronen,
  100 ml Rum (54 %),
  außerdem: Einweckgläser
  oder Schraubdeckelgläser

Weinbergpfirsiche abwaschen, mit einem Messer schälen, halbieren, entkernen und in Einmachgläser schichten. Die Schalen in 1 l Wasser 5 Minuten kochen, Zucker und den Saft der beiden Zitronen hinzufügen. Sobald sich der Zucker gelöst hat, den Sirup durch ein Sieb gießen und etwas abkühlen lassen.

100 ml Rum (54 %) dazugeben, den Sirup in die Gläser gießen, verschließen. Ein Geschirrtuch in einen Topf legen, die Gläser hineinstellen, mit warmem Wasser bedecken, aufkochen. Die Hitze reduzieren, 20 Minuten (bei ca. 80 Grad) einwecken.

Für ihren Kuchen belegt Frau Stein einen Mürbeteigboden mit den Früchten, für den Tortenguss verwendet sie den Pfirsichsaft – noch besser gelingt der Kuchen mit einer Schicht Vanillecreme unter den Pfirsichen.

Erleichterung

Weinbergpfirsiche sind klein, das Fruchtfleisch ist tiefrot, der Sirup auch – die Haut ist pelzig und löst sich kaum durch kochendes Wasser. Statt die Früchte selber einzukochen, können Sie sie auch über www.vallendar.de bestellen.

Weißwurst

Das dümmste Rezept, das ich als Koch je zubereiten sollte, war eines für eine Weißwurst-Senf-Sahne-Crêpe-Torte. Nicht nur, weil die Wurst weder mit süßer Sahne noch mit Pfannkuchen harmoniert. Nein, auch weil ein Koch die Wurst nur zweckentfremden sollte, um ihre symbolische Funktion als Teil eines neuen künstlerischen Konzepts zu nutzen. Otto Kochs Klassiker »Weißwurst von Meeresfrüchten« dagegen war ein Beispiel wohldurchdachter und -schmeckender Provokation im München der Siebzigerjahre.

Untersuchen wir die Gesetze der Weißwurst genauer: Sie dürfe das Zwölf-Uhr-Läuten nicht erleben, heißt es. Diese Regel stammt aus der Zeit, als Weißwürste roh verkauft und erst zum Verzehr gebrüht wurden. Denn Wurstbrät verdirbt schnell. Es muss auf jeden Fall am Tag der Herstellung in den Topf, damit die Würste frisch sind. Je früher, desto besser. Heute brüht schon der Metzger seine Weißwürste, damit sie länger halten. Die alte Regel verliert so ihre Grundlage. Aber was spricht eigentlich dafür, eine aufgewärmte Wurst zu essen, wenn es auch frisch ginge? Ich bat drei Metzger um rohe Weißwürste, alle waren bereit, sie auf Vorbestellung ungebrüht zu verkaufen (die Adressen finden Sie auf S. 343–344) – für den Frühschoppen vor zwölf Uhr.

Zweite Weisheit: Es darf kein Deckel auf den Topf, sonst platzen die Würste. Um diese Regel zu verstehen, müssen wir das Rezept betrachten. Beim Erhitzen bildet sich ein quellendes Protein-Gel in der Wurst, während sich die Wursthaut zusammenzieht. Dadurch entsteht ein Überdruck, der beim Biss in die Wurst Wasser, Fetttröpfchen und Aromastoffe fein im Mund verteilt – die Wurst schmeckt am saftigsten, wenn Sie sie so heiß brühen, dass sie gerade eben nicht platzt. Dabei stört ein Deckel zunächst nicht. Sobald Sie aber den Deckel abnehmen, zieht sich die Wursthaut über der Wasseroberfläche durch den Kälteschock zusammen – und platzt.

Die dritte Weisheit behauptet, dass die Wurst anders schmecke, je nachdem, ob man sie auszuzelt oder halbiert und schält. Es stimmt, Nudeln schmecken ja auch je nach Form und Textur sehr unterschiedlich. Neben Zuzlern und Halbierern praktiziert eine kleine dandyhafte Gruppe bayerischer Weißwurst-Liebhaber eine dritte Methode, den Kreuzschnitt:

Weißwurst im Kreuzschnitt

Mit der Gabel die Wurst fixieren. Etwa 4 cm vom Ende die Wurst schräg einschneiden, die Füllung an dieser Stelle durchtrennen, dabei aber die Haut auf der Unterseite der Wurst nicht verletzen. Mit der Gabel in die Schnittfläche des kleineren Endes stechen, mit einer Drehbewegung aus der Haut lösen. Im Zickzackmuster weiterschneiden und Wurst Stück für Stück herausdrehen.

Feine Herren

»Zu Ihrem Artikel fällt mir eine Episode aus meiner Jugendzeit ein. Nach einer Wallfahrt, an der ich als Ministrant teilnahm, saßen alle im Biergarten und aßen Weißwürste. Als ich anfing, meine »auszuzuzeln«, zeigte mir der am Tisch sitzende Pfarrer den Kreuzschnitt und sagte: »Zuzeln dean de Bauern. Wannst a feina Maxe sei wuist, dann machst as so; des is da so genannte Pfaffenschnitt«, erinnert sich Helmut Z. an seinen Pfarrer Schneider aus Pfraundorf am Inn. »Der Landpfarrer war gütig und streng, voller menschlicher Wärme für die Sorgen und Nöte seiner Schäflein, stammte selbst von einem Bauernhof in Niederbayern und ist leider sehr jung gestorben. Setzen Sie ihm mit dem Pfaffenschnitt ein kleines Denkmal!«

Weizenmehl

Paris ohne Baguette ist wie Wiesn ohne Brezn. Es gibt Momente im Leben, die ohne feines Weizenmehl kaum vorstellbar sind. Für die Backeigenschaften ist der Gehalt an wasserunlöslichem Eiweiß im Weizenkorn entscheidend, aus diesen Proteinen bildet sich beim Kneten ein elastisches Netz, das Gluten oder Klebereiweiß. Sobald Sie genug Kleber geknetet haben, klebt der Teig mehr nach innen als nach außen, er bekommt eine seidig-glatte Oberfläche. Das Klebergerüst hält Luftblasen im Teig, erstarrt beim Backen und gibt so dem Backwerk seine Struktur. Anton Vogler, Müller aus Zusmarshausen, erklärt uns die Feinheiten: Weizenproteine liegen in den Randschichten des Getreidekorns. Hoch ausgemahlene Mehle, die vor allem aus dem inneren Mehlkörper bestehen, sind deshalb kleberarm. Weizenmehl der Type 405 enthält ein Viertel weniger Eiweiß als Mehle der Typen 550 oder 630, Mehle, die Bäcker verwenden.

Neben der Mehltype schwankt der Klebergehalt auch mit der Weizensorte: Sehr ertragreiche Sorten sind eiweißarm, billige Mehle bilden weniger Kleber als teure Mehle. Ein starkes Klebergerüst sorgt für ein großes Teigvolumen und stabile Hefeteige, die sich auch von automatisierten Bäckereimaschinen gut verarbeiten lassen. Für Biskuitteige ist ein kleberarmes, billiges Mehl besser geeignet, weil die Teigstruktur zart sein soll. Oft geben wir sogar noch Stärke mit in den Teig, um die Kleberbildung zu vermindern. Französische Bäcker verwenden kleberarme Mehle für ihr Baguette, weil ihnen eine zarte Brotkrume wichtiger ist als ein möglichst großes Volumen.

Eile ist der größte Feind guter Hefeteige. Einige Bäcker haben deshalb den Verein Slow Baking gegründet, mit dem Ziel, das Bäckerhandwerk vor der Industrialisierung zu retten. Auf www.slowbaking.de finden Sie langsame Bäcker in Ihrer Nähe. Wenn ein Hefeteig nur 10 bis 20 Gramm Hefe pro Kilogramm Mehl enthält und an einem kühlen Ort, vielleicht sogar im Kühlschrank mehrere Stunden oder über Nacht langsam geht, dann kann die Stärke langsam quellen und dabei Feuchtigkeit gut binden. Das fertige Gebäck bleibt frisch und saftig. Während der Teig geht, beginnen Milchsäurebakterien und Enzyme, die Stärke zu zerlegen, der Teig bekommt ein zartes Aroma. Halbieren Sie die Hefemenge, und verdoppeln Sie die Zeit bei allen Hefeteigrezepten, die Sie finden!

Fladenbrot Voglermühle

- **Party-Brot**

500 g Weizenmehl Type 550,
1/4 (!) Hefewürfel,
1,5 TL Salz, 200 g Kirschtomaten,
1 Zweig Rosmarin,
grobes Salz, 2–3 EL Olivenöl

Weizenmehl mit 1/4 Hefewürfel, 300 ml kaltem Wasser und dem Salz verkneten, bis der Teig nicht mehr klebt. Den Teig zu einer Kugel formen, mit Mehl bestäuben, zudecken, wenn der Raum sehr trocken ist, ein feuchtes Tuch über das trockene Tuch legen. An einem kühlen Platz 8 Stunden aufgehen lassen; wenn der Teig ein paar Stunden »übergeht«, schadet es nicht.

Den Ofen auf 240 Grad vorheizen (ohne Umluft). Ein Backblech mit Olivenöl bestreichen und mit Mehl bestäuben. Den Teig auf das Blech schieben, lässig verteilen. 200 g Kirschtomaten halbieren, die Rosmarinnadeln zupfen, den Teig damit belegen. Mit grobem Salz bestreuen und mit Olivenöl beträufeln. 18 Minuten goldbraun backen. Ein echtes Arbeitnehmerbrot: morgens ansetzen, abends backen, noch warm auf eine Grillparty mitnehmen.

Offene Fragen

Susanne S. aus Hamburg wunderte sich: »Ihre Kolumnen... werfen zuweilen aber auch Fragen auf: Sie schreiben, man solle Mehl und Hefe mit KALTEM Wasser und Salz verkneten. Also keinen Vorteig, also kein WARMES Wasser, also das Salz gleich direkt rein – das widerspricht doch jedem traditionellen Hefererezept, oder? Ich wollte (das Brot) am Mittwoch für einen angekündigten Besuch vorbereiten, bräuchte also Ihre baldige Antwort!«

Voilà: Die traditionellen Hefeteigrezepte sind nicht optimal. Wenn man genug Zeit hat, dann ist es besser weniger Hefe zu verwenden, keinen Vorteig zu machen, kaltes Wasser dazuzugießen und den Teig nicht auf der Heizung, sondern an einem kühlen Ort bei Zimmertemperatur aufgehen zu lassen – das Gebäck wird aromatischer und bleibt saftiger. Bei schweren ei- und butterhaltigen Teigen schmeckt man den Unterschied wahrscheinlich weniger als bei unserem Brot. Trotzdem wird auch ein Hefezopf- oder Briocheteig am besten, wenn die zweite Ruhephase über Nacht im Kühlschrank stattfindet (mit Folie abgedeckt, damit der Teig nicht austrocknet). Warum sich die vielen »schnellen« Hefeteigrezepte entwickelt haben, ist mir nicht ganz klar. Bis ich für den Weizentext mit einigen guten Bäckern gesprochen und in der Fachliteratur nachgelesen hatte, standen meine Hefeteige auch immer auf der Heizung, und ich hielt es für eine Besonderheit italienischer Pizzateige, dass diese mit sehr wenig Hefe zubereitet werden.

Wodka

Während der Belagerung von Leningrad im Zweiten Weltkrieg war Wodka noch eine Medizin, um die Bevölkerung in aussichtslosen Situationen zu betäuben. Schon kurz danach stieg der Getreidebrand zur Salon-Spirituose auf: John G. Martin, damaliger Besitzer der US-amerikanischen Smirnoff-Lizenz, hatte die visionäre Idee, seinen Schnaps mit dem Slogan »No taste, no smell« als sauber-elegante Cocktailbasis zu etablieren. Martin erfand Cocktails wie Moscow Mule und Wodka Martini – den Drink, der Wodka als Getränk von James Bond berühmt machte. Seit Dr. No 1962 in die Kinos kam, sollten alle Wodkaproduzenten Mr. Martin für das erfolgreichste Productplacement aller Zeiten danken. Korn, der deutsche Wodka, ist trotz vergleichbaren Geschmacks Pils-Pub-Plörre geblieben.

Ungefähr dreißig Jahre später suchte Roustam Tariko guten Wodka in Russland, seiner Heimat, der Heimat des Wodka (Polen würden widersprechen). Tariko fand nur westlichen Premium-Wodka. Der Eigentümer der größten russischen Privatbank, Russian Standard, begann also, unter demselben Namen in St. Petersburg seinen eigenen Weizenbrand zu destillieren. Er rollte den russischen Markt auf und exportiert seit 2006 auch nach Deutschland.

Wodkaherstellung ist paradox: Maische aus vergorenem Weizen, Roggen, manchmal Kartoffeln wird zu fast reinem Alkohol destilliert. Anschließend verdünnt man den Alkohol auf Trinkstärke, bevor der Schnaps durch riesige Aktivkohlefilter weiter gereinigt wird – bis der fertige Wodka nur noch 30 Milligramm

Aromastoffe pro Liter enthält. Whisky oder Cognac sind dagegen mit knapp 3000 Milligramm barocke Aromabomben. Die Menge der Fremdchemikalien im Wodka ist so klein, dass wir auch nach reichlichem Genuss kaum einen Kater bekommen. Trotzdem entscheidet ihre Zusammensetzung über Charakter, Qualität und Preis des Getränks. Tariko fasst es so zusammen: »Shit in means shit out«, was bedeutet: Auch aus fiesem Fusel kann ich neutralen, reinen Wodka filtern. Doch wenn ich viele unangenehme Stoffe aus dem Destillat entfernen muss, dann bleibt überhaupt kein Geschmack übrig. Die Kunst des Brennmeisters besteht darin, aus gesundem Getreide mit mineralstoffarmem Wasser ein gutes Rohdestillat herzustellen. So dass nach sensibler Filterung ein zwar feiner, aber komponierter Geschmack bleibt. Deshalb: Guter Wodka ist zu schade für Cocktails. Trinken Sie ihn pur – zu diesem Gericht.

Geschmorte Schweineschulter mit Rübensirup

- **Rustikaler Hauptgang**

800 g Schweineschulter, 2 EL Schmalz,
2–3 Knoblauchzehen, 1 TL Kreuzkümmel,
3 EL Essig, 3 EL Rübensirup,
1–2 TL schwarze Pfefferkörner (geschrotet),
1 Bund Dill, 8 Lauchzwiebeln

Das Fleisch in 4 cm große Würfel schneiden, mit 1 EL Schmalz in einem Schmortopf goldbraun braten. Knoblauchzehen schälen, mit 1 TL Kreuzkümmel fein hacken, kurz mit dem Fleisch rösten, salzen. Mit Essig und Rübensirup ablöschen. Immer wieder kleine Mengen Wasser zugeben, so dass das Fleisch nie ganz bedeckt ist. Bei schwächster Hitze zugedeckt 4 Stunden schmoren.

Den Pfeffer grob schroten oder mahlen, Dill hacken. Lauchzwiebeln putzen und in 5 cm langen Stücken mit 1 EL Schmalz 3 Minuten braten. Zwiebeln zum Fleisch geben, anrichten, mit Pfeffer und Dill bestreuen. Dazu passt Kartoffelpüree. Nazdorowje!

Kalter Krieg

Ursprünglich stand der Text über Wodka unter dem Buchstaben V, denn sowohl die genannte Marke, als auch alle anderen großen Hersteller schreiben Vodka auf ihre Etiketten. Doch Dr. G. korrigierte meinen Irrtum: »Das russische Alphabet kennt kein V. Das B entspricht dort dem deutschen W. Auch im Polnischen werden Woda und Wodka mit W geschrieben. Lediglich die von Westrom christianisierten (slawischen) Länder, wie zum Beispiel die Tschechische Republik, verwenden lateinische Buchstaben und schreiben Voda – Wasser oder Vodka – Wässerchen mit V.« Es muss also Wodka heißen. Nur warum halten sich die Produzenten nicht an die richtige Schreibweise? Ganz einfach: Das englische Wort heißt Vodka. Amerika hat den Kalten Krieg gewonnen.

Xelchts

Viele Leser schlugen mir immer wieder Zutaten und Gerichte mit dem seltenen Anfangsbuchstaben X vor – vielen Dank für Ihre Hilfe. Eine Spur führt nach Griechenland, doch die meisten von Ihnen dachten an Xelchts. Dieses schöne Wort kommt von »selchen«, bairisch-österreichisch für »räuchern«. Im Geselchten schwindet das unbetonte E, der stimmhafte Verschlusslaut G gerät vor das S und wird dort stimmlos als K ausgesprochen. Aus Ges wird Ks oder X.

Beim Klang von »Xelchts« läuft vor meinem inneren Auge ein Film ab: Ein Mann steht vor einer ärmlichen Hütte und schlachtet ein Schwein, das er den Winter über nicht zu füttern vermag. Blut und Innereien verwurstet die Familie sofort, am Abend feiern die Bauern ein großes Fest. Vom Fleisch kochen sie wenig, den größten Teil schichten sie mit viel Salz in ein großes Holzfass. Wochen später holt ein kleines Mädchen einen dicken Klumpen Fleisch aus dem Fass. Die Szene wiederholt sich, bis die Familie die Nase voll hat von gekochtem Salzfleisch und der Rest des Schweins in der Räucherkammer landet.

Eine Tiefkühltruhe könnte die Konservierung eines Schweins vereinfachen. Aber: Salzliebende Milchsäurebakterien und milder Rauch geben dem Fleisch ein besonderes Aroma. Das Fleisch im Fass reift dabei ähnlich wie sonst saure Gurken oder Kraut. Xelchts kann man trocken salzen und zu Rohschinken oder Speck trocknen und räuchern. Wenn Sie das Fleisch später sowieso kochen, muss es vorher nicht trocknen. Für diesen Fall legt der Metzger sein Xelchts vor dem Räuchern in eine Lake.

Alle Teile vom Schwein eignen sich dafür, besonders typisch sind Kassler aus dem Rückenstück, geräucherter Bauchspeck oder Halsgrat. Keulen werden zu Schnitzeln oder Schinken verarbeitet, die Schultern zu Schweinebraten. Die konservierende Salzlake enthält, neben Wacholder, Lorbeer, Thymian, Koriander und Pfeffer, oft auch Nitritpökelsalz. Es gibt dem Fleisch eine schöne rote Farbe und verbessert die Haltbarkeit, aber daraus entstehen auch krebserregende Nitrosamine – viele Biometzger verzichten daher ganz auf Pökelsalz.

Gerstensuppe

• **Winterlicher Eintopf**

400 g Xelchts (z.B. Hals, Haxe, auch Kassler eignet sich, ist aber nicht ganz so saftig), 125 g Rollgerste (= Graupen), 1/4 Wirsing, 2 Möhren, 2 Kartoffeln, 1 Zwiebel, 2 Knoblauchzehen, 100 g Sellerie, 4–6 Thymianzweige, Salz, Pfeffer, Balsamessig, 1 Bund Petersilie

Xelchts mit 2 l Wasser aufkochen, den Schaum abschöpfen. Rollgerste zugeben, 30 Minuten kochen. Wirsing waschen, dicke Blattrippen entfernen, die Blätter in kleine Quadrate schneiden. Möhren, Kartoffeln, Zwiebel, Knoblauchzehen und Sellerie schälen und würfeln. Das Gemüse mit den Blättchen vom Thymian in die Suppe geben, 15 Minuten garen.

Mit wenig Salz, Pfeffer und Balsamessig abschmecken. Das Fleisch aus der Suppe nehmen und klein würfeln, zurück in die Suppe geben (oder hacken und mit gekochten Kartoffeln, Kräutern, Knoblauch zu einer feinen Raviolifüllung verarbeiten). Die Petersilie zupfen, hacken und über die Suppe streuen.

Kurze Transportwege

»Es muss nicht immer Parmaschinken, Südtiroler Speck oder Schwarzgeräuchertes aus dem Schwarzwald sein, auch das altbayerische (oder österreichische) Xelchts kann, wenn es fachmännisch zubereitet ist, durchaus mithalten. Und vielleicht reicht die Geschichte dieses Nahrungsmittels mit »X« sogar noch weiter zurück als bis zu den Azteken. Mahlzeit mitanand!«, meinte Familie R. – aus Niederbayern. (Anmerkung der Redaktion: Die folgende Kolumne über den aztekischen Trank erschien vor dem Text über das Xelchte.)

Xocolatl

…ist das aztekische Wort für Schokolade: »Xoco« bedeutet bitter, »atl« heißt Wasser. Mittelamerikanische Ureinwohner tranken jahrtausendelang ein schaumig geschütteltes Gebräu aus gemahlenen Kakaobohnen, Wasser und Gewürzen – wie etwa Chili. Auf dem Weg von Mexiko in die Schweiz wurde Schokolade daraus. Die Europäer ließen das Wasser weg, gaben Zucker in den Kakaobohnenbrei und formten ihn zu Tafeln. Ab 1819 – Eröffnung der Manufaktur von Cailler in Corsier bei Lausanne – verfeinerten einige unserer findigen Nachbarn die Rezeptur. Wohl am wichtigsten: Daniel Peter brachte die Milch in die Schoggi. Rodolphe Lindt erfand das Conchieren, ein Verfahren, bei dem die fein gewalzten Mikropartikel in der Schokoladenmasse damals mehrere Tage lang bei ungefähr 80 Grad gerührt wurden. Dabei verflüchtigen sich unerwünschte Aroma- und Bitterstoffe, und vor allem legt sich um jedes Kakaobohnenstäubchen in der cremigen Masse eine feine Hülle aus Kakaobutter – der zarte Schmelz entsteht. Ende des 19. Jahrhunderts war der technologische Vorsprung der Schweizer Schokoladenhersteller riesig. Reisende trugen den Ruhm der Schweizer Schokolade hinaus in die Welt. Dieser Ruhm hält bis heute an, obwohl es inzwischen auch hervorragende Schokoladen aus Belgien, Frankreich und anderen Ländern gibt.

Ich will mich jetzt nicht aufhalten mit den stimmungsaufhellenden, aphrodisischen oder nervenstärkenden Substanzen der Schokolade – vielleicht beim nächsten »X«. Auch für Vanila und Xocolatl ist kein Platz, dem Märchen von einem jungen, aztekischen Liebespaar, das ein missgünstiger Zauberer in Vanilleorchidee und Kakaobaum verzauberte, das sich aber – Triumph der Liebe – bis heute eng umschlungen hält, weshalb der Genuss von Vanille und Schokolade alle Angst und Bitternis aus den Herzen der Menschen weichen lässt. (Sie finden die ganze Geschichte in der virtuellen Kulturzeitschrift www.caiman.de.) Liebe Leser, heute hat mich Xocolatl gerettet, denn für die Küche relevante Wörter fangen eigentlich nicht mit X an. Xeres, die wichtigste Traubensorte im Sherry, ginge auch noch, aber dann wird es eng. Nur L und U sind noch seltenere Anfangsbuchstaben im Reich der Küche.

Alex' Xocolatlkuchen

Mein Assistent schwört auf seinen »double mud extra heavy chocolate cake«.

250 g zartbittere Kuvertüre, 250 g Butter,
4 Eier, 80–100 g Zucker, 1/2 TL Zimt,
150 g gemahlene Mandeln, 3 EL Rum,
Puderzucker, außerdem: eine Springform
(26 cm Durchmesser), Backpapier

Den Boden der Springform mit Backpapier auslegen und mit dem Ring festklemmen. Backofen auf 160 Grad vorheizen (keine Umluft). Kuvertüre grob hacken, mit der Butter in einer Metallschüssel über einem Topf mit kochendem Wasser schmelzen.

Eier, Zucker und Zimt in einer zweiten Schüssel schaumig schlagen. Mandeln mit dem Rum befeuchten. Alles mischen, in die Form füllen, 45 Minuten backen. Der flache Kuchen bekommt eine dünne Kruste, bleibt aber im Inneren feucht.

Mit Puderzucker bestäuben und servieren.

Umstritten

Karin F. hat der Kuchen gemundet: »Letzten Sonntag zum Frühstücks-Brunch hat eine Freundin den Xocolatl-Kuchen aus der SZ mitgebracht – der absolute Traum!!! Möchte nicht wissen, wieviel Kalorien so ein Stück hat, aber das spielt bei dem Genuss keine Rolle!«

In der Familie war das Rezept allerdings schon vor der Veröffentlichung umstritten. Und als ich meiner Frau mit stolzgeschwellter Brust den Leserbrief präsentierte, reagierte sie heftig: »Das ist ja Anbiederei! Der Kuchen ist doch nicht toll! Viel zu fett, das ist ja eher ein Schoko-Konfekt.« Deshalb hier noch zwei gute Alternativen, zuerst das bevorzugte Rezept meiner Frau. Es stammt aus einer Frauenzeitschrift, und zwar aus der Brigitte.

Brigittes seriöser Schokokuchen

200 g Kuvertüre,
200 g weiche Butter, 200 g Zucker,
200 g geriebene Mandeln,
1/2 Pckg. Backpulver,
1 Packg. Vanillezucker,
Prise Salz, 4 Eier, Puderzucker

Die Kuvertüre schmelzen, mit allen anderen Zutaten verrühren, in eine mit Backpapier ausgelegte Springform (siehe S. 296) füllen und bei 160 Grad 40 Minuten backen (Umluft 140 Grad). Mit Puderzucker bestäuben und servieren.

Vincents halbflüssige Schokoladentörtchen

Das beste Rezept für halbflüssige Schokoladentörtchen stand schon 1999 im SZ-Magazin, Vincent Klink hat es erfunden.

100 g Kuvertüre, 100 g Butter,
50 g Mehl, 100 g Zucker,
3 Eier, Puderzucker, außerdem: 4 Souffleeformen

Den Backofen auf 180 Grad vorheizen (keine Umluft). Souffleeformen buttern und mit etwas Zucker ausstreuen. Kuvertüre grob hacken und in einer Metallschüssel über einem kochenden Wasserbad schmelzen. Butter zugeben und rühren, bis die Butter ebenfalls geschmolzen ist. Mehl, Zucker und Eier dazugeben. Vom Herd nehmen und rühren, bis sich der Zucker aufgelöst hat. Die Schokoladenmasse in die vorbereiteten Formen verteilen und auf der mittleren Schiene im Ofen 10 Minuten backen.

Die fertigen Törtchen aus dem Ofen nehmen, mit einem kleinen Messer den Rand lösen, vorsichtig auf kleine Teller stürzen, mit Puderzucker bestäuben und servieren. Das Innere der kleinen Kuchen bleibt weich und flüssig.

Da jede Form und jeder Ofen ein klein wenig unterschiedlich backen, kann es sein, dass Sie die Backzeit beim zweiten Versuch um einige Minuten verlängern oder verkürzen müssen, um perfekte, innen cremige Törtchen zu backen. Dazu passen Vanillesauce oder Quittenragout.

Xtrawurst

Einfache Dinge prägen die kulinarische Identität einer Nation, dachte Michael Mähring, als er den berühmtesten Fernsehkoch der Welt dabei beobachtete, wie er Fish and Chips zubereitete. Der österreichische Medienkünstler suchte nach dem heimischen Pendant und drehte einen kurzen, coolen Film: »Xtrawurst selbstgemacht«, zu sehen auf österreichischen Filmfesten und auf www.rauschundluxus.com.

Die Kranzl-Xtra ähnelt der Wurst, die wir in manchen Gegenden Deutschlands als Lyoner bezeichnen: Sie wandert in den Wurstsalat. Die Stangen-Xtra hat ungefähr den Durchmesser einer Semmel, ihre Bestimmung ist deshalb die Xtrawurstsemmel. So viel ist klar. Weniger klar ist die genaue Zusammensetzung von Xtrawurst. Dazu Mähring: »Viele Österreicher sind der Meinung, die Xtrawurst bestünde zu großen Teilen aus Mehl und Metzgerei-Abfällen wie Knochen, Innereien und sogar Augen!«

Ich bat Slow Food Wien um Hilfe bei der Suche nach einem Xtrawurst-Xperten. Die Weinviertler Fleischerei in Hollabrunn bei Wien verkauft mehr Xtrawurst als alles andere. Ihr Chef, Herr Hofmann, klärt mich auf. »Das (E)Xtra im Namen der Wurst bezieht sich auf die Wurstmasse. Das so genannte Brät wird besonders fein zerkleinert. Damit steht es außerhalb, lateinisch ›extra‹, der Welt der gewöhnlichen groben Wurstmassen, in deren Füllung Sie später noch einzelne Stückchen erkennen können. Die Xtrawürste gehören zu den Brätwürsten, sie werden gebrüht und sehr oft auch geräuchert. Ob das Brät in große, mittlere oder schmale Wursthüllen gefüllt wird, ist wurst, das Produkt bleibt eine Xtra.«

Echte Xtrawurst wird aus Magerfleisch, Schweinespeck und Eis gekuttert, also in einem Monstermixer püriert. Das Fleisch stammt meist vom Rind, es darf aber auch Schweinefleisch sein. Der Fettgehalt liegt zwischen 20 und 25 Prozent. Sie könnten Ihre Xtra warm verzehren, die heißen Wiener ihrer Kinder, die die Wiener Frankfurter nennen, sind dünne Xtras im Schafssaitling. Saarländer haben ihre Xtrawurst, die Lyoner, zum Nationalgericht erhoben und legen sie in die Pfanne oder auf den Grill. Im Süden bevorzugen wir die kalten Anwendungen. Michael Mähring meint: »Put it on a Kaiserbun (Sternsemmel) and enjoy!« – or put it in den:

Xtra-Wurstsalat

- **Cosmopolitical starter**

500 g Kranzl-Xtra, Lyoner oder Fleischwurst,
1 Peperoni, 3 Lauchzwiebeln, 5 EL Fischsauce
(oder Wasser), 5 EL Weinessig, Salz, Pfeffer,
4 EL Öl, 1 Bund gemischte Kräuter (gut eignen sich
Kombinationen aus zitronigen Kräutern wie
Verbene, Zitronenmelisse oder Zitronenthymian und
Blattpetersilie, Koriander und Perilla oder Thaibasilikum)

Die Wurst in Scheiben schneiden, Peperoni und Lauchzwiebeln in feine Ringe schneiden. Alles auf 4 Teller verteilen. Je 5 EL Fischsauce und Weinessig leicht salzen und pfeffern, mit dem Öl mischen und über die Salate geben, 15 Minuten ziehen lassen.

Ein Bund gemischte Kräuter zupfen und in lockeren Häufchen auf die Salate setzen. Zum Wurstsalat passt Bauernbrot. Falls Sie zusätzlich gekochte Reisbandnudeln unter den Salat mischen wollen, sollten Sie die Wurst nicht in Scheiben, sondern in Streifen schneiden.

Frage des Küchenalltags

Welche Szene stammt aus dem Film »Xtrawurst selbstgemacht«?

A – Der Held, er liebt schwarze Sonnenbrillen, schneidet mit seiner Rasierklinge eine Knoblauchzehe in hauchdünne Scheiben. Er hat viel Zeit, denn er sitzt in einer Zelle.

B – Der Held, er liebt schwarze Sonnenbrillen, schneidet einen Berg Augen.

C – Der Held, er liebt schwarze Sonnenbrillen, hilft dabei, ein Hirn aus Tofu zu formen, denn Affenhirn auf Eis ist in diesem Film begehrt, doch verboten.

D – Der Held, er liebt seinen schwarzen Cowboyhut, trägt aber keine Sonnenbrille, rettet eine Pusteblume vor dem Ruin.

Antwort siehe S. 331.

Yams

Der rauchige Duft nach Erde und Holzfeuer, der aufsteigt, wenn die Mama daumendicke Yamsscheiben ins kochende Wasser gleiten lässt, prägt die frühen Jahre nigerianischer Kinder. Mama kocht Yamswurzeln als Beilage zum (Ziegen-)Gulasch, das in Nigeria mit Palmöl und viel Spinat, Zwiebeln, Chilis und Tomaten lange schmort. Für ein Yamspüree zum Fisch hackt sie eine Zwiebel mit 4 Chilis und 1 EL getrockneten Garnelen, um die Mischung dann mit 3 EL Palmöl 2 Minuten zu dünsten. Sie löscht mit 350 ml Wasser oder Kokosmilch ab, gibt 750 g gekochte Yamswurzel dazu und püriert das Ganze mit einer Art Kartoffelstampfer.

Als Pausenbrot bekommen die Kinder gekochte und danach gebratene Yamsscheiben mit in die Schule, und auf dem Heimweg holen sie sich Yamsfritten oder Yamskroketten aus den Garküchen am Straßenrand.

In Nigeria, ihrem Hauptanbauland, liegen die riesigen Knollen mit ihrer braunen Schale wie Brennholz in großen Stapeln auf dem Markt. In Mitteleuropa finden Sie die Knollen im gehobenen Gemüsehandel oder in Asienläden.

Ingolf Krause, Lebensmittelchemiker an der TU München in Weihenstephan, schwärmt von den versteckten Werten der Yamswurzel: Sie enthält Diosgenin, einen sekundären Pflanzenstoff, der schon in den 1940er Jahren entdeckt wurde. Der Chemiker Russell Marker extrahierte das Pflanzenhormon aus einer wilden mexikanischen Yamsart mit hohem Diosgeningehalt. Sein Ziel war ein billiger Grundstoff für die industrielle Herstellung von Progesteron, einem weiblichen Hormon. Markers Nachfolger war Carl Djerassi, der mit seinem Team die Produktion von Kortison aus Diosgenin untersuchte und 1951 die erste Antibabypille auf den Markt brachte, aus Yamswurzeln. Aber keine Sorge, der Diosgeningehalt in Yamsgemüse ist so gering, dass unser Rezept Ihren Hormonhaushalt nicht stören wird. Unser Körper kann pflanzliche Hormone nicht zu menschlichen Hormonen umbauen, allerdings können diese Phytohormone an menschliche Hormonrezeptoren andocken und dadurch eine ganze Reihe positiver Reaktionen bewirken. In der Petrischale unterdrückt Diosgenin Entzündungsreaktionen und ungeregeltes Zellwachstum im Zusammenhang mit der Entstehung von Krebs, wie andere sekundäre Pflanzenstoffe auch. Wie das funktioniert, ist noch unklar. Aber schaden kann es nicht, schon jetzt Yams zu essen, und Kurkuma und Tomaten und Zwiebeln und Weintrauben und …

Yamswurzeln mit Kokosspinat

- **Beilage oder Gemüsegericht**

8 fingerdicke Yamswurzelscheiben,
1 Zwiebel, 2 Knoblauchzehen, 2 Chilischoten,
2–3 EL Kokosmilch, 250 g gekochter und
abgetropfter Blattspinat (frisch oder tiefgekühlt),
350 ml Kokosmilch, Salz, 1 Bund Dill

Yamswurzelscheiben mit ihrer Schale in einem Topf mit Salzwasser 20–30 Minuten weich kochen. Währenddessen Zwiebel und Knoblauchzehen schälen und klein würfeln. Die Chilischoten hacken. Alles zusammen mit 2–3 EL Kokosmilch dünsten, bis die Gewürze zu braten beginnen.

Blattspinat einmal grob hacken und mit der Kokosmilch zu den Gewürzen geben. Bei milder Hitze 15 Minuten cremig einkochen. Mit 1 kräftigen Prise Salz oder Fischsauce abschmecken. Dill hacken und zum Spinat geben, mit den Yamswurzeln servieren. Sie können unser Gemüse auch als Beilage servieren, zu gebratenen Lammsteaks oder zu auf der Hautseite gebratenen Zanderfilets.

Schwieriger Einkauf

Die Wurzeln halten zwar lange, auf dem Markt sind manche Yamswurzeln jedoch schon sehr trocken. Die Qualitätsunterschiede sind groß, aber kaum zu beurteilen, bevor Sie die Wurzeln gekocht haben. Deshalb: Kaufen Sie Yams bei einem Händler, dessen Rat Sie vertrauen.

Ysop

Wenn Ihnen während der Ostermesse ein Duft in die Nase steigt, der ein wenig an Thymian und Bohnenkraut erinnert, dann bedeutet das zweierlei. Erstens: Der Pfarrer wird lange predigen. Zweitens: Jemand, wohl eine ältere Frau in Ihrer Nähe, rechnet damit. Sie kennt den Pfarrer – und die Wirkung von Heilkräutern. Sie hat sich einen Ysopzweig in ihr Gebetbuch gelegt, um möglichst lange wach zu bleiben, denn der leicht scharfe Geruch des Krautes fördert die Konzentration.

Ysop kommt aus dem östlichen Mittelmeerraum, doch schon vor 900 Jahren hatte Hildegard von Bingen die Pflanze in ihrem Klostergarten. Hildegard empfiehlt Ysop als erhitzend, was wohl damit zusammenhängt, dass die ätherischen Öle im Ysop den Blutdruck heben. Dies wiederum erklärt einen Teil der konzentrationssteigernden Wirkung. Außerdem empfiehlt die Äbtissin, den Magen mit Ysop zu stärken: »Auch rohen Ysop, den man in Wein gelegt hat, mag man häufig essen und den Wein trinken.«

Die wohlschmeckende Variante dieses Vorschlags ist eine Ysopbowle: Legen Sie 3–4 Ysopzweige mit 3 dünnen Streifen Zitronenschale und 3–4 EL Zucker in ein Bowlengefäß. Zerdrücken Sie Schale und Kräuter mit einem Löffel, so dass der Zucker austretende Duftstoffe aufnimmt, die Zweige aber ihre Form behalten. Mit dem Saft der Zitrone und zwei Flaschen Weißwein aufgießen, 30 Minuten ziehen lassen, vor dem Servieren mit einer Flasche Mineralwasser aufgießen. In den Ursprungsländern des Krauts nimmt man statt Wein Zuckersirup, gießt das Getränk in mit Schnee gefüllte Gläser – fertig ist das Scherbett, der Vorläufer unseres Sorbets.

In der warmen Küche eignen sich zarte Triebspitzen und auch die Blüten als Gewürz für kräftige Kartoffel- oder Gemüsesuppen, für Marinaden von Wildgerichten und Sauerbraten. In orientalischen Gewürzen kommt getrockneter Ysop vor. Besonders gut finde ich eine Variante des Grillgewürzes Za'tar: 6 EL Sesam in einer Pfanne ohne Fett rösten, mit 1,5 TL Salz und 2–3 EL getrockneten Ysopblättern mörsern. Za'tar eignet sich als Fleisch- und Grillgewürz oder mit etwas Olivenöl verrührt als Dip für Fladenbrot. Frischen Ysop gibt es nur beim Kräuterhändler, doch die Pflanze ist anspruchslos, mehrjährig und frostfest. Sie gedeiht in Topf und Garten. Die kleinen, dunkelblauen Blüten sind bei Bienen und Schmetterlingen so beliebt, dass der Volksmund die Pflanze einfach Bienenkraut nennt.

Orientalische Lammsteaks

- **Sommerliche Edelsteaks**

600 g Lammrückenfilet, 2 TL Harissa (eine scharfe Chili-Paprika-Paste – gibt es in türkischen Geschäften), 5 EL Olivenöl, 4–6 Stängel frischer Ysop, 6 EL Sesam, 1,5 TL Salz, 200 g griechischer Joghurt (10 %), 1 Zweig Minze, 1 TL geriebene Zitronenschale

Lammrückenfilet in 2 cm dicke Scheiben schneiden, mit Harissa und 1 EL Olivenöl mischen, 30 Minuten marinieren. In der Zwischenzeit die oben beschriebene Gewürzmischung Za'tar, allerdings wenn möglich mit frischem Ysop zubereiten: Dafür die

Ysopblättchen von den Zweigen streifen und hacken. Sesam in einer Pfanne ohne Fett rösten, mit 1,5 TL Salz und dem Ysop mörsern, anschließend in eine flache Schüssel geben.

Die Steaks in der Gewürzmischung wälzen und mit 2 EL Olivenöl bei milder Hitze 6–8 Minuten braten. Für den Dip die Minzblättchen hacken und mit einem griechischen Joghurt, Salz, Pfeffer, geriebener Zitronenschale und 2 EL Olivenöl verrühren.

Für ein Zaziki schälen, halbieren, entkernen und raspeln Sie zusätzlich eine Gurke. Pressen Sie das überschüssige Wasser in einem Küchentuch aus, und mischen Sie die Gurkenraspel unter das Joghurt. An sich muss natürlich reichlich Knoblauch in das fertige Zaziki – ich mag es manchmal lieber ohne.

Yufka

Der osmanische Verwandte unseres Strudelteiges stellt einen Pfeiler der türkischen Küche dar. Unter seinem griechischen Namen – Phyllo (neudeutsch: Fillo) – gelangte der Teig in die Edelgastronomie und wird hier wie Strudelteig verarbeitet. Dieser Erfolg hat zwei Gründe:

1. Die Namensverschiebung: »phyllo« – das griechische Wort für Blatt – klingt weltläufiger als Yufka. Keine Werbeagentur hätte sich einen besseren Markennamen ausdenken können.

2. Hinter dem tollen Namen verbirgt sich in der Regel ein Fertigprodukt. Als Koch kann ich mit Jakobsmuscheln im Fillo-Knuspersäckchen oder mit karamellisierten Früchten im Fillo-Blatt Eindruck schinden und gleichzeitig Zeit sparen. Die Ergebnisse schmecken trotzdem gut – durch einen Trick: Trotz ähnlicher Zutaten werden Yufka und Strudelteig anders verarbeitet. Der Yufkaci, also der Bäcker, rollt kleine Teigkugeln hauchdünn aus, bäckt jedes Teigblatt kurz auf einer gasbeheizten, leicht gewölbten Metallplatte. Die fertigen Yufka besprüht er mit Wasser, dadurch wird der Teig geschmeidig und relativ haltbar – ausgezogener Strudelteig klebt zusammen oder trocknet aus, wenn Sie ihn nicht gleich verarbeiten.

In der Küche kommt bis dahin ein feuchtes Tuch auf die Teigblätter. Dann bestreichen Sie nacheinander die einzelnen Blätter mit flüssiger Butter und bestreuen sie mit Nuss-, Brot-, Kräuter- oder Löffelbiskuitbröseln. Türkische Köche verwenden statt Butter oft eine Mischung aus Milch oder Joghurt, Butter und Ei.

Für große Strudel oder ganze Fische können Sie bis zu vier der vorbereiteten Teigblätter übereinanderlegen, bevor Sie die Blätter füllen, noch einmal mit Butter bestreichen und backen. Die einzelnen Teigschichten sind sehr dünn und durch eine Fettschicht getrennt – dadurch wirkt der gebackene Teig wie ein sehr dünner, knuspriger Blätterteig. Besonders praktisch sind dreieckig vorgeschnittene Yufkablätter für die so genannten Zigaretten-Börek (eine Art türkische Frühlingsrolle): Angebrochene Packungen können Sie einwickeln und einfrieren. Bei Bedarf nehmen Sie den Teig aus dem Tiefkühler, warten einige Minuten und ziehen dann nacheinander so viele Teigschichten ab, wie Sie benötigen, den Rest lassen Sie dabei gar nicht erst auftauen. Yufka finden Sie im Kühlregal türkischer Supermärkte und auch in manchen Bäckereien, sogar ganz frisch.

Seehecht-Börek

- **Feine Vorspeise**

2 Toastbrotscheiben vom Vortag, 1 Bund Petersilie,
2 Stängel Zitronenmelisse, 2 EL grüne Pistazien,
3–4 EL Butter, 8 dreieckige Yufkablätter,
4 Stücke Seehechtfilet (oder Lachs, Zander, Wolfsbarsch, je ca. 100 g), Salz, Pfeffer

Backofen auf 220 Grad vorheizen (Umluft 200 Grad). Toastbrot fein zerbröseln, zum Beispiel im Blitzhacker. Die Blättchen der Kräuter zupfen und grob schneiden, 2 EL grüne Pistazien zu den Bröseln geben, alles fein zerkleinern.

Die Butter schmelzen, 8 dreieckige Yufkablätter damit bestreichen, mit den Bröseln bestreuen. Je 2 Blätter übereinanderlegen, den Fisch mit Salz und Pfeffer würzen, in die Mitte der Teigstücke legen. Erst die Breitseite der Dreiecke, dann die rechte und linke Seite über den Fisch falten. Päckchen nun auf die Spitze falten, so verschließen. Auf ein Blech mit Backpapier setzen, mit Butter bestreichen. Auf der mittleren Schiene im Ofen 12–15 Minuten goldbraun backen. Mit griechischem Joghurt, Salat oder Gemüse servieren.

Zander

Warum lösen Metzger ihre Fleischstücke perfekt von den Knochen, während Fischhändler beim Filetieren meist ein Gemetzel anrichten? Vor allem bei kleineren Fischen mit dicker Mittelgräte bleibt oft ein bedeutender Teil des teuer bezahlten Filets an der Karkasse, weil der Händler nicht um die Wölbung der Mittelgräte herumschneidet, sondern sein Messer entlang der höchsten Erhebung brutal von vorn nach hinten durch den Fisch zieht. Das liegt nicht daran, dass Fischhändler besonders grobe Menschen wären im Vergleich zu Metzgern. Die Erklärung ist ökonomisch: Fleisch wird ohne Knochen gewogen und verkauft, Fisch mit Gräten – alle Verluste bezahlen Sie. Um dieses Ärgernis zu vermeiden, können Sie Ihre Fische selbst filetieren oder im Ganzen zubereiten. Oder Sie kaufen Fische, deren Filet im Verhältnis zur Mittelgräte so dick ist, dass der Schaden erträglich bleibt. Zum Beispiel Zander.

Zander leben in Seen und langsam fließenden Flüssen zwischen Elbe und Kaspischem Meer. Sogar in den Brackwassergebieten am Rande der Ostsee oder im holländischen Ijsselmeer fühlt sich der anpassungsfähige Raubfisch wohl. Im Handel sind Fische aus Wildfang und gezüchtete Zander, einen großen Teil davon importieren wir aus Osteuropa.

Herr Strohmeyer, Berufsfischer nahe Markt Schwaben (Tel. 08121/47850), fischt wilde Zander in einigen Seitenarmen der Donau. Wie in ganz Deutschland üblich, so stützt auch Strohmeyer seine Bestände durch regelmäßigen Besatz mit Jungfischen. Zusätzlich setzt er Jungfische auch in große natürliche

Teiche, wo er die Tiere mit kleineren Futterfischen großzieht – auch Zuchtzander brauchen Platz, lebendiges Futter und sauerstoffreiches Wasser.

Der Übergang zwischen Fischzucht und der Bewirtschaftung frei lebender Fischbestände scheint fließend. So gesehen ist der Starnberger See in der Nähe Münchens auch nur ein großes Becken für die naturnahe Aufzucht von Renken. Zander bevorzugen allerdings den Ammersee. In dem etwas trüberen Gewässer ist der Zander mit seinen großen empfindlichen Augen allen anderen Räubern überlegen. Während der Laichzeit im Frühjahr dürfen Zander nicht geangelt werden, im Sommer haben die Sportfischer ihren Spaß. Und erst danach kommen die Profis zum Zug: Ab Herbst ist die beste Zeit, um heimischen Zander zuzubereiten.

Gebackener Zander

- **Feiner als Fish and Chips**

1 Zander (ca. 1 kg, ausgenommen, ohne Flossen),
Salz, Pfeffer, 3 EL Mehl, 2 Eier,
100 g trockenes Weißbrot
(oder 100 g Paniermehl),
500 g Butterschmalz

Den Fisch mit einem großen Messer in 4 cm dicke Scheiben schneiden – an der Gräte schmeckt der Fisch besonders saftig. Sie dürfen später mit den Fingern essen. Am besten schmeckt die Panade mit selbst gemachten Bröseln: Das Weißbrot entrinden, in grobe Stücke schneiden und im Blitzhacker fein zerkrümeln.

Die Fischscheiben würzen, nacheinander in Mehl, Ei und Bröseln wenden. In einer hohen Pfanne das Butterschmalz erhitzen. Die Temperatur stimmt, wenn ein in das Fett geworfener Brotbrösel sofort zu schäumen beginnt. Fischstücke insgesamt ca. 6–8 Minuten darin goldbraun backen.

Zum Zander servieren Sie am besten Zitronenschnitze, Kräuter-Mayonnaise und Kartoffel-Gurken-Salat.

Kartoffelsalat

- **Einfache Beilage**

1 kg festkochende Kartoffeln, 100 g Zwiebeln, Frühlingszwiebeln, Schalotten o. ä., 200 ml Brühe, ca. 6 EL Weißweinessig, Salz, Pfeffer, 1 Gurke, 1/2 Bund Dill, 4 EL Öl

Die Kartoffeln waschen und mit Schale kochen. In der Zwischenzeit die Zwiebeln schälen und fein würfeln, in eine große Schüssel geben. Die Brühe aufkochen, über die Zwiebeln gießen. Kartoffeln abgießen, abschrecken und pellen. Die heißen Kartoffeln in möglichst dünnen Scheiben direkt in die heiße Brühe schneiden. Den Essig zugeben, mit Salz und Pfeffer kräftig würzen. Den Salat in der Schüssel durchschwenken und abschmecken.

Die Gurke schälen und in hauchdünne Scheiben hobeln, Dill waschen und grob hacken. Zusammen mit dem Öl unter den Salat mischen und servieren.

Falls Sie den Salat nicht sofort servieren: Auf jeden Fall zum Schluss noch einmal abschmecken und, falls der Salat viel Flüssigkeit aufgesaugt hat, noch einen Schluck Brühe dazugeben –

die Kartoffelscheiben dürfen keine feste Masse bilden, sie sollen locker aneinandergleiten.

Spangenbergs Weinempfehlung

2006 Grüner Silvaner QbA trocken, Weingut Klaus Keller, Rheinhessen

»Klaus-Peter Keller schätzt und pflegt die alten Silvaner-Reben seines Weingutes sehr, bei der Verkostung bestätigt sich stets die Eigenständigkeit dieser Rebsorte. Floral, fruchtig und saftig ist der Wein in seiner Jugend, würzig, cremig und tiefgründig in der Reife.«

Zimt

Vor einiger Zeit wurde viel über drohende Vergiftungen durch Zimtsterne diskutiert, denn Zimt enthält Kumarin. Lange bevor ich aber am Kumarin sterbe, würde mich bei fortgesetztem Plätzchenmissbrauch ohnehin mein Übergewicht um die Ecke bringen. Abgesehen davon scheint die Lösung sowieso sehr einfach: Ceylon-Zimt enthält sehr viel weniger Kumarin als Kassiazimt und gilt seit Jahrhunderten als die feinere Sorte.

Sie erkennen ihn leicht: Für Ceylon-Zimt werden die Schösslinge regelmäßig beschnittener Zimtbäume von Kork- und Rindenschichten befreit. Nur die hauchdünne innerste Schicht trocknet man und steckt jeweils 6–10 Stücke ineinander, so dass so genannte Quills entstehen, Zimtstangen, die im Querschnitt Zigarren ähneln.

Doch dummerweise ist Ceylon-Zimt 2003 aus den Regalen verschwunden. Die eng gewickelten Stangen sind für Insekten anfällig. Deshalb schwefeln sri-lankische Zimtbauern ihre Quills, um sie zu konservieren, man fand also Schwefelreste im Zimt. Das wäre an sich kein Problem; viele Lebensmittel enthalten Schwefel zur Konservierung, zum Beispiel fast alle Weine. Aber niemand hatte bei den EU-Behörden eine Schwefel-Erlaubnis für Ceylon-Zimt beantragt.

Den sri-lankischen Gewürzhändlern ist das Verbot völlig schnuppe, denn Deutschland ist ein kleiner Kunde. Müssen wir also bis auf weiteres mit minderwertigem Kassiazimt vorliebnehmen?

Ingo Holland, Spitzenkoch und Gewürzmüller (www.gewuerzamt.de) war nie ein Anhänger des seiner Meinung nach zu flachen und süßlichen Zimtaromas aus Sri Lanka: »*Cassia vera* oder Padangzimt aus Indonesien ist etwas schärfer und herber, sein erdiges Aroma hat mehr Tiefe. Achten Sie darauf, dass die Zimtstange aus einem gut geschälten, dünnen Rindenstück gerollt ist. In den allermeisten Fällen verwende ich Zimtstangen oder -blüten in meiner Küche. Zimtpulver schmeckt so intensiv, dass es leicht alle anderen Aromen überdeckt.«

Die wenig bekannten Zimtblüten sehen fast wie Gewürznelken aus, es handelt sich um die getrockneten Fruchtansätze von *Cassia vera*. Zimtblüten können Sie im Mörser reiben und dann in eigenen Gewürzmischungen oder als Einzelgewürz für Wild oder Krustentiere sehr gut dosieren. Gerade hat Holland 100 Kilo Zimtblätter in Indien bestellt, die Pflanze gehört zur Lorbeerfamilie, die Blätter müssten ähnlich einsetzbar sein. Zeit für neue Experimente!

Knusprige Hähnchenbrust mit Zimt

- **Feines Geflügelgericht**

600 g Schwarzwurzeln, 200 ml Kokosmilch, Salz, Pfeffer, 1,5 TL Zimtblüten oder 1/2 Zimtstange, 4 Hähnchenbrustfilets (je 200 g), 1 EL Öl, 1/2 Bio-Zitrone, 4 Stängel Rotes Perillakraut oder Thaibasilikum, außerdem: Küchenhandschuhe oder Einweg-Latex-Handschuhe aus der Apotheke

Schwarzwurzeln waschen und mit Handschuhen schälen. Die Stangen in 5 mm dicke Scheiben schneiden, mit der Kokosmilch

10 Minuten dünsten, würzen. Die Zimtblüten im Mörser schroten oder 1/2 Zimtstange mörsern und durch ein grobes Sieb schütteln. Hähnchenbrustfilets mit Salz, Pfeffer und Zimt würzen, mit etwas Öl bei milder Hitze von beiden Seiten je 7 Minuten braten.

Die Schale der Zitrone abreiben, den Saft auspressen. Zitronenschale und -saft mit dem Gemüse in die Pfanne geben, 2 Minuten fertig garen. Perilla oder Thaibasilikum zupfen, dazugeben. Mit Reis oder Kürbisnocken (siehe S. 114) servieren.

Spangenbergs Weinempfehlung

2005 Frühburgunder Pauline QbA trocken, Weingut Manz, Rheinhessen

»Dieser Wein macht neugierig und animiert zu gewagten Kombinationen. Klare, kernig rote Frucht, exotische Würzigkeit und eine elegante Textur zeichnen diesen weiblichen rheinhessischen Rotwein aus.«

Zitrone

Biss Eva in eine Zitrone? Wahrscheinlich stammen Zitrusfrüchte aus Zentralasien, vielleicht kamen sie aus China. Sicher ist, dass die Zitronatzitrone schon zu biblischen Zeiten den mediterranen Raum erreicht hatte – zuerst den Osten, wo der Garten Eden lag.

Erste Indizien liefert die Etymologie: Das lateinische Wort »citrus« ist eine Verkürzung des griechischen »kedromelon«, Zedernapfel. Zedernholz hat einen starken, frischen Duft, wie Zitronenholz und Zitronen. Dazu wurde aus »melon« im Lateinischen »malum«, das Wort für Apfel. Gleichzeitig bedeutet »malum« »das Schlechte«. Das nahe liegende Wortspiel brachte unter Umständen den Apfel in die lateinischen Übersetzungen der Geschichte vom Sündenfall.

Die Zitronatzitrone heißt *Citrus medica*, medischer Apfel, die Meder waren ein Volk im Gebiet des Zweistromlandes. Konkret wird es im Dritten Buch Mose 23,40–43, wo das Laubhüttenfest beschrieben wird, das gleichzeitig ein Erntedankfest ist und an die Wanderung des Volkes Israel durch die Wüste erinnern soll. Hier steht, der Gläubige solle eine Frucht vom Baume Hadar nehmen, was im Talmud mit Etrog-Zitrone übersetzt wird. Die Etrog-Zitrone ist eine nahe Verwandte der Zitronatzitrone. Zusammen mit einem Strauß aus einem Palmzweig, zwei Weidenzweigen und drei Myrtenzweigen spielt der Etrog heute noch eine wichtige Rolle bei den jüdischen Feiern des Laubhüttenfestes. In Israel gibt es Züchter, die sehr viel Mühe darauf verwenden, besonders schöne Früchte zu ernten – zum Beispiel schützen die Gärtner den Etrog vor den Stacheln der benachbarten Äste. Umgangssprachlich heißt der Etrog auch Paradiesapfel, und das Lexikon des Jüdischen Verlags (Berlin 1930) führt unter diesem Stichwort: »... nach der Tradition soll dies auch die Frucht sein, von der Adam gegessen hat«.

In der alttestamentarischen Beschreibung des verbotenen Baumes steht wohl kein präzises Wort für einen spezifischen Baum, sonst gäbe es nicht die vielen verschiedenen Vorschläge von Apfel und Aprikose über Feige und Granatapfel bis hin – eben zur Zitrone. Aber fällt Ihnen auch nur eine Frucht ein, die sich genausogut für die Rolle als Frucht der Erkenntnis eignete? Zitronenblätter, -blüten, -früchte duften verführerisch, nicht nur einfach süß und fruchtig, sondern gleichzeitig frisch und etwas herb. Der Biss in die Zitrone ist ein Schock, der Fruchtsaft unverzichtbar.

Lachsritter mit Zitronen-Dip

- **Paradiesischer Zwischengang**

2 Zitronen, 2 EL Zucker,
4 EL Fischsauce, 400 g Lachsfilet,
4 Kaffir-Zitronenblätter,
1 Bund Petersilie (oder Koriander),
1 Eiweiß, Salz, Pfeffer, 3 EL Öl

Für den Dip die Zitronen mit einem scharfen Messer so schälen, dass dabei auch die weiße innere Haut entfernt wird. Mit je 2 Schnitten die einzelnen Zitronenfilets auslösen, den Saft auffangen. Zitronensaft, -filets und 2 EL Zucker im Mörser oder Mixer vermischen, dabei die Zitronenstücke halb zerdrücken. Fischsauce unterrühren – etwas Chili oder geriebener Ingwer passen gut dazu.

Lachsfilet in 1 cm große Würfel schneiden. Kaffir-Zitronenblätter und Petersilie fein schneiden, mit 1 Eiweiß und dem Fisch mischen, mit Salz und Pfeffer abschmecken. Mit einem Esslöffel ca. 6 cm große Plätzchen in eine beschichtete Pfanne setzen und bei größter Hitze mit 3 EL Öl von beiden Seiten je 1–2 Minuten braten. Mit dem Zitronen-Dip servieren.

Zucchini

Einmal arbeitete ich einige Wochen in der Toskana. Von unserem improvisierten Freiluft-Fotostudio aus sahen wir die Silhouette von Siena und einen trockenen Abhang mit allerlei Unkraut. Dazwischen kroch eine Pflanze mit orangeroten Kürbissen in der Größe eines Rugbyballes. Wir kochten sofort ein Risotto daraus (das Rezept finden Sie auf Seite 324). Die Kürbissorte war mir unbekannt, schmeckte aber außergewöhnlich gut. Ich nahm Samen mit und säte sie im vergangenen Frühjahr in meinem Garten aus. Die Pflanzen wuchsen rasant, kletterten sogar auf Bäume, aber – es war ein verregneter Sommer – die Kürbisse blieben klein und grün. Wir aßen sie trotzdem, denn: Große Kürbisse heißen auf Italienisch Zucche, unreife kleine Zucchini.

Sie können fast alle jungen Speisekürbisse als Zucchini verzehren, wenige Ausnahmen haben eine bittere Schale. Viele Kürbissorten schmecken nur, solange sie klein sind und werden deshalb als Zucchini angebaut, geerntet und verkauft. In Deutschland sind dunkelgrüne Zucchini beliebt. Sie heißen Diamant oder Defender – der Name deutet darauf hin, dass es bei dieser Züchtung um die Abwehr von Krankheiten geht. Viele neuere Sorten sind als F1-Hybriden gezüchtet, das heißt, alle guten Eigenschaften aus zwei unterschiedlichen Zuchtlinien vereinigen sich bei einer letzten Kreuzung im Saatgut der Hybridsorte. Wenn Sie F1-Hybriden pflanzen und später Samen aus Ihrer eigenen Ernte neu aussäen, verlieren diese Pflanzen einen Teil ihrer Resistenzen, ihrer Wüchsigkeit oder ihres Geschmacks. Denn die Erbmerkmale verteilen sich ungleichmäßig auf die nächste Generation. Die großen Vorteile dieser ertragreichen Sorten bergen gleichzeitig auch große Nachteile: Hybridsorten verdrängen lokale Sorten vom Markt und bedrohen dadurch die genetische Vielfalt unserer Nutzpflanzen – Krankheiten können sich rascher ausbreiten, veränderte Umweltbedingungen wirken sich stärker aus. Zusätzlich werden Gemüsezüchter abhängig vom Angebot der Saatgutproduzenten.

Doch der Verbraucher entscheidet, was angebaut wird. Darum: Probieren Sie verschiedene Sorten. In türkischen Gemüseläden finden Sie im Sommer hellgrüne zeppelinförmige Zucchini. Sie sind sehr knackig und schmecken nach frischen Nüssen. Ich mag sie roh, in hauchdünnen Scheiben mit Zitronensaft, Olivenöl, Pinienkernen, Schafskäse und Basilikum. Aus Frankreich kommen genoppte Kürbisse in Diskusform. Sie heißen Patisson, manchmal auch Bischofsmütze oder Ufo. Patissons gibt es in allen Farben, eine weiße Sorte trägt den romantischen Namen Blanche de Virginie. Durch ihre kompakte Form und feste Struktur eignen sich Bischofsmützen gut zum Schmoren: In Spalten geschnitten behalten sie sehr gut ihre Form. Gelbe oder grüne Rondini sehen aus wie kleine Billardkugeln, eine Sorte heißt sogar Eightball. Rondini und auch die unbekannten Zucchini aus Siena, schmecken gefüllt am besten:

Gefüllte Zucchini

- **Feines Gemüsegericht**

*4 längliche Zucchini oder 8 kugelförmige Zucchini,
Salz, 2 Knoblauchzehen, 4 EL Olivenöl,
1 Bund gehackte Petersilie, 2 Liebstöckelblätter,
150 g Ricotta, 100 g geriebener Parmesan, Pfeffer,
Muskat, 1 Toastscheibe, 2 EL Pinienkerne,
außerdem: eine ofenfeste Form*

Zucchini längs halbieren oder Deckel von den kugelförmigen Zucchini abschneiden. Die Zucchini aushöhlen – am einfachsten geht das mit einem Kugel-Ausstecher (Köche nennen ihn Pariser Löffel, weil sie damit Kartoffelkugeln für gebratene oder frittierte *Pommes parisienne* ausstechen).

Backofen auf 220 Grad vorheizen (Umluft 200 Grad). Das Fruchtfleisch mit 2 Knoblauchzehen hacken und mit 2 EL Olivenöl und 1 Prise Salz weich dünsten. Die Kräuter zupfen und hacken. Zucchini mit den Kräutern, Ricotta, 75 g geriebenem Parmesan mischen. Mit Salz, Pfeffer und Muskat abschmecken, in die ausgehöhlten Hälften füllen. Die Zucchini in eine geölte Form setzen. 1 Toastscheibe im Blitzhacker mit je 2 EL Pinienkernen, restlichem Käse und 2 EL Olivenöl zerbröseln, über die Zucchini verteilen, auf der zweituntersten Schiene im Ofen ca. 25–30 Minuten überbacken.

Kürbisrisotto

- **Hauptgang für 2 oder Zwischengang für 4 Personen**

300 g Kürbisfruchtfleisch, 2 Schalotten,
2 Zehen Knoblauch, 1 kleiner Rosmarinzweig,
1 Lorbeerblatt, 1 Nelke, 3 EL Butter, 200 g Risottoreis,
100 ml Weißwein, 800 ml Hühnerbrühe,
100 g Parmesankäse, 2 EL Kürbiskernöl,
Kapuzinerkresse (evtl. mit Blüten)

Kürbis mit einem stabilen Messer erst in Spalten schneiden, dann schälen und würfeln. Schalotten und Knoblauch schälen und in dünne Scheiben schneiden, Rosmarin hacken. Hühnerbrühe aufkochen und auf kleinster Stufe warm halten.

Kürbis, Schalotten und Rosmarin in 1 EL Butter 2 Minuten anbraten. Knoblauch, Lorbeer, Nelke und Reis dazugeben und unter Rühren den Reis glasig werden lassen. Mit Weißwein ablöschen und kurz einkochen. Ein Drittel der Hühnerbrühe gleich angießen, den Rest nach und nach zugeben.

Während das Risotto kocht, den Käse reiben. Nach 20 Minuten ist das Risotto fertig. Es soll nicht fest, sondern sehr cremig sein, die Reiskörner sind jetzt al dente. Käse und 2 EL Butter in das Risotto rühren, mit Salz und Pfeffer abschmecken und auf Teller verteilen. Zuletzt die Kresse in Streifen schneiden und mit den Blüten über das Risotto streuen, mit Kürbiskernöl beträufeln und sofort servieren.

Zucchini Zucchine Zucchina Zucchino?

Wie sollen wir sie nur nennen? Antonio Carrarini aus München bevorzugt die italienische Form:

»Ich habe in vier italienischen Kochbüchern aus sehr verschiedenen Zeiten und Verlagen nachgesehen: Alle benutzen die weibliche Form ›zucchina‹, mit dem Plural ›zucchine‹. Ein Freund von mir meint, das ›zucchino‹ zwar existiere, es sei aber eine affektierte Form (Quelle: Dizionarion, Zingarelli). Er argumentiert auch, dass das ursprüngliche Wort ›zucca‹ definitiv weiblich ist. Ob das auch außerhalb Italiens gültig ist, wo die Form ›zucchini‹ (auch als Singular) sehr verbreitet ist, kann ich nicht sagen.«

Zwiebel

Wenn die Kleinen weinen, dann kann man ihnen besonders gut die Rotznäschen putzen. Weil ein Teil der Tränenflüssigkeit über Tränenröhrchen direkt aus dem Augenwinkel in die Nase fließt und dort besser wirkt als jedes Spray. Tränen dienen der Selbstreinigung von Auge, Nase und Seele. Schneiden Sie also Zwiebeln. Es hilft. Und wenn die Tränen getrocknet sind, dann stecken Sie eine kleine Zwiebel in die Erde. Denn obwohl sie in unserer Küche als archetypisches Gemüse aus babylonischer Urzeit allgegenwärtig ist, obwohl sie als Quell unzähliger Sprachbilder für die Vielschichtigkeit unseres Lebens dient, bleibt eine ihrer Eigenschaften oft unbemerkt: Zwiebeln blühen in wunderbar kugeligen weißen, zartgrünen oder violetten Dolden.

Sepp Dürr, Biobauer und Fraktionsvorsitzender der Grünen im bayerischen Landtag, versucht die Zwiebelblüte zu vermeiden, trotzdem verrät er uns einen Trick: Wenn Zwiebeln in Ihrer Küche zu treiben beginnen, werfen Sie sie nicht weg. Pflanzen Sie die Zwiebeln ein. Im folgenden Sommer werden unzählige Miniblüten aus einem festen Blütenstängel sprießen.

Es sind Temperaturschwankungen, die die Blüte bei schlecht gelagerten Zwiebeln fördern. Wenn Sie also lieber Zwiebeln als Blüten ernten wollen, empfiehlt Sepp Dürr in den nächsten Wochen kühl, aber frostfrei überwinterte Steckzwiebeln an einer sonnigen Stelle in lockeren, wasserdurchlässigen Boden zu setzen. Vorsicht mit dem Dünger: Zu viel Stickstoff macht Zwiebeln zwar groß, sie halten aber nur kurz und riechen schnell muffig – ein typisches Problem scheinbar preisgünstiger Supermarktware. Sobald im Spätsommer die grünen Röhrenblätter – Schloten – von selber welken, sind Ihre Zwiebeln reif für die Ernte. Aus der Erde ziehen, im Freien noch einige Tage trocknen, dann zu Zöpfen flechten und einlagern.

Griechische Zwiebeln

- **Rustikale Salatbeilage**

4 große rote Zwiebeln, Meersalz,
3 Zitronen, Oregano, Piment, gemahlen,
Kreuzkümmel, gemahlen,
Paprikapulver edelsüß,
1–2 EL Olivenöl

Zwiebeln schälen und in 3–4 mm dicke Scheiben schneiden. Mit Meersalz bestreuen und mit dem Saft einer Zitrone beträufeln. Mindestens 15 Minuten marinieren, trocken tupfen und lagenweise in eine Schüssel füllen. Jede Lage mit Oregano, gemahlenem Piment, Kreuzkümmel und edelsüßem Paprikapulver würzen. Den Saft von 2 Zitronen über die Zwiebeln gießen und zugedeckt im Kühlschrank aufbewahren.

Am besten schmecken die Zwiebeln, wenn sie mindestens einige Stunden durchziehen können. Die Zwiebeln auf Teller verteilen, mit etwas Olivenöl beträufeln und zu Käse, griechischem Joghurt, Salzkartoffeln oder Lammkoteletts servieren.

Auflösungen

Frage von S. 68:

Warum schlagen wir Sauce Hollandaise über einem kochenden Wasserbad?

Antwort **B** ist richtig. Nur flüssige Fette können mit wässrigen Flüssigkeiten emulgiert werden. Je wärmer die Zutaten, desto leichter können Sie die Fetttröpfchen so klein schlagen, dass sie mit Hilfe von Emulgatormolekülen aus dem Eigelb dauerhaft voneinander getrennt bleiben. Andererseits bewegen sich Moleküle, also auch die Fetttröpfchen, schneller bei höheren Temperaturen. Das heißt, sie stoßen häufiger zusammen – die Wahrscheinlichkeit wird größer, dass zwei Tröpfchen zusammenlaufen. Und: Ab ca. 66 Grad gerinnt das Eiweiß im Eigelb so stark, dass auch die Sauce gerinnt und sich Butter und Wasser bzw. Weißwein wieder trennen. Eine Sauce Hollandaise sollten Sie also in einer Metallschüssel über einem kochenden Wasserbad langsam erhitzen, damit sich alle Zutaten gut miteinander verbinden und Sie den richtigen Zeitpunkt nicht verpassen, um die Sauce vom Herd zu nehmen.

Frage von S. 76:

Wie nennt man Feldsalat auch?

Nüsslisalat heißt er vor allem in der Schweiz. Wirbeli könnten wir als Kurzform für das badische Sunnewirbeli, also Sonnenwirbel-Salat, durchgehen lassen. Manche nennen den Salat wegen der auffälligen Form der Blättchen auch Mausohrsalat. Blondi nennen wir höchstens Rapunzel, das Mädchen aus dem Märchen.

Frage von S. 79:

Warum sollen wir Austern nur in Monaten mit »r« essen? (September–April)

Die Antworten **B**, **C** und **D** sind richtig. Antwort A ist falsch, denn Austern werden spätestens kurz vor der Ernte daran gewöhnt, jeden Tag einige Stunden ohne Wasser zu verbringen, und lernen dabei, ihre Schalen sofort fest zu schließen, sobald sie der Austernbauer aus dem Wasser nimmt – so überleben sie auch ohne perfekte Kühlung einige Zeit an Land.

Frage von S. 92:

Wie heißen die Krabben, die in der Nordsee gefangen, in Marokko oder Polen gepult und dann in Deutschland gegessen werden?

Antwort **C** ist richtig – Nordseegarnelen ist die richtige Bezeichnung. Die Tiere haben zehn Beine, eine weiche Schale und keine Greifscheren. Ihr Querschnitt ist höher als breit.

Frage von S. 204:

Aus welchen Trauben wird eigentlich Prosecco di Conegliano-Valdobbiadene gekeltert?

Antworten **A** und **D** sind korrekt. Aber obwohl ich die Antworten **B** und **C** frei erfunden habe, so spielen doch auch die beiden Rebsorten Perera und Bianchetta eine Rolle in der Proseccoproduktion: Bis zu 15 Prozent Perera-, Bianchetta- oder Verdisotrauben dürfen dem Prosecco beigefügt werden. Form und Geschmack der Pereratraube erinnern an Birnen, in geringen Mengen hebt sie Duft und Aroma des Weines. Bianchettatrauben reifen sehr früh und sind deshalb besonders in kühleren Jahrgängen wichtig, in denen andere Trauben nicht perfekt ausreifen können.

Frage von S. 221:

Welche der folgenden Gemüsesorten sind mit dem Raps verwandt?

Alle genannten Gemüse gehören zur Familie der Kohlgewächse, *Brassicaceae*. Genauso wie auch die Rapspflanze, *Brassica napus*. Die Erklärungen sind aber frei erfunden: Pak Choi wird zwar in europäisierten Rezepten oft durch Mangold ersetzt, besser geeignet wäre aber eine milde Blattkohlsorte wie zum Beispiel junger Spitzkohl. Cime di rapa und Brokkoli sind tatsächlich eng verwandt; Cime di rapa könnte aus einer Kreuzung von Brokkoli mit einer zweiten Kohlsorte hervorgegangen sein. In Süditalien werden im Kochwasser der Cime di rapa Nudeln gekocht und anschließend mit dem Gemüse, gehackten Sardellen und Olivenöl gemischt. Senfkohl ist tatsächlich ein ungenauer Sammelbegriff, er bezieht sich jedoch immer auf asiatische Blattkohlsorten.

Frage von S. 243:

Welche Käsesorten eignen sich für unser tägliches Nudelgericht?

Die richtigen Antworten sind **A**, **B** und **D**. Bis jetzt sind chinesische Firmen meines Wissens noch nicht in das globale Molkerei-Geschäft eingestiegen, vielleicht weil Chinesen Käse als »Gammelmilch« betrachten. Aber das kann sich schnell ändern.

Frage von S. 254:

Welche Regionen könnte man durch die folgenden Zutaten-Kombinationen beschreiben?

Die Antworten sind **A** – Bayern: Schweinebraten, **B** – Großbritannien, vielleicht sogar im gesamten Commonwealth: Fish and Chips, **C** – USA: BLT = Bacon-Lettuce-Tomato-Sandwich und viele klassische Burger, **D** – Australien: vor allem Shortbread und Pfannkuchen, gewürzt mit den drei beliebtesten Bush-Food-Zutaten.

Frage von S. 278:
Welche Zutaten – neben Wasser – verwendet der Druide Miraculix für seinen stärkenden Zaubertrank?
Die Antworten **A**, **B** und **C** sind richtig. Hummer kommt schon im ersten Band, »Asterix der Gallier«, in Miraculix' Kupferkessel. »Einigermaßen frischer Fisch« wird in »Die große Überfahrt« erwähnt. Aber auch Antwort **D** ist nicht ganz falsch: Nachdem die Römer ein ganzes Fass voller Zaubertrank erbeuten, braut Asterix für seine britischen Freunde einen Ersatz aus Wasser, Kräutern und Teeblättern – und erfindet so zufällig das britische Nationalgetränk. Asterix' Tee entfaltet große psychologische Wirkung, und die Römer werden – wie immer – besiegt.

Frage von S. 301:
Welche Szene stammt aus dem Film »Xtrawurst selbstgemacht«?
Die Antwort ist **B**, sehen Sie sich den lustigen Koch-Kurzfilm auf Michael Mährings Website an. Die anderen drei Filme sind ebenfalls sehenswert: **A** – In dem brutalen Mafia-Klassiker »Goodfellas« kochen sich Robert de Niro und Ray Liotta mit sehr viel Liebe und großer Hingabe eine Tomatensauce während eines längeren Gefängnisaufenthaltes. **C** – »Das Bankett des Kaisers« von Hark Tsui ist einer der lustigsten Spielfilme über die Küche. Es geht um die Wandlung des Kleinkriminellen Chiu zum Koch. Und um ein absurdes Kochduell, inszeniert im Stil einer Fernsehshow. Im großen Finale treten zwei Starköche mit ihren Brigaden an, um ein völlig unmögliches, noch nie dagewesenes rituelles Menü, das Bankett des Kaisers, zu kochen. Chius Mannschaft scheint chancenlos, kann das Duell aber mit einem falschen Affenhirn aus Tofu für sich entscheiden. **D** – »Tampopo« ist die Pusteblume aus dem gleichnamigen »japanischen Nudelwestern«, die der Trucker und Großstadtcowboy Goro rettet. Die Suche der beiden nach der perfekten Nudelsuppe dient vielen guten Köchen als Inspiration.

Bezugsquellen

Hier eine sehr kleine, subjektive und unvollständige Auswahl an Produzenten und Händlern, die alle ihre Arbeit lieben und deshalb besonders gute Lebensmittel erzeugen oder verkaufen. Es macht großen Spaß, mit ihnen über Essen und Trinken zu reden und ihre Produkte in der Küche zu verwenden.

Altbier

www.uerige.de

Die meisten guten Altbierbrauereien sind klein und vertreiben ihr Bier vor allem vor Ort. Es gibt jedoch in manchen deutschen Städten Exil-Düsseldorfer, die ihr jeweiliges Lieblings-Altbier importieren und auch vertreiben – fragen Sie bei den Brauereien nach. Neben den bekannten Erzeugern aus der Umgebung der nordrhein-westfälischen Landeshauptstadt gibt es einzelne Brauereien in anderen Städten, die ebenfalls sehr gutes Altbier erzeugen. Die letzte Münsteraner Altbier-Brauerei Pinkus Müller ist ein gutes Beispiel, die Zutaten für Pinkus Alt stammen aus Bio-Anbau.

Alginat

www.bosfood.de

Ralf Bos handelt vor allem mit feinen Zutaten für die Gastronomie, versendet aber auch an Privatleute. Neben Alginat führt er auch alle anderen einschlägigen Chemikalien für Ihre molekularen Küchenexperimente.

Müller & Borger
Kaiser-Wilhelm-Straße 24
D 65193 Wiebaden
Tel. 0049 (0)6 11 54 06 87
Der Gourmet-Buchhändler vertreibt nebenbei Ferran Adriàs Produkte für dessen Molekularküche.

Alte Reben
www.alte-rebe.de
Teja Heise hat sich auf Weine von alten Rebstöcken spezialisiert.

Weingut Ziereisen
Markgrafenstr. 17
D 79588 Efringen-Kirchen
Tel. 0049 (0)76 28 28 48
www.ziereisen.de
Weinbeispiel: Ziereisen »Jaspis« Grauer Burgunder Alte Reben.

Weingut Markus Molitor
Haus Klosterberg
D 54470 Bernkastel-Wehlen
Tel. 0049 (0)65 32 39 39
www.markusmolitor.de
Weinbeispiel: Zeltinger Sonnenuhr Riesling Alte Reben.

Antoine Sassi
Chemin Du Savel
F 06710 Villars-sur-Var
Tel. 00 33 (0)4 93 05 73 29
Weinbeispiel: Clos Saint-Joseph
Das Weingut liegt 43 km nördlich von Nizza.

Weingut Roland Velich
Seeufergasse 12
A 7143 Apetlon
Tel. 0043 2175 3187
www.velich.at
Weinbeispiel: Moric Lutzmannsburg Alte Reben.

Weingut Wieninger
Stammersdorfer Straße 80
A-1210 Wien
Tel. 0043 1 290 1012
www.wieninger.at
Weinbeispiel: Nussberg Alte Reben.

Balsamessig
www.acetaiapicci.it
Auf der Website des ABT-Produzenten finden Sie Bezugsquellen in Ihrer Nähe.

Rolf Merkle
Am Oberen Luisenpark 33
D 68165 Mannheim
Tel. 0049 (0)621 415741
www.acetobalsamico.de
Große Balsamessig-Auswahl und kompetente Informationen.

Bergkäse
Degust Käse-Kunst
Eisackstr. 1 (im Löwencenter)
I-39040 Vahrn (bei Brixen)
Tel. 0039 0472 849873
www.degust.com

Ex-Sternekoch Hansi Baumgartner ist heute Käse-Experte und Affineur in Südtirol. Er vertreibt neben vielen anderen auch den Vinschgauer Alpkäse.

www.baldauf-kaese.de
Die Allgäuer Käserei Baldauf versendet ihren Bergkäse von der Hochalpe über einen eigenen Onlineshop.

Fleisch und Geflügel
www.verbraucherzentrale-bayern.de
www.huhnundpute.de
www.gutes-vom-bauernhof.de
Das Bundeslandwirtschaftsministerium und die Verbraucherzentralen der Bundesländer bieten Listen mit den Adressen von Direktvermarktern, Hofläden und Geflügelzüchtern, die ihre Tiere artgerecht halten. Alle drei Websites verlinken zu Adressenlisten für einzelne Bundesländer.

www.g-e-h.de
Die Website der Gesellschaft zur Erhaltung alter und gefährdeter Haustierrassen bietet Informationen und Verknüpfungen zu Höfen und Erhaltern.

Landeshauptstadt München
Gut Karlshof
Freisinger Straße 64
D 85737 Ismaning – Fischerhäuser
Tel. 0049 (0)89 965251
Staatlich geführte Betriebe haben auch Vorteile – besonders im Bereich der Landwirtschaft. Probieren Sie die Ismaninger Ochsen – ab Hof oder auf dem Oktoberfest.

Glück II: Hostien und Kekse
Hörnchenbackautomaten gibt es von verschiedenen Firmen. Ich habe mit einem Modell der Firma Cloer gute Erfahrungen gemacht, ähnliche Geräte stellen zum Beispiel auch Clatronic oder Severin her.

Hagebutte
www.hagebuttenmark.de
Der Onlineshop der Familie Clement.

Lammwürstchen
Heinrich Salm KG
Printzstr.5
D 76139 Karlsruhe (OT Hagsfeld)
Tel. 0049 (0)721 964040
Geräte und Zubehör für den semiprofessionellen Wurster.

Ligurisches Olivenöl
Franco Boeri
Olio Roi
Via Argentina 1
I 18010 Badalucco (IM)
Tel. 0039 0184 408004
www.olioroi.com
www.viani.de
Deutsche Bezugsquellen für die Öle von Franco Boeri finden Sie über den Feinkost-Importeur Viani.

Mais
www.landmais.com
Sepp Brandstätters Onlineshop bietet nicht nur Maismehl, sondern auch Speck, Salami und Käse aus Kärnten.

Quitten
Marius Wittur
Mustea – Unterfränkisches Rekultivierungsprojekt alter Quittensorten
Hadergasse 19
D 97247 Untereisenheim
Tel. 0049 (0)176 23637216
www.mustea.de
Quittenwein, Quittensecco, Quittensaft und seltene Quittenbäume aus der eigenen Baumschule.

Ricotta
Susanne Hofmann
Tölzer Kasladen
Viktualienmarkt Abteilung I, Stand 4
D 80331 München
Tel. 0049 (0)89 226322
www.toelzer-kasladen.de
Neben ihrem Stand auf dem Münchner Viktualienmarkt betreibt die Familie Hofmann einen Onlineshop für Gastronomen und Privatkunden. Sie begannen schon vor 30 Jahren erstklassig gereiften Käse an deutsche Spitzenrestaurants zu liefern – auch an meinen Lehrbetrieb im schwäbischen Nürtingen (deutlich später natürlich …). Stammhaus und Reifekeller liegen in Bad Tölz.

Riesling siehe Wein

Rum
Macha Weine & Feines
Brückenstr. 12
D 69120 Heidelberg
T 0049 (0)6221 412883
www.macha-weine.de
Stefan Macha ist Rumexperte mit Onlineshop.

Saatgut und Pflanzen
www.dreschflegel-saatgut.de
Bio-Saatgut, unter anderem interessante Beten-Sorten.

www.arche-noah.at
Über die Gesellschaft für die Erhaltung und Entwicklung der Kulturpflanzenvielfalt können Sie seltenes Saatgut beziehen.

www.blumenschule.de
Die Gärtnerei beim bayerischen Schongau versendet sogar russische Reisetomatenpflanzen.

www.ruehlemanns.de
Der Hamburger Kräuterspezialist bietet fast jedes Kraut.

www.minzen.com
Hermann Rachlinger handelt zwar nicht selbst mit Minzen, er weiß aber, wo Sie auch sehr ungewöhnliche Sorten finden können.

www.manufactum.de
Der Versandhändler pflegt nicht nur interessante Kräuter-, Obst- und Gemüsesorten – hier finden Sie auch Fleisch besonderer Nutz-

tierrassen. Oder massive Töpfe, Pfannen und andere Küchengeräte, die manch langweilige Stunde an der Hantelbank ersetzen.

Saiblingskaviar

Fischrestaurant Sicher
A 9121 Tainach 42
Tel. 00 43 (0)42 39 26 38
www.sicherrestaurant.at
Das Restaurant der Sicher-Brüder Wolfgang und Michael gehört zu den angenehmen Überraschungen der Kärntner Gastronomie. Im Spätherbst ernten sie ihren Kärnten-Kaviar – die Fische werden dabei nicht verletzt.

Michael Siemens + Familie Kreissig
Thalhamer Mühle
D 83123 Amerang
Tel. 00 49 (0)80 75 2 29
In der Thalhamer Mühle dreht sich alles um den Saibling, vom Kaviar bis zum kalt geräucherten Filet sind alle Produkte hervorragend.

Saure Gurken

www.harsch.de
Die Firma verdient wohl hauptsächlich an Abwasserrohren und Steinzeug für kleinere und größere Bauaufgaben – Bezugsquellen und Bestellmöglichkeiten für Gärtöpfe sind unter dem Menüpunkt Keramik versteckt.

Sbrinz

Thomas Schnider
Alpkäserei Fluonalp
CH-6074 Giswil
Tel. 041 675 2659
www.fluonalp.ch

Einer der 32 Sbrinzproduzenten heißt Thomas Schnider; im Sommer können Sie auf seiner grandios gelegenen Alp den würzigen Käse probieren. Außerhalb der Schweiz gibt es den Käse im gehobenen Fachhandel.

Schweine

Eichelschwein GmbH
Hans-H. Huss
Obere Hauptstr. 29
D 85354 Freising
T 0049 (0)8161 40187 00
www.eichelschwein.de

Schinken, Speck, Fleisch und Wurst von Schweinen aus lichten Eichenwäldern.

www.bunte-bentheimer-schweine.de

Der Verein zur Erhaltung des bunten Bentheimer Schweines nennt Bezugsquellen in Ihrer Nähe.

www.besh.de

Die Bäuerliche Erzeugergemeinschaft Schwäbisch Hall empfiehlt Metzger in Ihrer Nähe, die Fleisch vom Schwäbisch-Hällischen Landschwein führen.

Speck
Erbhof – Gegend 64
I-39010 St. Pankraz / Ulten
Tel. 00 39 04 73 78 71 47
Heinrich Pöders Schweine fressen Fallobst und Kastanien. Nach dem Schlachten zerlegt Pöder seine Tiere selbst.

Tomaten
(siehe auch Saatgut)

Erich Stekovics
Schäferhof 13
A 7132 Frauenkirchen
Tel. 00 43 (0)6 99 12 18 47 77
www.stekovics.at
Der Kaiser der Paradeiser kocht seine Lieblinge ein und verkauft sie ab Hof und übers Netz.

Traubensaft
Marco und Verena Klurfeld
CH-6647 Mergoscia/Tessin
Tel. 00 41 (0)91 7 45 27 54
Idyllische (Ferien-)Häuser und erstklassiger Traubensaft.

Wein
(siehe auch Alte Reben, Quitten, Weinbergpfirsich)

Eberhard Spangenberg
Garibaldi
Frohschammerstraße 14
D 80807 München

Tel. 00 49 (0)89 3 59 02 22
www.garibaldi.de
Der Weinhändler und Gründungspräsident von Slowfood Deutschland gilt vor allem als Spezialist für italienische Weine. Seit einigen Jahren widmet Spangenberg sich aber zunehmend auch erlesenen Weinen aus anderen Ländern. Für dieses Buch hat er zu einigen Rezepten sehr schöne deutsche Weine ausgesucht. Seine Münchner Zentrale ist nicht nur Enoteca, sondern auch kultureller Veranstaltungsort für Lesungen, Seminare und Verkostungen.

www.rare-wine.com
Herr Paulson, Zahnarzt und Wein-Versandhändler beginnt, sich für Weine zu interessieren, wenn diese älter sind als er selber. Sein Angebot alter Jahrgänge reicht bis ins 18. Jahrhundert zurück. Ein Schwerpunkt sind alte Weine aus Bordeaux.

Franz Karl Schmitt
Mainzerstr. 48
D 55283 Nierstein
Tel. 00 49 (0)61 33 53 41
www.weingut-franz-karl-schmitt.com
Die im Text erwähnte Lage Floß-Rehbach heißt heute Pettenthal und liefert immer noch Spät- und Auslesen.

Weinbergpfirsiche
Brennerei Hubertus Vallendar
Hauptstr. 11
D 56829 Kail
Tel. 00 49 (0)26 72 91 35 52
www.vallendar.de
Der Edelbrenner verkauft auch eingemachte Weinbergpfirsiche.

Haus Waldfrieden
Weingut Dr. Ulrich Stein
Auf Tannerd
D 56859 Alf/Mosel
Tel. 0049 (0) 6542 – 2608
www.stein-weine.de
Destilliert einen sehr guten Weinberg-Pfirsichbrand in sehr kleinen Mengen. Seine Rieslinge sind sehr gut, aber nicht sehr teuer.

Weingut Heymann–Löwenstein
Bahnhofstraße Nr. 10
D–56333 Winningen an der Mosel
Tel. 0049 (0)2606 1919
www.heymann-loewenstein.com
Reinhard Löwenstein fördert Weinbergpfirsichpflanzungen und keltert herausragende Rieslinge.

Weißwurst
Fleisch und Wurst ab Hof, nur auf Vorbestellung:
Hofladen Georg Sixt
Kronwinkl 3
D 85419 Mauern
Tel. 0049 (0)8764 949561

Metzgerei Probst
Waldfriedhofstr. 68
D 81377 München,
Tel. 0049 (0)89 7149551

Metzgerei Eisenreich
Viktualienmarkt 16
D 80331 München

Tel. 0049 (0)89 297512
Wirtshaus und Metzgerei in der Großmarkthalle
Kochelseestr. 13
D 81371 München
Tel. 0049 (0)89 764531

Weizenmehl

www.slowbaking.de
Der schnelle Weg zu einem langsamen Bäcker in Ihrer Nähe.

Anton Vogler
Vogler-Mühle
Mühlgasse 4
D 86441 Zusmarshausen
Tel. 0049 08291 211
www.voglermuehle.de
Neben Mehl gibt es im Mühlenladen auch Nudeln, Gewürze und Brotbackbedarf.

Zander

Familie Strohmeyer
Alex Pförtner – Fischgroßhandel
D 85570 Köppelmühle 1 (der Ort heißt so und hat nur ein Haus)
Tel. 0049 (0)8121 47850
Strohmeyer beliefert unter anderem die Fischhandlung Maier auf dem Münchner Viktualienmarkt.

Zimt

www.gewuerzamt.de
Ingo Holland führt allein 20 verschiedene Pfeffersorten – unglaubliche Schokoladen und natürlich auch besten Zimt.

Literatur

Adria, Ferran, *elBulli 1994–1997,* Hampp Verlag, 2006

Alexander, Stephanie, *The cook's companion,* Lantern/Penguin, 1996

Amandonico, Nico, *La Pizza – Ein Blick in die Seele von Neapel,* Rolf Heyne Collection, 2001

Bingemer, Susanna, und Gerlach, Hans, *Alpenküche – Genuss und Kultur,* Gräfe und Unzer, 2007

Bingemer, Susanna, und Gerlach, Hans, *Vietnam – Küche und Kultur,* Gräfe und Unzer, 2004

Coria, Giuseppe: *Profumi di Sicilia*, Catania, 1981

Gerlach, Hans, *Kochen (fast) ohne Rezept,* Mosaik bei Goldmann, 2006

Gerlach, Hans, *Einmachen,* Gräfe und Unzer, 2005

Goscinny, Rene, und Uderzo, Albert, *Asterix auf Korsika,* Ehapa, 1975

Grüger, Heribert und Johannes, *Die große goldene Liederfibel,* Neuauflage, Patmos, 2007

Gursky, Andreas, *Katalog zur Ausstellung im Haus der Kunst,* Snoeck Verlag, 2007

Joop, Wolfgang, *Hectic Cuisine*, Hölker Verlag, 2002

Katz, Sandor Ellix, *Wild Fermentation,* Chelsea Green Publishing Company, 2003

Kaufmann, Jean-Claude, *Kochende Leidenschaft,* UVK-Verlag, 2006

Klink, Vincent, und Droste, Wiglaf, *Häuptling eigener Herd, Band 26,* Edition Vincent Klink, 2006

Klink, Vincent, und Droste, Wiglaf, *Wurst,* DuMont Literat., 2007

Koch, Hermann, *Die Fabrikation feiner Fleisch- u. Wurstwaren,* Verlag der Allgemeinen Fleischer-Zeitung, Berlin 1915
Kurlansky, Mark, *Kabeljau,* Claassen Verlag, 1999
Maier, Johanna, *Meine Kochschule,* Collection Rolf Heyne, 2005
Maier-Bruck, Franz, *Das große Sacher-Kochbuch – Die österreichische Küche,* Schuler Verlagsgesellschaft, 1975
Martin, Andreas, *Pfefferküchler – Seltenes Handwerk in Sachsen,* Sächsisches Druck- und Verlagshaus, 1996
Schirarend, Carsten, und Heilmeyer, Marina, *Die Goldenen Äpfel – Wissenswertes rund um Zitrusfrüchte,* G + H Verlag, 1996
Schrott, Raoul, *Gilgamesch,* Hörspielfassung von Klaus Buhlert, Hörverlag, 2006
Schrott, Raoul, *Gilgamesch,* Neu-Übersetzung, Carl Hanser Verlag, 2001
Sexton, Sean, *The Plant Kingdom of Charles Jones,* Thames and Hudson, 1998
Skif, Hamid, *Hure mit Krawatte,* Edition Köln, 2003
Skif, Hamid, *Sehr geehrter Herr Präsident,* Edition Köln, 2003
Thiedig, Frank, *Deutschlands kulinarisches Erbe,* ars vivendi, 1998
Visser, Margaret: *Mahlzeit,* Eichborn Verlag, 1998

Register

Danke

Vor allem danke ich meiner Frau Susanna Bingemer, Autorin und Textchefin in unserem gemeinsamen Büro. Susanna hat jede meiner Kolumnen als erste gelesen und dafür gesorgt, dass weder schlechte Scherze noch Schachtelsätze den Weg in die Redaktion fanden. Meine Mutter Ulla Gerlach, die bis vor kurzem Lehrerin für Chemie und Biologie war, ist immer noch die erste, die ich um naturwissenschaftlichen Rat bitte – auch wenn ich manchmal noch gar nicht genau weiß, was ich eigentlich wissen will. Und natürlich danke ich allen Produzenten, Wissenschaftlern und den vielen Lesern, die mich drei Jahre lang jede Woche mit aromatischen Produkten und erhellenden Informationen gefüttert haben.

Ich danke Jan Weiler, Dominik Wichmann, Lars Reichardt und Daniela Ptok, die meine Kolumne im Magazin der Süddeutschen Zeitung erfunden und betreut haben – ohne sie gäbe es dieses Buch nicht.

Besonders danke ich Wolfgang Joop, der das schöne Vorwort geschrieben hat und sich auch in eigenen Büchern und Interviews immer präzise und anregend über gutes Essen äußert. Vielen Dank.